趋势与股价波动实战技术

金　铁◎著

中国宇航出版社
·北京·

图书在版编目（CIP）数据

趋势与股价波动实战技术 / 金铁著. -- 北京 : 中国宇航出版社, 2022.11
ISBN 978-7-5159-2116-7

Ⅰ. ①趋… Ⅱ. ①金… Ⅲ. ①股票交易－基本知识 Ⅳ. ①F830.91

中国版本图书馆CIP数据核字(2022)第175331号

策划编辑　卢　珊　　**责任校对**　吴媛媛
责任编辑　卢　珊　　**封面设计**　宋　航

出　版
发　行　中国宇航出版社

社　址　北京市阜成路 8 号　　**邮　编**　100830
（010）68768548
网　址　www.caphbook.com
经　销　新华书店
发行部　（010）68767386　　（010）68371900
（010）68767382　　（010）88100613（传真）
零售店　读者服务部
（010）68371105
承　印　北京中科印刷有限公司
版　次　2022 年 11 月第 1 版　　2022 年 11 月第 1 次印刷
规　格　710 × 1000　　**开　本**　1/16
印　张　16.25　　**字　数**　232 千字
书　号　ISBN 978-7-5159-2116-7
定　价　49.00 元

本书如有印装质量问题，可与发行部联系调换

前言

只有看得足够远，才能发现别人发现不了的财富洼地。

看大局、赚大钱，是一种格局。股票技术分析中的大局，无疑就是趋势。

趋势是指在一个相对较长的交易时期内价格运行的整体方向。向上运行的趋势，一般称为牛市；向下运行的趋势，一般称为熊市；相对横向运行的趋势，称为振荡盘整市。交易者必须首先明确所处的市场目前运行于何种趋势，才能为自己的交易确定一个合适的交易策略和计划。

比如，当市场处于长期熊市下跌趋势中时，交易策略应以观望、融券做空以及狙击波段性强反弹为主；反之，如果市场处于长期牛市上涨趋势中时，交易者则应选择稳定持仓或融资加仓等积极做多的交易策略。顺势而为是成功交易者的基本策略。而与市场大趋势相逆，强行做多或做空，明显是不理智的行为，注定出力不讨好。

但是，顺势和逆势有时并不像想象中的那么容易判断。

有些当前看起来是顺势而为的交易行为，随着行情的突变，却似乎变成了逆势而为。比如，一些交易者在上涨行情最火热的阶段追高买入，却遭遇趋势急转直下，最终发生了亏损。看上去似乎是一桩顺势而为的交易，结果却是以亏损告终。

为什么会这样呢？

所有的趋势都会有发生转折的那一天，但是趋势转折的拐点总是层层推进，并非无迹可寻，骤然即至。趋势交易中，发现与判断拐点是一个极其重要的技术点，而这个技术点的核心就是——股价运行重心分析。

不重视趋势分析，过度沉迷于细节分析的人，很容易忘记抬起头看一看方向。在错误的方向上，无论怎样努力奔跑，都难以得到想要的结果。同样，只贪图看远方的风景，却忽略路途上的艰险，不考虑怎样一步步安全抵达目的地，只顾一路狂奔，很有可能在走向成功的道路上摔得人仰马翻。

趋势与股价运行重心结合分析，互补长短，交易才有进益。本书从趋势与股价运行重心的实战性、适用性入手，讲解二者的研判方法，不同行情阶段的研判技术，以及顶部、底部反转拐点的研判等，力求将趋势与股价运行重心的技术分析要义诠释清楚。如能给读者一点帮助或启发，作者幸甚！

另，近期发现有不法分子盗用我的名字和作品，以QQ股票群或企业微信等不同方式行骗。我在发现骗子存在的第一时间已经报警。为避免类似事件再次发生，本人郑重声明：**金铁是核心技术系列图书的唯一作者，没有任何形式的股票群，也不做股票咨询，从不违法荐股。**请读者朋友保护好资金安全，避免上当受骗。

金铁

目 录 CONTENTS

第六章　底部趋势反转和运行重心实战研判

第七章　顶部趋势反转和运行重心实战研判

第八章 分析股价涨跌的关键

第一章

为什么分析股价趋势和运行重心

第一节　股价趋势的含义和分析方法

“我预测股票市场或任何未来事件的方法就是重视历史，并努力发现我们正处于什么样的循环中，据此指出将来的轨迹，将来不过是市场运动的再现。伟大的波动法则就是建立在波的相似性原理上，即相近的原因产生相近的结果。无线电、电话以及收音机的发明都归功于这一法则。制约使用这种数学法则对未来进行预测的唯一因素，是不能正确地理解和掌握历史的数据、资料。如果你站在正确的起点上，又知道再现历史的那种循环，那么预测 100 年将会同预测一年或者两年一样简单。”

这是投资大师威廉·江恩（William D.Gann）的一段话，对于研判股价运行规律具有非常重要的启示作用。

一、趋势分析与交易

重视分析历史数据，从中总结出目前依然发挥作用的规律，这是成功者的经验之谈，也是想要成功的交易者必须具备的技术能力。这种技术能力，其实就是大局观。你只有看得足够远，才能发现别人发现不了的财富洼地。

看大局，才可能有赚大钱的格局；过度沉迷于细节分析的人，总是忘记抬起头看一看方向。在错误的方向上，无论你怎样努力奔跑，都难以得到想要的结果。

股票技术分析中的大局，无疑就是趋势。

趋势是指在一个相对较长的交易时期内价格运行的整体方向。向上运行的趋势，一般称为牛市；向下运行的趋势，一般称为熊市；相对横向运行的趋势，称为振荡盘整市。

交易者首先必须明确当前市场运行于何种趋势，才能为自己的交易确定一个合适的交易策略和计划。

比如，当市场处于长期熊市下跌趋势中时，交易者的策略应以观望、融券做空以及狙击波段性强反弹为主；反之，如果市场处于长期牛市上涨趋势中时，交易者则应选择稳定持仓或融资加仓等积极做多的交易策略。

顺势而为是成功交易者的基本策略，而与市场大趋势相逆，强行做多或做空，明显是不理智的行为，注定出力不讨好。

但是，顺势和逆势有时并不像想象中的那么容易判断。

有些当前看起来是顺势而为的交易行为，随着行情的突变，却似乎变成了逆势而为。比如，一些交易者在上涨行情最火热的阶段追高买入，却遭遇趋势忽转急下，最终发生了亏损。看上去是一桩顺势而为的交易，结果却以亏损终结。

趋势分析与交易的关系，绝不像看上去那样简单。首先需要交易者真正学会分析趋势、趋向，搞清楚趋势与趋向的层次与类别；其次，做交易时，即使是顺势而为，也需要确定合适的交易点，莽撞的交易行为会带来难以预料的后果。

学习趋势分析，要从根基开始，从最基本的波动原理着手。每一项专业知识，都需要我们塌下心来仔细研读并不断体会。不但初学者如此，即使是投资大师，也要不断汲取新知识，不断改进自己的理论体系。例如，江恩在自己的著作中写道，“在过去的四十年里，我年年研究和改进我的理论。我还在不断地学习，希望自己在未来能有更大的发现。”

对于知识的重要性，江恩曾说道，“在过去的十年中，我将全部的时间和精力都投入到市场投机中。像其他人一样，我曾损失过以千计的美元，并经历了一个在没有预备知识而入市的新手所必然遭遇到的起起落落。我很快便意识到，所有成功人士，无论是律师、医生还是科学家，他们在开始赚钱以前，都对自己特定的追求或职业进行过多年的学习和研究。在我自己的经纪业务以及为大量客户服务的过程中，我有常人难得的机会去研究他人失败和成功的原因。我发现，在对市场没有任何知识和研究的投资者中，百分之九十以上最终亏本。”

江恩之所以能够成为一代投资大师，就在于不断提升自我，完善自我。

二、趋势分析的基石——道氏理论

讲股价趋势分析，就不能不讲道氏理论。道氏理论被认为是股票技术分析的基石，对投资和投机的影响是巨大的，大部分投资和投机理论皆脱胎于此，比如葛兰威尔法则以及均线理论等，对于趋势分析来说更是如此。不讲道氏理论，就无法讲清趋势的基本波动原理，也就无从理解趋势运行的内在规律。

道氏理论源于道琼斯指数创始人之一的查尔斯·道（Charles Dow），但查尔斯·道本人并没有将之系统化并为之著书立说，而是全部以社论的形式发表在《华尔街日报》上。之后威廉·彼得·汉密尔顿（William Peter Hamilton）和罗伯特·雷亚（Robert Rhea）等人对于这一理论进行了补充、发展和完善，最终形成了道氏理论的完整体系。

道氏理论的精髓和核心，个人认为主要由五个定理和三个假设构成，充分理解和消化这部分知识点，对于理解和应用趋势分析有很大的帮助。

1. 五个定理

定理一，市场有三种走势，三者可以同时出现。

第一种走势最重要，它是主要趋势，即整体向上或向下的走势，也被称为多头或空头市场，持续时间可能长达数年；

第二种走势最难以捉摸，它是次级折返走势或称修正走势，也就是主要多头市场中的重要下跌走势，或主要空头市场中的反弹走势。修正走势通常会持续三个星期至数个月；

第三种走势通常较不重要，它是每天波动的走势。

道氏理论将纷乱繁杂的市场运行趋势进行了分类。主要趋势，也就是市场的长期走势；次级折返走势，就是市场的中期走势；除此以外的则定义为短期走势。这种趋势分类，对于辨别行情性质和采取不同的交易策略，具有非同寻常的重要意义。如图 1–1 所示。

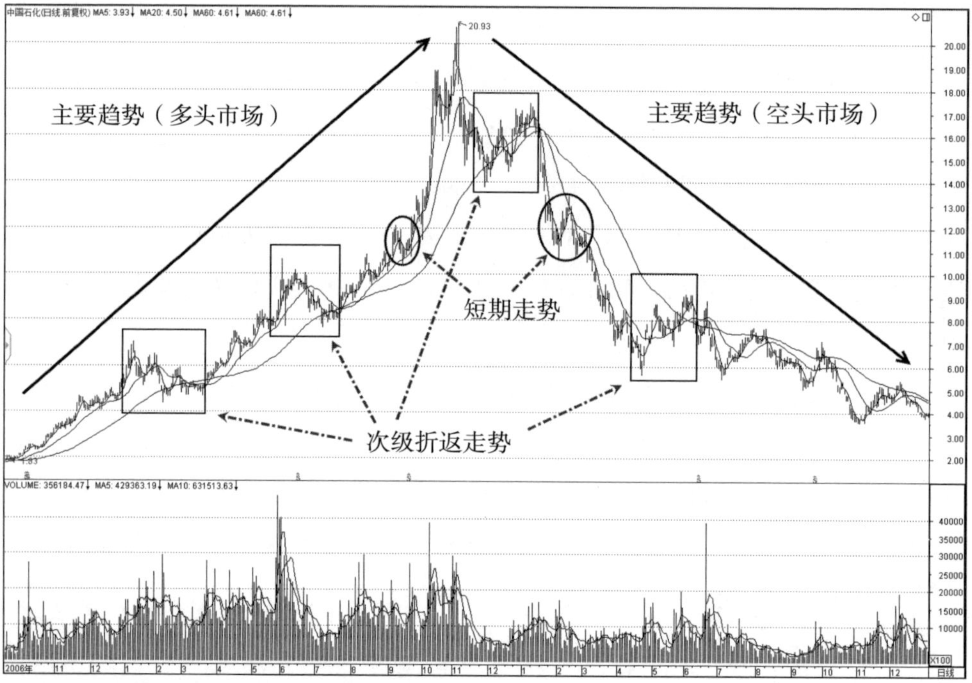

图 1–1

定理二，主要趋势代表行情整体的、长期的基本趋势，通常称为多头或空头市场，持续时间可能在一年乃至数年之久。正确判断主要趋势的方向，是投机行为成功与否的最重要因素。没有任何已知的方法可以预测主要趋势的持续期限。

道氏理论看重市场运行的主要趋势，并认为投机成功的关键在于是否能够判断出当前行情运行的整体趋势，也就是投资或投机行为应该顺势而为。同时道氏理论还认为，一个主要趋势运行的期限并不以人的意志为转移，没有人或组织可以改变或预测主要趋势的持续性。

定理三，主要的空头市场是整体长期向下的趋势，其间夹杂着次级反弹。主要的空头市场源自各种不利的经济因素，唯有股票价格将这些可能出现的最糟情况充分反映之后，这种趋势才会结束。

主要的空头市场有三个阶段。

第一阶段：市场参与者开始认识到股票过度虚高的价格是难以长久保持的；

第二阶段：与股票抛售相对应的是经济状况与企业盈余的衰退；

第三阶段：质地优良的股票也遭到无情的抛售，不论价值如何，许多人急于变现至少一部分的股票。

主要的空头市场就是通常所说的熊市行情。

定理四，主要的多头市场是整体长期向上的趋势，其间夹杂着次级回落。主要的多头市场是由于经济情况好转，投资性与投机性的需求增加并因此推高股票价格。

主要的多头市场有三个阶段。

第一阶段：人们对于未来的景气度逐步恢复信心；

第二阶段：股票开始反映经济状况与企业盈余的改善；

第三阶段：投机氛围高涨，股价虚高，大多数人都认为仍将继续上涨。

主要的多头市场，就是通常所说的牛市行情。与熊市行情一样，道氏理论同样将牛市行情划分为三个阶段。

定理五，次级折返走势在主要的多头市场中是重要的回落走势，在主要的空头市场中是重要的反弹走势，持续的时间通常在三个星期至数月。

次级折返走势的幅度为前一次级折返走势结束之后主要趋势幅度的33%至66%。

次级折返走势经常被误认为是主要趋势的改变，比如，反弹会被认为是多头市场的初期走势，但事实上可能仅是空头市场的次级折返走势。相反的情况则会发生在多头市场出现顶部后，参与者认为仅是次级折返走势，但事实上却是空头市场的初期走势。

次级折返走势就是牛市行情中的回落走势和熊市行情中的反弹走势。

如图 1-2 所示，该股经过大幅下跌后，出现在 A 点和 B 点的次级折返走势性质的反弹，就很容易被认为是多头市场的初期走势。

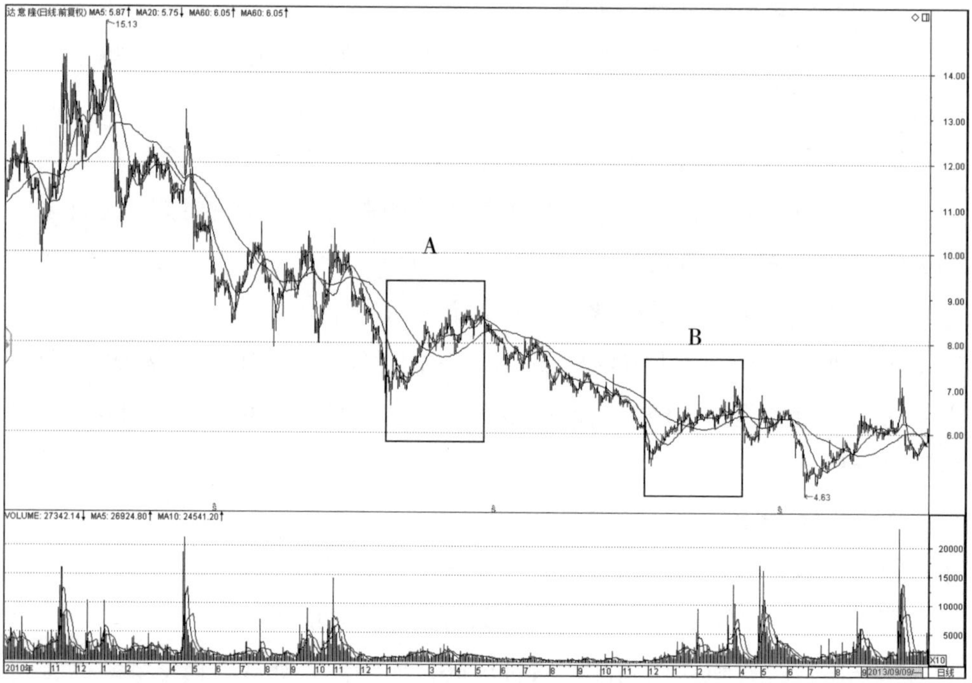

图 1-2

2. 三个假设

假设一，指数或股票每天、每星期的波动可能受到人为操纵，次级折返走势也可能受到这方面有限的影响，比如常见的调整走势，但主要趋势不会受到人为的操纵。

人为操纵，可以说是投资及投机市场中难以回避的现象，尤其对于中短期价格运行趋势而言更是如此。市场的长期运行趋势却很少受到这种影响，人为操纵只能使得长期趋势加速或迟缓，很难使其发生改变。在一个主要趋势运行过程中，一些受到人为操纵发生的单日剧烈下跌或次级折返走势，很难改变主要趋势的运行方向。

假设二，每一位对于金融事务有所了解的市场人士，他所有的希望、失望与知识，都会反映在道琼斯指数或其他指数每天的收盘价波动中，因此，市场指数永远会适当地预期未来事件的影响。如果发生火灾、地震、战争等灾难，市场指数也会迅速地加以评估。

当个人见解符合或者违背市场对于事件的反映时，必然带来赢利或者亏损的后果。

假设三，道氏理论并非是完美的不会出错的理论，利用它协助投机或投资行为，需要深入研究并客观地综合判断，绝不可以用希望去思考和判断。

个人认为，假设三最能反映道氏理论的哲学思想，即摒弃以主观愿望进行交易，而应客观地看待市场以及所有的分析结论。无论投资还是投机交易，都容不得半点神秘主义成分的存在。

三、趋势类别和级别的实战指导作用

道氏理论将长期价格整体运行方向称为主要趋势，并将主要趋势分为：整体保持上升的趋势为上涨趋势，整体保持下跌的趋势称为下跌趋势。

趋势的级别上：主要趋势中出现的回落或反弹走势（时间一般为三个星期至数月），称为次级折返走势，也就是市场的中期走势。其余短时间内的波动，则称为短期走势。

实战中，一般将道氏理论中的主要趋势即上涨趋势称为牛市，将下跌趋势称为熊市。在这两种长期趋势下发生的次级折返走势和短期波动走势，称为中期趋向和短期趋向。换言之，趋势，就是主要的长期价格走势；趋向，就是指次级的中期走势以及短期走势。

以上分类和级别区分，对于交易者辨别行情性质，采取不同的交易策略，具有非同寻常的重要意义。

比如，在辨别趋势的延续与转折上，首先需要从趋向开始分析。趋向是中短期内价格运行的方向，趋向可能和趋势一致，也可能不一致；但趋势是由无数同向或逆向的趋向构成的。趋向的改变并不意味着趋势必然改变，但趋势的改变必然由趋向改变开始。

交易者首先要认清的是行情的长期趋势，其运行方向明晰之后，中期趋向和短期趋向就会跃然纸上。区分趋势和趋向，有利于交易者从全局的角度来考虑和谋划整个交易策略，避免纠结于价格细微的波动之中，错失在大方向上布局的时机。

1. 牛市行情

在长期上涨趋势即牛市行情中，交易者应以持仓和积极做多为主要的交易策略。长期上涨趋势，并不意味着股价一直上涨。趋势运行过程中，会有很多次级别较大的回调（即中期趋向或称次级下跌趋势）以及不间断的短期回调（短期趋向）来制造恐慌，以清洗不坚定的持仓者，减轻市场上行的压力。

如图 1–3 中 A 点所示，一轮长期上涨趋势运行期间，会出现多次中期下跌趋向和无数次短期趋向。

2. 熊市行情

在长期下跌趋势即熊市行情中，交易者应以空仓和分阶段交易为主要的交易策略。长期下跌趋势，同样也并不意味着市场一直下跌，其在运行过程中会有很多次级别较大的反弹（即中期趋向或称次级上涨趋势）以及不间断的短期反弹（短期趋向）来诱使资金介入。

如图 1–3 中 B 点所示，一轮长期下跌趋势运行期间，同样也会出现多次中期上涨趋向和短期趋向。

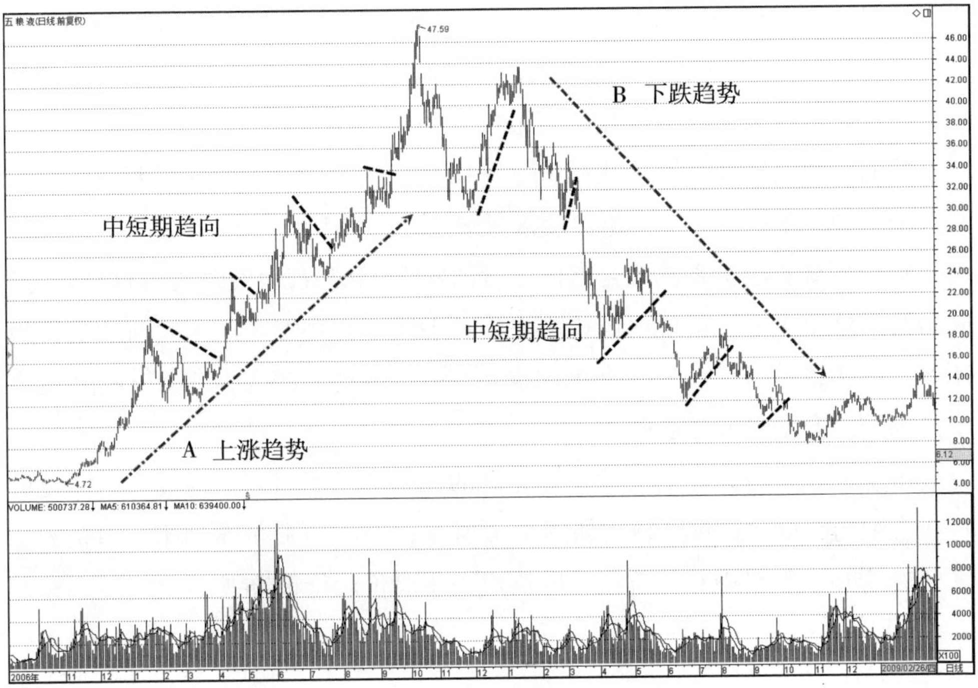

图 1-3

第二节　股价运行重心的含义和分析方法

如果说趋势的作用在于让交易者拥有大局观，能够看清市场行情整体运行于上涨还是下跌趋势中，那么股价运行重心分析，则是让我们厘清股价中短期波动的方向，进一步从细节上把握趋向的真实运行规律。

换句话说，趋势决定交易的方向，即买入股票还是卖出股票；而运行重心则决定着如何买入和如何卖出的问题，以及观测趋向的变化是否会引起趋势发生转折等重要的技术关键点。

一、股价运行重心的含义

在正常交易中，股价总是处于不停的变化中，忽涨忽跌的振荡折返是一种常态。如果说有区别，也不过是在涨跌幅上：涨跌幅度小的个股，忽涨忽跌的情景不是太明显；涨跌幅度大的个股，就能明显看出其中的跌宕起伏了。

无论是 K 线图还是分时走势图，除非涨跌停板状态中的个股，一般都存在股价的折返往复。在股价振荡折返过程中，总是会围绕着一个重心运行。这个重心可以是市场的平均成本，也可以是技术上的支撑位或压制位，抑或是大资金刻意维持的一个价格波动区域等。

股价围绕重心上下波动是趋向运行的常态，如果股价突然打破这种常态，开始脱离这个重心，就说明股价失去了原有的运行规律，进入到新的运行规律中，市场将重新形成另一个运行重心。股价的这种改变，就为交易者提供了研判趋向变化的重要依据。

分析股价运行重心的变化，最直观的就是利用不断延伸的线条，即之后将会讲到的股价运行重心线。如图 1–4 所示，以 A 点股价波动相对中轨的位置，连接 B 点相对中轨的位置，即构成一条股价运行重心线。

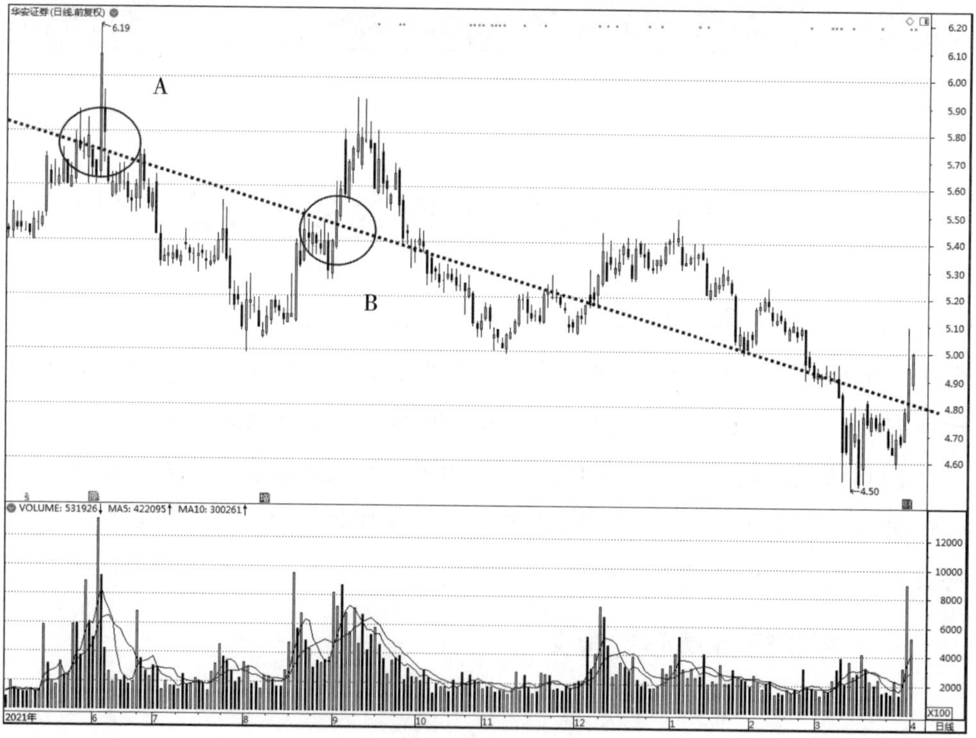

图 1–4

股价一直波动，所以运行重心也不会静止不变，而是随着价格的行进方向不断延伸或改变。这种改变，在股价运行重心线研判法则中称为变轨。

交易者研究股价运行重心的延伸或改变，就能够发现股价真实运行轨迹和可能出现的方向变化。比如，运行过程中，当股价向上偏离重心线过远时，一般会出现向重心线靠拢的动作；触及重心线未能继续上升，而是转为跌破，或者涨离重心线却不能迅速收复或者回归时，则意味着当前运行重心的方向可能会发生改变。

如图 1–5 所示，连接 A 和 B 两点的中轨，画出一条股价运行重心线，这条线在当日上午交易时间内，基本起到了指示股价上行方向的作用。午后开盘，股价迅速上涨远离重心线，股价回落时也不再触及重心线，就说明这条线已经失去了指示作用。此后，重心线再次变轨。每一次重心线变轨，都在昭示股价方向的改变。

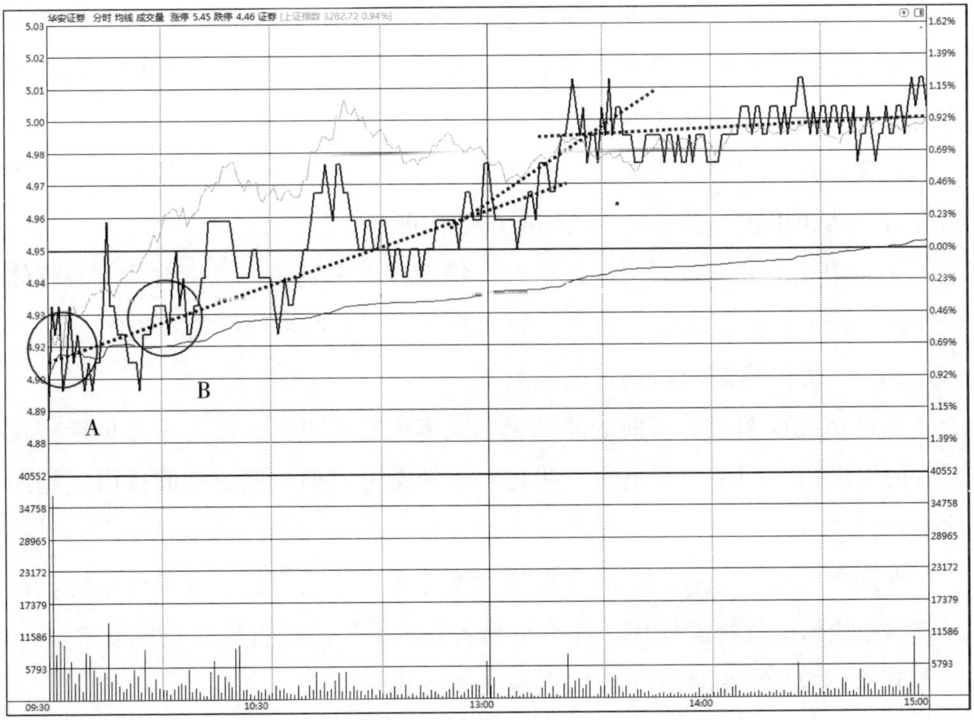

图 1–5

二、股价运行重心线的基本原理与分析方法

股价运行重心线以股价两次相近似波动的中轨为主要参照，其技术原理主要是根据趋向变化领先理论以及波动率的部分内容为基础。

波动率越高，金融资产价格的波动越剧烈，资产收益率的不确定性就越强；波动率越低，金融资产价格的波动越平缓，资产收益率的确定性就越强。这是波动率的基本特性表述。

基于实际波动率无法事先精确计算的实际，可以依据已有波动的历史数据，采用两次相近似的波动幅度为样本。为尽可能地展现波动的真实性，避免杂波的干扰，所以以每次波动的中间值即中轨为取样点。

如果参照的两次相近似波动都是股价的剧烈波动，那么这种剧烈波动的延续或者结束，必然会体现在重心线上，这就能够为交易者提供判断和交易的依据。股价的平缓波动，也是一样的道理，变化才是其中的关键。

波动率的基本特性，并不完全适用于判断股价的运行方向，因为波动率只体现价格波动的剧烈程度，并不考虑行情价格变动的方向，所以需要根据趋向变化领先理论来补其不足。

前文讲过，趋势的变化总是从趋向开始的。任何股价见顶见底，或者牛熊市的终结和扭转，都必然从最细微的趋向开始。

采用中允的波动数据画一条射线，将射线无限延长，股价波动重心就体现在这条线上。过度远离这条线，股价趋向就会发生两种可能的变化。

其一，股价迅速回归到这条线上下。

这种情况说明股价目前的波动仍未脱离最初的方向。股价重心仍运行在原有的幅度内，即使中间出现一些超幅度的杂波，但未能引发股价出现趋向性变化。

在这种前提下，我们不必介意波动率是多少，是否会引发股价不稳定，只要重心线依旧发挥着作用，那么交易者就没必要改变自己的交易策略。

其二，股价大幅度向下或向上脱离这条线。

当股价从重心线向上或向下迅速远离时，这种情况说明股价趋向改变了

原来的波动规律，将会产生新的运行重心。当原有的重心线已经失去作用，交易者应根据这种变化来改变自己的交易策略。

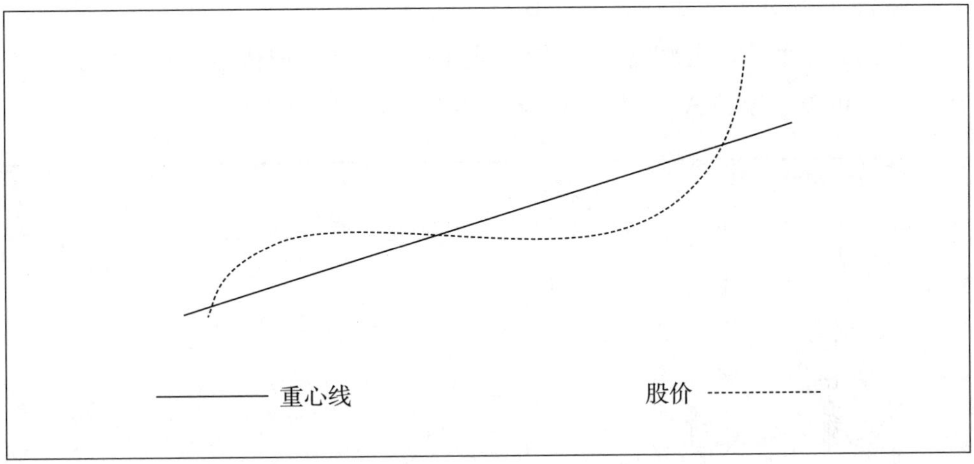

图 1-6

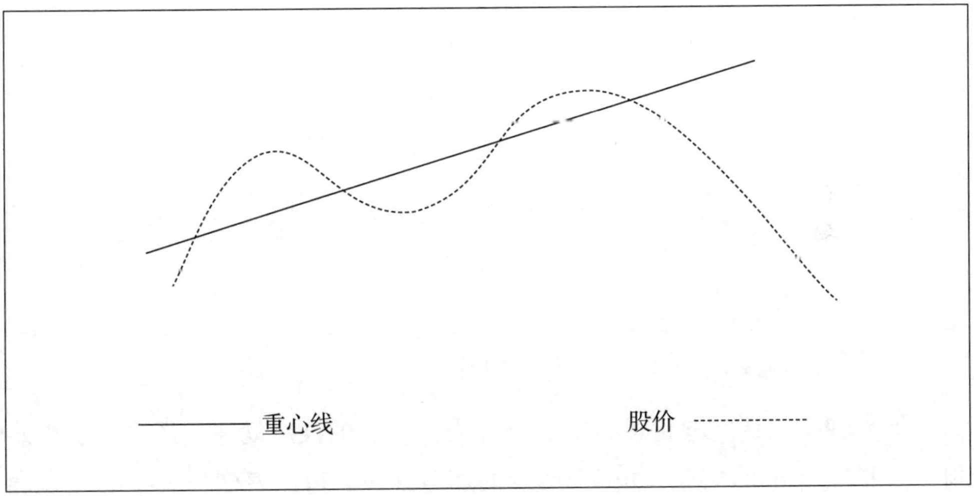

图 1-7

三、股价的偏离与杂波

有时候绘制出一条股价运行重心线之后，在随后的股价运行中会发现，股价的波动并不是一直以重心线为中心，而是一定程度或上或下偏离重心线。

但股价却始终并未完全脱离重心线，而是保持一定程度的偏离继续沿着这条线运行。

如图 1–8 所示，连接 A 点、B 点，绘制一条股价运行重心线。在之后的股价运行过程中，尽管股价多次出现向下的杂波，但依然能够回归到这条线上下，也就是说，这条重心线并未完全失去作用。

图 1–8

如果轻率地认定股价运行重心已经失去原有的波动规律，那么只能再绘制一条股价运行重心线，如图中所示的那条细线。可以看到，这条以 B 点和杂波相连接的细线，根本无法在之后的股价波动中起到任何提示作用。

这是错误选择参照点造成的，杂波是股价波动中起干扰作用的非正常波动，不能成为股价运行重心线的样本。

其实图 1–8 的案例，是实战中经常遇到的一种技术形态，不但是 K 线图，在分时走势图中也是屡见不鲜。这是股价在波动中偏离重心的情况，技术上可以认定为一种波动持续形态。

换言之，出现这种偏离形态后，大多数个股的股价会较长时间处于这种状态中，即向下偏离的，股价大多会继续下跌；向上偏离的，股价大多会继续上涨。而且偏离形态下，最容易出现大幅度的杂波，比较有利于短线交易者快进快出，搏取短线赢利机会。

股价运行重心线是分析股价波动振荡的一种技术手段，非常有利于交易者发现股价变化的规律，并能够第一时间抓住股价运行中的拐点。

第三节　趋势与重心分析的契合战法

以上两节分别讲述了趋势和股价运行重心的分析方法，交易者应该大致了解了其中的分析思路。虽然说趋势教会了我们看大势、识大局，但是落实到具体交易时机上，尤其是短线交易点的把握，趋势分析就爱莫能助了。这时候，股价运行重心分析就能够起到相应的作用。

趋势分析结合股价重心分析能够相互取长补短，让我们在分析判断股价变化时，从大局到细节有一个相对完整的分析链。当然，想要有一个更为妥帖的分析结果，仍要进行技术环境分析。实战中，尤其是在选择个股上，趋势与股价运行重心进行契合分析，会有相对不错的结果。

如图 1-9 中所示，某交易者准备买入该股，但是该股在反弹过程中，股价折返比较频繁，交易者非常担心买入后恰逢股价反弹结束，再次进入长期下跌趋势中。那样的话，自己的资金必将出现大幅亏损。

分析和判断该股适不适合买入，交易者可以先画一条股价运行重心线，看看目前股价波动的情况。

如图所示，以 A 点和 B 点相连画出股价运行重心线。分析这条重心线可以看到，股价出现数次向上的杂波，明显向上偏离。前面讲过，多数偏离是一种持续状态，股价保持向上的概率比较大。

图 1-9

同时，C 点处股价在重心线上已经振荡数日，其间有大阴线形式的下跌，但股价并没有迅速向下脱离重心线。这就说明虽然看上去盘口走势捉摸不定，似乎有继续下跌的迹象，但实际上有一股潜在的力量“托住”了股价。不然的话，至少股价应该像前面一样出现一个大幅度的折返。

虽然以上分析倾向于“短线可以买入”这个结论，但稳健的交易者还是应该从趋势上、整体上来进行全局性的分析。

如图 1-10 所示，这是该股两年多的走势。图中，连接 A 点和 B 点构成一条股价运行重心线，连接 E 点和 F 点构成一条下跌趋势线（趋势线经过变轨，变轨的技术内容后文讲解）。

图中 D 点圆中的 K 线，即为图 1-9 中的 K 线图走势情况。

全局性分析图 1-10 的案例，归结到 D 点，也就是图 1-9 的情况。可以看到，D 点时，之前下跌中的股价运行重心线已经失去作用，取而代之的是一条上涨中的股价运行重心线。虽然这条线刚刚形成，但是已经能够看出股价偏上波动的基本情形。这与图 1–9 中的分析相吻合。

趋势上至 D 点时，股价经过一番折返，也在 C 点正式突破了这条下跌趋势线。而上图 1–9 中的 C 点正是突破后的一个回抽确认的过程。

经过整体性分析，可以确认，该股不但短线具有买点，即使是波段交易，图 1–9 中的 C 点也是一个较佳的介入点。

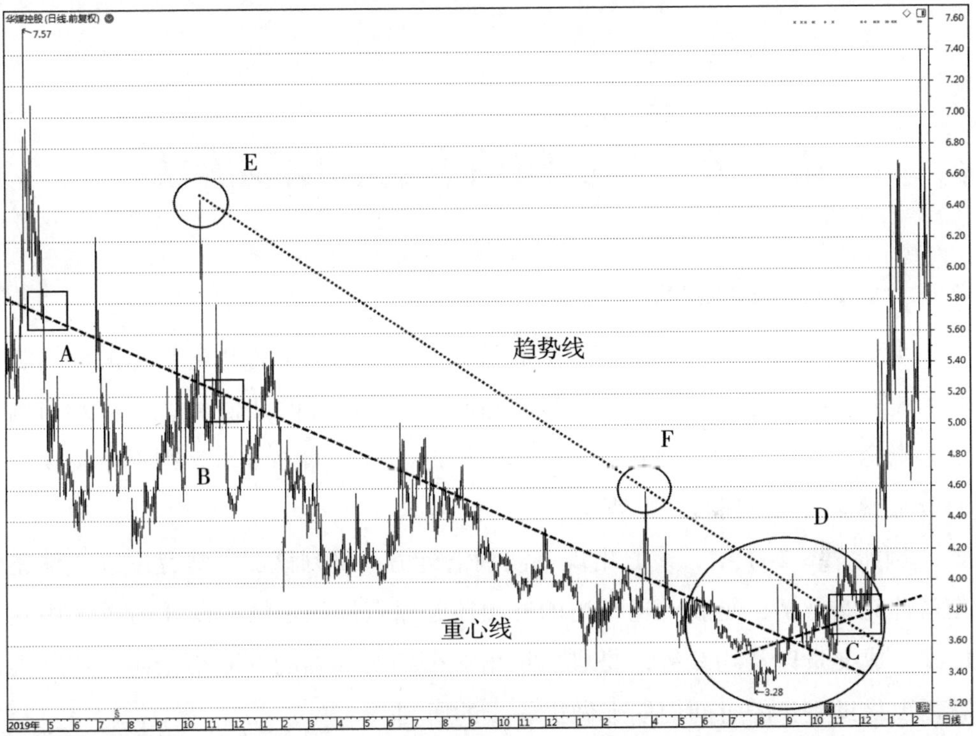

图 1–10

上述案例分析仅是提供给交易者一个思路。趋势线与股价运行重心线的契合战法，在后文的案例分析中还会反复出现，这也是本书写作的主体内容。通过趋势的大局观和股价运行重心的细节分析，从大和小两个方面结合，对目标个股进行 “诊断”，至少在一定程度上能够保证判断结论的正确性，也为交易提供了一份保障。

第二章

趋势和运行重心的研判工具

第一节　趋势线的意义和绘制方法

一、趋势线的意义

股谚说：看大势赚大钱。想要看清大势，交易者应该培养自己的大局观和历史观，善于分辨价格运行趋势和趋向。单凭最近的几根 K 线，很难研判主力资金的操盘意图，但若从较长的时间周期进行回溯分析，则不难发现主力资金操盘所处的阶段、状况等。

例如，图 2-1 中，该股出现一波翻倍行情，研判该股后势是继续上涨还是就此完结行情，是新一轮行情的开始还是原行情的延续，仅凭图 2-1 中的 K 线、成交量以及均线等，是难以得出一个相对准确的判断结论的，这时候就需要借助更长的时间周期来做进一步的研判。

图 2-2 是该股一年多的图形走势，从这幅图上可以较为清晰地看到该股相对完整的走势：该股经历过一轮波澜壮阔的大牛行情之后，股价出现大幅急速暴跌，图中 A 点（即为图 2-1 中的涨升阶段）很明显是大幅超跌之后的反弹走势。

像案例中以暴跌来终结牛市行情的走势并不常见，所以主力资金必然还有仓位未来得及兑现，这也是股价在 A 点超跌反弹的重要基础。明白了图 2-1 中的走势仅是超跌反弹性质的走势，那么交易者自然不会在高位买入，持仓者也会在高位寻机卖出。

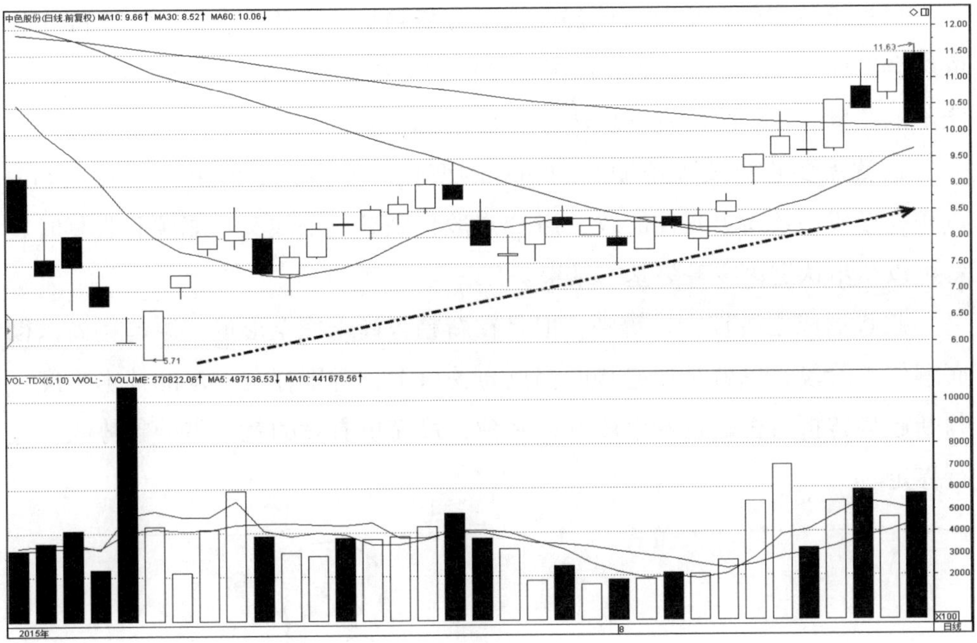
中色股份(日线 前复权) MA10: 9.66↑ MA30: 8.52↑ MA60: 10.06↓
11.63
5.71
VOL-TDX(5,10) VVOL: - VOLUME: 570822.06↑ MA5: 497136.53↓ MA10: 441678.56↑
2015年
8
日线

图 2–1

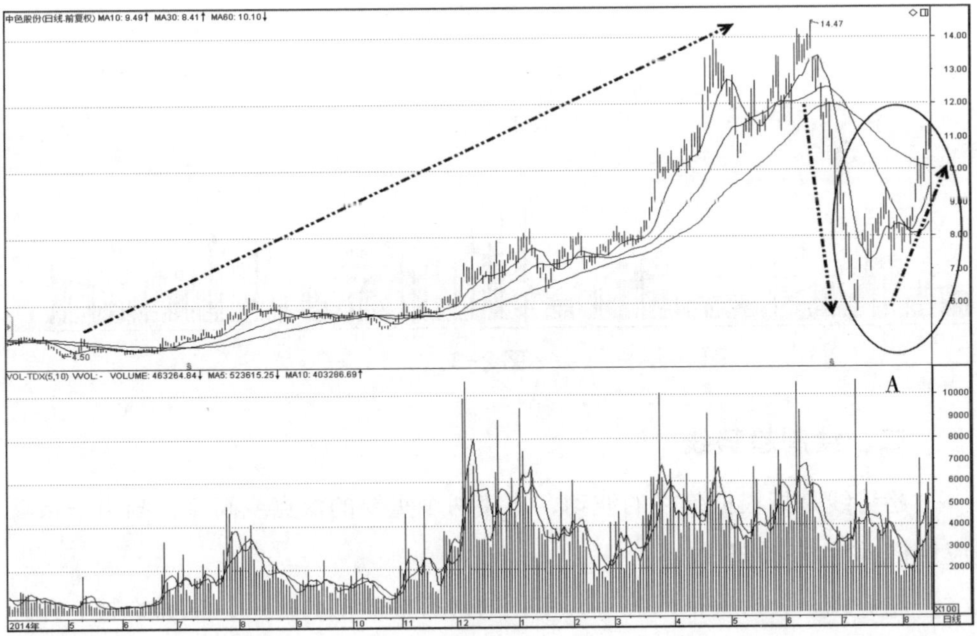
中色股份(日线 前复权) MA10: 9.49↑ MA30: 8.41↑ MA60: 10.10↓
14.47
4.50
VOL-TDX(5,10) VVOL: - VOLUME: 463264.84↓ MA5: 523615.25↓ MA10: 403286.69↑
A
2014年
日线

图 2–2

通过上述案例，交易者已经明白了分析趋势的重要性。但是在实战中，依然会出现一些问题。比如，像图 2-2 中，交易者如果是在更早的时候买入，能不能在暴跌发生之前就发现转势征兆并及时退出呢？

这就需要趋势线来帮助判别趋势的变化。如图 2-3 所示，以 A 点和 B 点相连形成一条向上延伸的线，当 C 点股价跌破这条线又不能顺利收复时，就可以初步认定该段升势基本结束。

趋势形成之后较容易辨别，但是在新趋势尚未完全形成、原趋势尚未彻底解体的阶段，也就是在趋势的拐点与关口上，辨别存在一定的技术难度。判断趋势转折与否的技术手段有很多种，最简单有效的就是借助趋势线来进行界定。

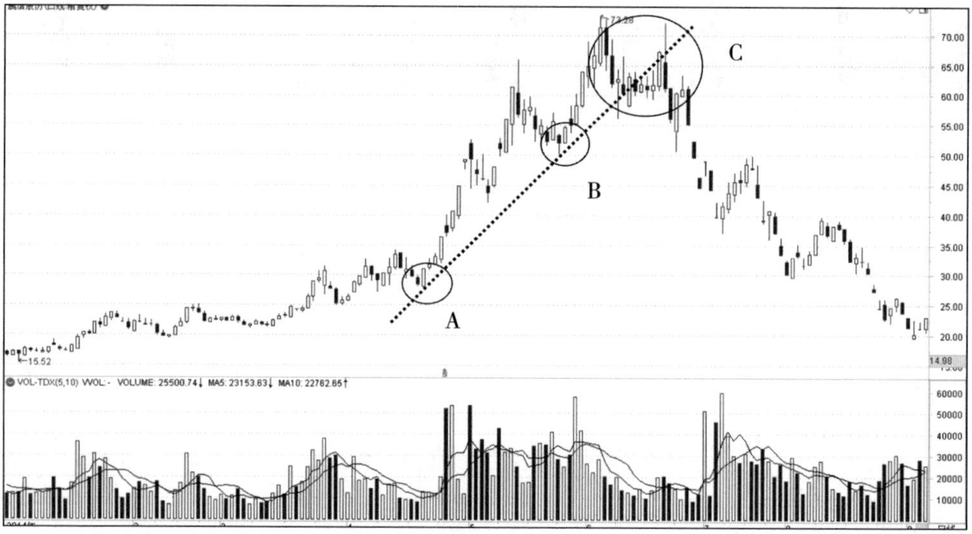

图 2-3

二、绘制趋势线

趋势线是指根据价格的波动，连接两个重要的低点或高点，画出一条顺应价格运行方向的直线。

趋势线是分析价格趋势及其变化的最有效的工具之一，正确绘制上升趋势线和下降趋势线，有助于提前对行情变化和趋势拐点做出预判。绘制的趋势线要能够正确地反映价格的运行趋势，这样方能起到对未来行情发展的提示作用。

绘制趋势线有三个要求。

其一，确定两个重要的低点或高点；

其二，这两个点在时间周期上具有一定的距离；

其三，能够正确反映趋势整体运行情况。

如图 2-4 所示，A 点为该股顶部高点，B 点为第一次中期反弹高点，都属于相对重要的点位。时间间隔上有 3 个月左右，也较为合适。两点连线后，绘制的这条趋势线基本反映了后期股价趋势运行的整体情况。

图 2-4

第二节 趋势线变轨和实战应用

实战中经常会发现，趋势在一个方向运行较长时间后，原先绘制的趋势线已渐渐失去效用，不能对价格最新的运行角度起到提示作用。这是因为随着股价运行角度的多次改变，一条趋势线绘制完成之后，大多只能对早期价格趋势起到提示作用，很少能够贯穿整个趋势的始终，所以趋势线也存在着多个角度的变轨。

一、趋势线变轨

股价对于长期趋势的突破未必都会引发趋势的转折，有时候仅仅会带来趋势线的变轨，股价仍旧会回归趋势继续运行。必须明确一点，趋势线的变轨并不意味着趋势中断，只是股价运行途中因股价运行速率、波动频率发生变化，在正常范围内产生一些角度的改变。趋势运行过程中，可能会出现一次或多次变轨。

如图 2–5 所示，A 点和 B 点相连绘制出趋势线 1，这条趋势线在一段时间里较好地反映出股价的运行变化情况，起到了相应的提示作用。

之后，股价在反弹中突破了这条趋势线。从图中可以看出，这次突破并未改变股价的整体下跌趋势，只是改变了股价运行的角度，之后股价反弹结束，继续下跌趋势。

当出现图 2–5 中所示的情况后，为了能够及时准确地发现趋势接下来的变化，就必须重新绘制趋势线。图中 A 点和 C 点的连线，就是趋势线在股价剧烈波动下的一次变轨。

重新绘制趋势线是为了更好地体现出趋势的变化。从图 2–5 中可以看到，变轨后的趋势线 2 显示出相应的作用：股价几次反弹到这条线都发生回落，直至 D 点股价才真正突破下降趋势线，并在之后形成上涨趋势线。

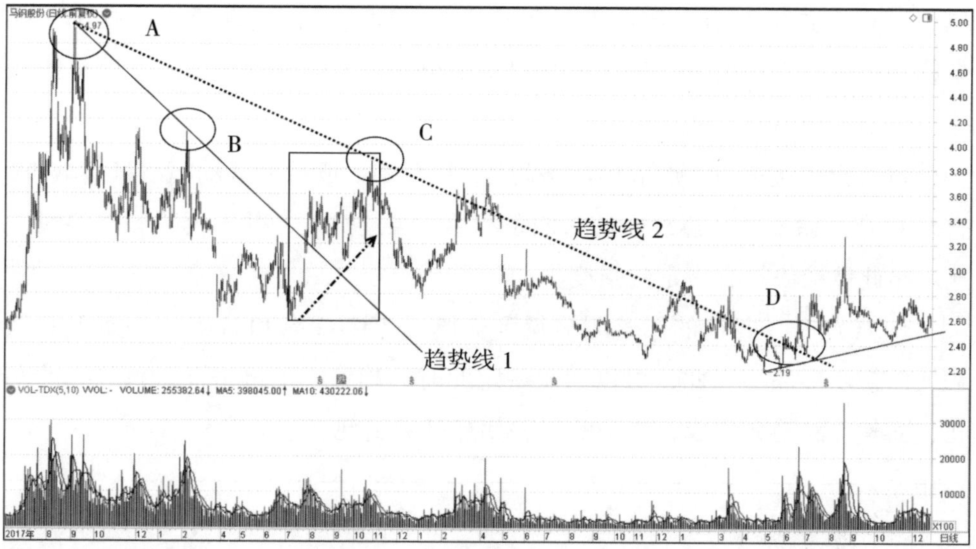

图 2–5

由上述案例可见，无论是在上涨趋势中还是下跌趋势中，股价突破趋势线，都应该先将其看作是一次变轨，决不能贸然认定为趋势性转折，否则很容易被主力资金刻意营造的陷阱所误。

趋势线变轨是否就是趋势转折，需要根据市场整体技术环境以及技术分析上的共振点等综合分析，才能得出一个相对准确的答案。

二、实战应用：发现趋势拐点

在一个长期趋势的运行过程中，当股价突破趋势线并得到有效支撑后，交易者应当迅速调整之前的操作思路，并制定出市场重大转折期以及之后行情的操作思路和策略。

如图 2–6 所示，该股在下跌趋势运行过程中多次出现变轨，A 点连接 B 点，形成第一条下跌趋势线。之后股价突破下跌趋势线，但未能真正实现趋势扭转。之后股价波动幅度变小，第一条趋势线不再能反映趋势运行的情况，此时只能再绘制能够反映趋势真实情况的趋势线。

以 C 点连接 D 点，形成第二条趋势线。这条趋势线和第一条趋势线一样，也在股价的波动中逐渐失去作用。

以C点连接E点，形成第三条趋势线。随着股价波动幅度的减小，这条趋势线虽未完全失去作用，但难以反映出股价波动强度，这时可以再绘制一条短期的趋势线与之搭配使用。

以E点连接F点，形成第四条趋势线。随后，股价的波动幅度日益减小，直至G点开始反弹，连续突破第四条和第三条趋势线，并不再跌破趋势线，显示出此波涨势具有一定的强度。

到H点时，股价的回落明显得到支撑。连接G点和H点，一条上涨趋势线已初步形成。至此，可以初步认定此时的趋势线不再是下跌趋势线的变轨，而是上涨趋势形成，股价的趋势拐点已经出现。

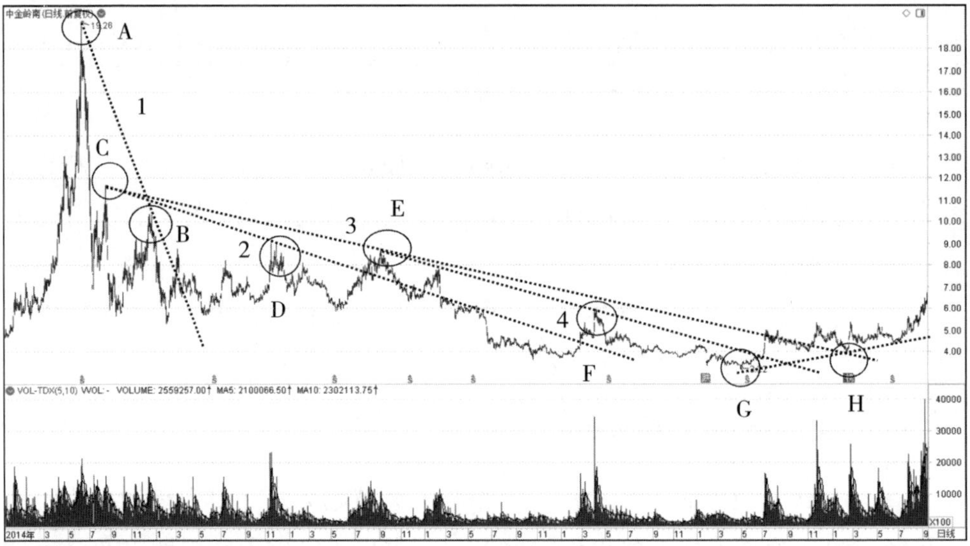

图2-6

关于趋势拐点的认定，并不在于是否形成了一条上涨趋势线；某条刚刚形成的所谓上涨趋势线，也极有可能只是下跌趋势中因股价反弹而形成的一次变轨。实战中认定趋势拐点有几个要件。

1. 趋势转承关系

起，一势的开始；落，一势的结束；转，势与势之间的连接动作；承，后势对前势的承接。一势起，一势落，起落转承关系形成。这种转承关系符合哲学思想中的因果关系，前势为因，后势为果，后势之果又成为下一个趋势的因。因果如此转换，形成环环相扣的趋势，势势相接，连绵不断。

趋势转承必然是从短期趋向开始，然后过渡到中期趋向，最终对长期趋势发生影响，改变趋势方向。

如图 2–7 所示，在下跌趋势运行过程中，股价的短期趋向会多次出现与趋势相逆的现象，即力度不等的反弹行情。而在上涨趋势形成及运行过程中，股价的短期趋向也会多次出现与趋势相逆的现象，即回落调整行情。

短期趋向尤其是中期趋向出现上述变化时，可能意味着趋势拐点已经形成。趋势转承关系的认定，还需要从股价运行重心等技术环境上进行综合分析研判。

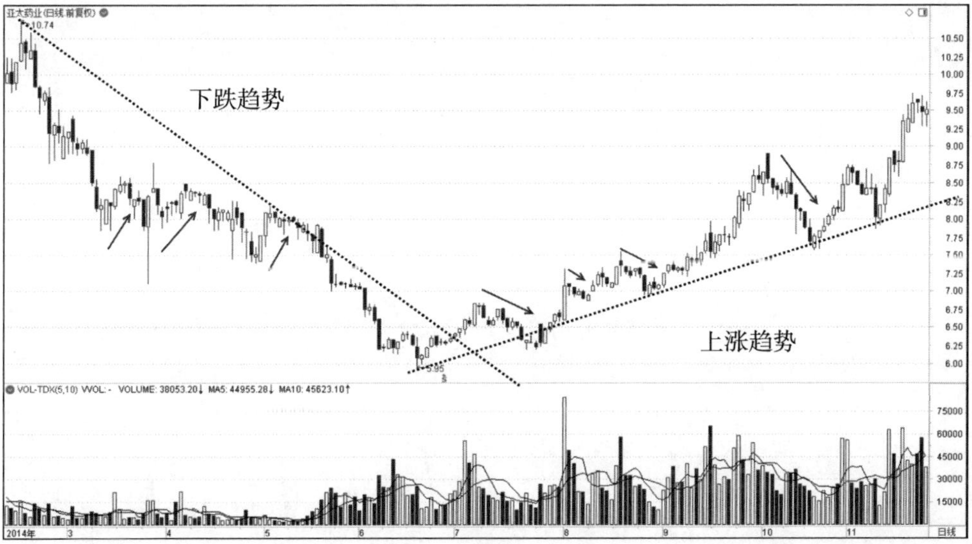

图 2–7

2. 趋势线突破及均线系统支撑

股价对于趋势线的突破并不是一蹴而就的，在突破的最初阶段，往往会让人认为这只是一波反弹，反弹完毕带来趋势线变轨，之后股价将继续下跌。

希望总在失望中发生。如图 2–8 所示，A 点股价上涨触及下跌趋势线和下行中的长期均线，随后遇阻回落。这个回落调整非常重要，它是测试股价是否能够扭转趋势的关键。

通常来说，下跌趋势运行过程中，股价强势反弹往往都会在下跌趋势线或长期均线附近受阻回落，继而结束反弹，继续下跌趋势。

经过一段时间的回落调整后，B 点股价最终在趋势线上得到支撑并突破长期均线，由此进入到上涨趋势运行过程中。

实战中，股价突破趋势线继而突破长期均线，最重要的是能够在突破后的趋势线和长期均线上方获得支撑，那么基本可以确认趋势拐点已经出现。

必须明确一点，趋势拐点出现并不意味着股价都会一马平川，之后往往还有曲折而漫长的路要走，交易者要做好股价反复折返，尤其是大幅度回落调整的心理准备。

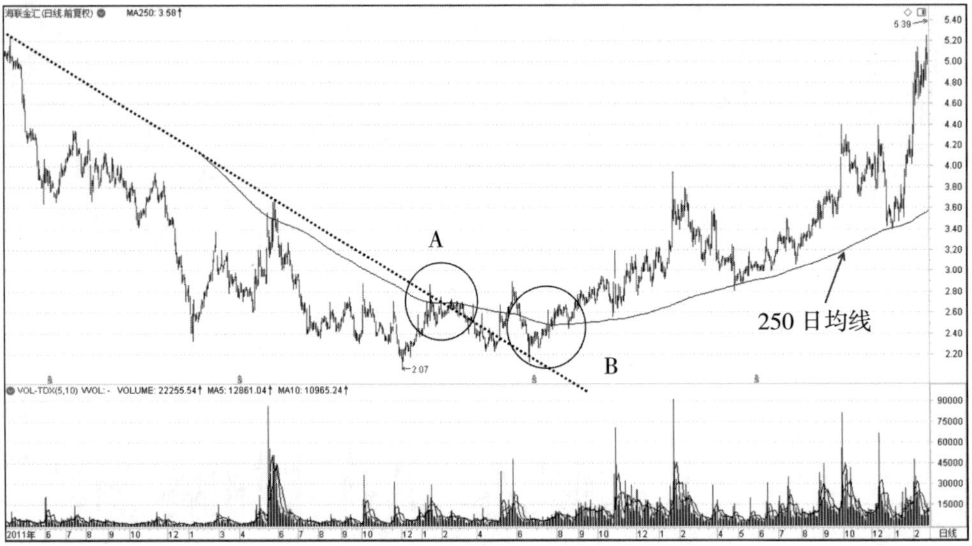

图 2-8

3. 成交量明显增多

趋势拐点出现的前后，成交量会出现明显放大，迥异于下跌趋势运行期间的量能。下跌趋势中，总体量能呈缩减的常量态势，而转折点前后成交量明显放大。这也是趋势拐点形成的常规成交量形态。

实战中要注意一点，有时成交量会在拐点形成之前就出现激增的情况，然后慢慢缩减，及至拐点形成突破时，才再度放大。这是主力出于运作需要导致的一种情况。对于下跌趋势中成交激增的个股，交易者应根据相应追涨或低吸技术来确认是否具备介入条件，如果不具备介入条件，可保持观望并密切追踪其后市变化。

第三节　重心线的意义和绘制方法

一、股价运行重心线的意义

股价运行重心线，就是以股价波动振荡的相对中心位置（或趋向开始的两个振荡高点和低点之间的均价位置）画一条直线，即为股价运行的重心线。股价运行的重心并非静态不变，而是随着价格的运行方向不断变轨。

股价运行重心形成后，运行过程中，当股价偏离重心线过远时，一般会出现向重心线靠拢的动作；触及重心线未继续上升（下跌），而是再次下跌（上升）时，则意味着当前运行重心的方向可能会发生改变。关于股价运行重心线的意义，在第一章中已有较多讲解，此处不再赘述。

二、股价运行重心线的常规绘制方法

研判价格运行重心，需要绘制一条重心线来直观展示其股价趋向变化情况。在绘制重心线时，最重要的是找到两个重要的参照点。在第一章中讲过，参照点选择错误，将直接影响绘制出来的重心线能否发挥提示作用。

选择参照点时有以下几点需要注意。

1. 重要的波次

确定参照点时，应该首选重要的波次。那么什么是重要的波次呢？

在技术分析中，重要的因素一般包括成交量，股价高点、低点，交易时间，涨跌幅度等。如图 2-9 所示，第一参照点选择 A 点，是因为 A 点具备即时的股价最大波次、即时股价最高点、即时成交量最密集等特点。

这些特点都指向了一点，即 A 点至少是当天交易时间里比较重要的一次波动。

随后，以相同的理由或者条件，我们选择了第二参照点 B 点。B 点和 A 点的技术条件很类似，只是在涨幅上略逊一些。

在每一个波次的涨跌幅度上，交易者应当尽量选择涨跌幅度近似的参照点，这样才能最大程度地显示股价相对真实的波动轨迹。

图 2–9 中，以 A 点连接 B 点绘制出一条股价运行重心线，就基本反映出了当天股价波动的具体情况。在之后的交易时间里，股价向上偏离重心线运行，说明股价的上涨有一定强度并且具有持续性。这些重心线提示的信息，对交易者还是具有一定帮助作用的。

实战中，交易者可能会有这样的疑问：开盘后股价就出现大幅度的波动，这个算不算重要的波次？

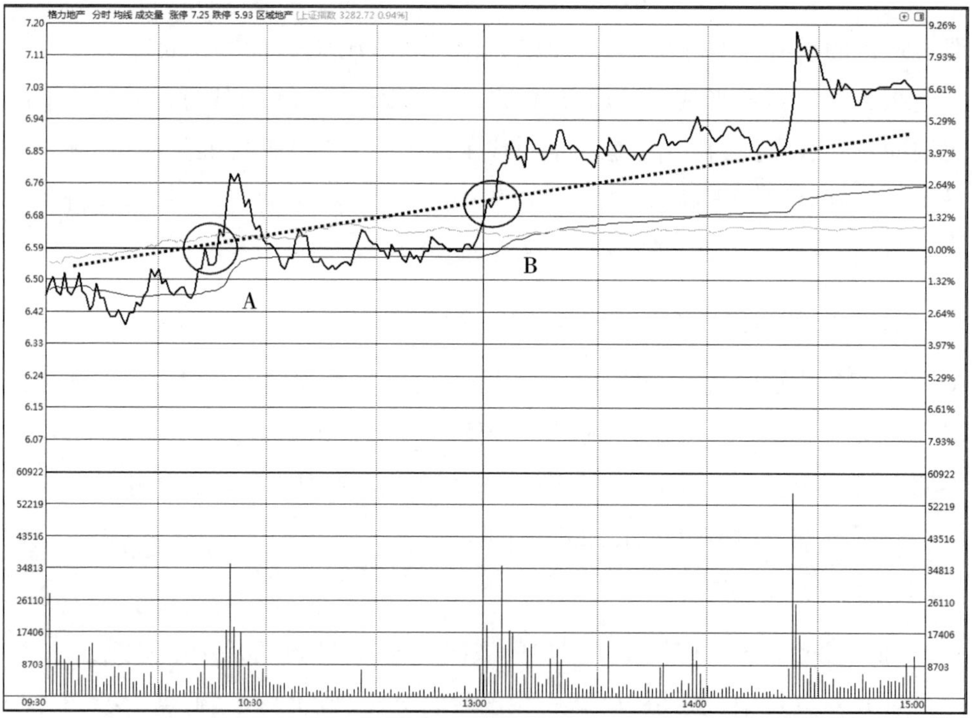

图 2–9

如图 2–10 所示，该股开盘就出现一个急速拉升，拉升的幅度在全天交易中就是最大值，同时成交量也达到全天交易量的峰值区域。

如果将这波急速拉升的中间值作为第一参照点，就很难找到近似幅度的第二参照点。勉强以涨势中较大波次为第二参照点，那么绘制出图中 A 点的重心线，也很难反映股价之后的波动情况。

第一章中讲到过，以“杂波”为参照点画出的重心线，很难发挥出提示作用。图 2-10 中开盘后的急速拉升就是一个“杂波”。

因为短时间、大幅度的上涨或下跌，必然是受到资金的密集冲击，包括主力资金的对倒行为。资金密集冲击对股价的影响注定是瞬间的、不可持续的，用它来做参照点分析股价之后的波动，必然难以体现出真实的波动和走势。而图 2-10 中 B 点绘制出的重心线，就相对能够反映出股价的基本波动情况。

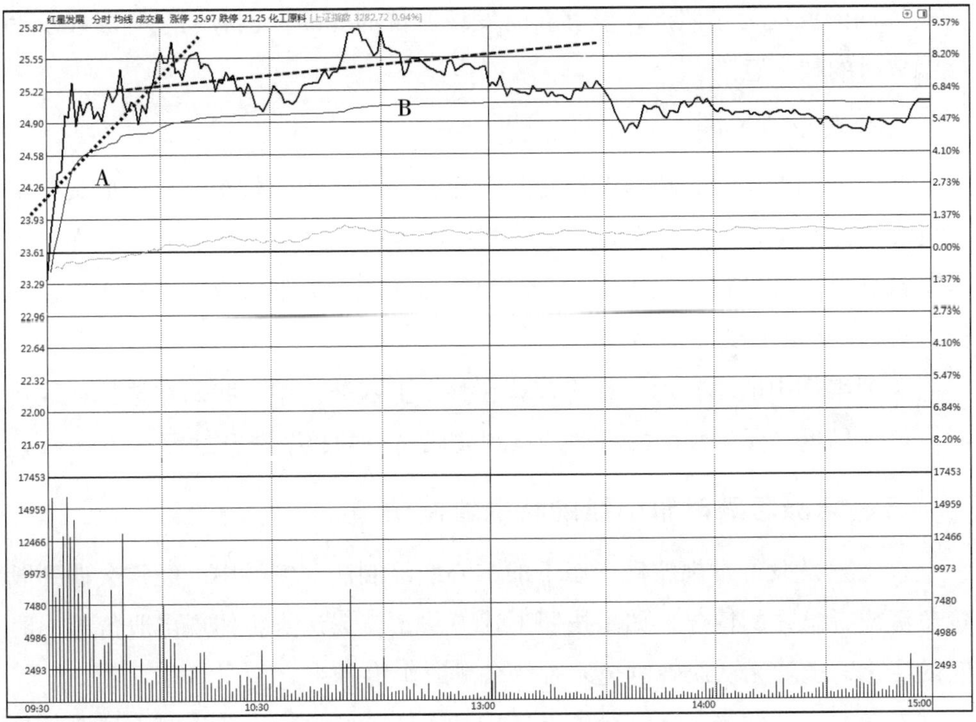

图 2-10

2. 时长

选择参照点时，还必须考虑时长的因素。两个参照点如果过于接近，几乎没有波动的过程，也不适合作为研究的对象，毕竟股价运行重心线分析和研究的就是股价的振荡波动。

具体来说，在K线图上选择重心线参照点，两个重要的波次要具有一定的时长。而在分时图中，如果选择的话，应该尽量选择有一定时间距离的两个参照点。

3. 同向波次

在分析处于上涨趋势或趋向中的个股时，应当选择上涨波次作为参照点；分析下跌趋势或趋向中的个股时，则应当选择下跌波次作为参照点。如图2–11所示，以A点的上涨波次作为第一参照点，B点同样以上涨波次作为第二参照点。

以同向波次为参照点，能够及时发现股价的异动，也有利于判断股价发生偏离时的技术意义。

4. 波次中的折返

选择同向波次时，还需要注意尽量包括这次波动的整个过程，如其中出现的小折返。如图2–11所示，方框1就是第一参照点的整个上涨波次，可以看到这个涨升过程中包含着一个时间较短的股价向下折返。方框2中也同样具有一个小的折返。

类似案例中的小折返，都应该算在整个上涨波次中。我们在选择连线点时，就是尽量选择从股价的启动低点到波段高点的整个涨升过程。

三、急涨急跌时重心线的特殊绘制法

以上只是股价常规波动形态下的重心线绘制法。实战中，经常会遇到股价急涨或者急跌的情况，如果按照上述方法，就无法真正体现出股价第一时间的变化，也就无从谈到对交易有什么帮助作用。

在急涨、急跌形态下，分别有不同的重心线绘制法。急涨时，以股价最低点为参照点；急跌时，以股价最高点为参照点。

1. 急涨时重心线的特殊绘制法

急涨时，以当日K线的最低价为参照点，连接最近交易日K线的最低价，

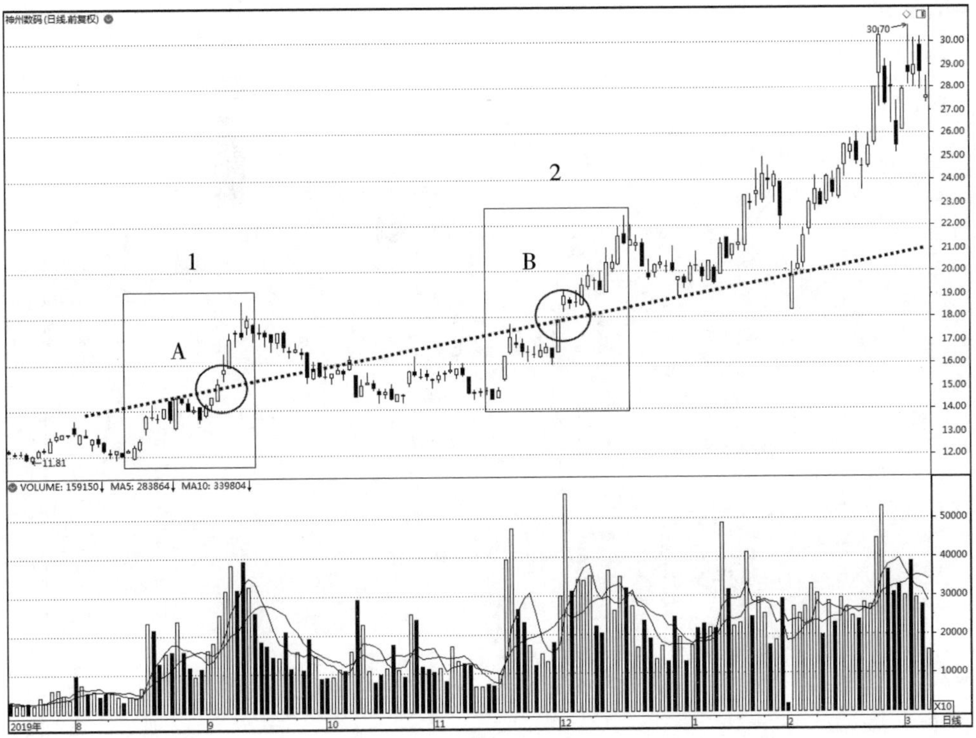

图 2-11

这条线就是重心线。这种情况下的重心线会频繁变轨，变轨后同样依照这个方法继续标示。

之所以采用当日 K 线最低价为参照点，是因为在急速上涨的过程中，股价的变动无疑是快速的，采取最低价为参照点是比较稳健的作法，一是可以避免杂波的影响，二是在一定程度上起到筛选和警戒的作用。

在股价急涨的过程中，其真正的运行重心肯定不会是最低价。设定最低价为运行重心并绘制重心线，那么这条具有相对稳定性的重心线，就将起到筛选和警戒作用。当股价从急涨状态中跌破这条线，基本就能说明股价急涨强度出现了大幅度的下降。如果股价不能在之后迅速收复并继续强势上涨，转向拐点必然近在咫尺。

如图 2-12 所示，A 点该股收出涨停板，B 点也是一根大阳线，判断该股可能进入急速上涨状态，以 A 点、B 点相连，画出第一条重心线。

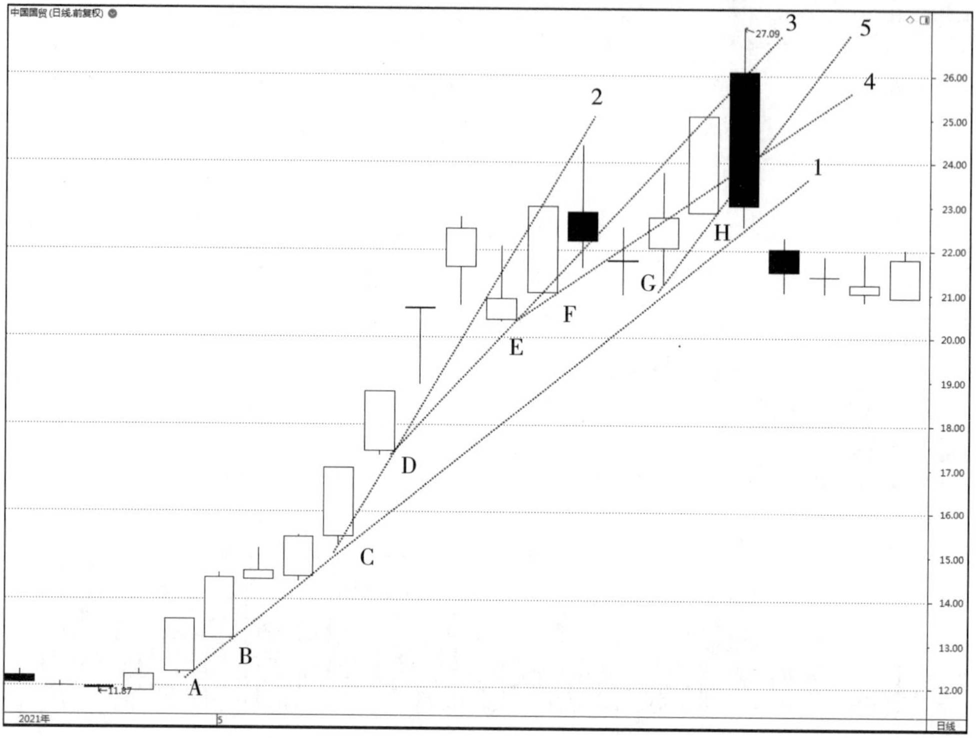

图 2–12

随着股价连续急速上涨，上涨角度会产生变化，第一条重心线已经难以及时反映股价的变动，于是再以 C 点和 D 点相连，形成第二条重心线。

当 E 点股价低开跌破了第二条重心线时，持仓的交易者有两种选择：其一，在盘中股价冲高时卖出；其二，暂时持仓观望，主要观察 E 点的下跌是否为杂波。实战中，这时持仓观望，后续行情走势具有不确定性，并不一定都会如案例中那样迎来继续上涨，也有可能出现股价就此转折向下的走势。

F 点股价继续大阳线上涨，但是随后的上涨明显受压于第二条重心线。此时已经能够看出这个波次的急涨形态遇到了强大的阻力，股价涨升的强度极有可能因此出现大幅降低。稳健的交易者可以在此时选择逢高减仓。

如果有交易者仍旧看好该股，那么可以再以 D 点和 E 点相连，画出第三条重心线。可能有人会有疑问，为什么选择 D 点而不是之后的 K 线作为参照点？

在急涨形态下，选择参照点应该首选大角度而不是平缓角度，这样才能及时反映股价的变化。比如，以图中 E 点和 F 点相连形成第四条重心线，就几乎没有起到作用。

股价振荡后，在 G 点冲高并于 H 点再收大阳线，连接这两个点画出第五条重心线。

最后大阴线的高点在一度突破第三条重心线后，还是出现了大幅度的回落。即使不分析当日分时走势是否存在卖出提示，也应该在此时做出减仓的动作，因为急涨的个股经过高位调整后，股价一旦明显由强转弱，至少意味着一个短线拐点出现。

在这个案例中，为了保证画面清晰不凌乱，去掉了短期均线和成交量。其实在实战中，同时参考短期均线和成交量的情况，能够为我们把握卖点带来更好的保障。

2. 急跌时重心线的特殊绘制法

与急涨相反，急跌时，是以股价最高价作为参照点，但在原理上二者的意义很相近。

急跌时，以当日 K 线最高价为参照点，同样是为了能够及时反映股价的变动，避免杂波的影响，并起到筛选和警戒的作用。不过，这里的警戒是指止跌低点的产生。

在急跌过程中，股价真正的运行重心肯定不会是最高价，设定最高价为运行重心并绘制重心线，能够从稳定性的角度进行筛选和警戒。当股价从急跌状态中向上突破这条线，基本能说明股价急跌强度出现了大幅度的下降，如果股价之后的低点逐渐抬升，那么转向拐点也必然近在眼前。

如图 2–13 所示，以 A 点和 B 点相连画出第一条重心线，在之后的运行中，股价向上突破了这条线，但是股价低点并没有逐渐抬升，而是改变角度继续下跌。

这种技术形态说明股价急跌强度确实出现了下降，但是并没有止跌转升，而是从急跌转为了相对较缓慢的下跌。这种情况也是实战中经常会遇到的。

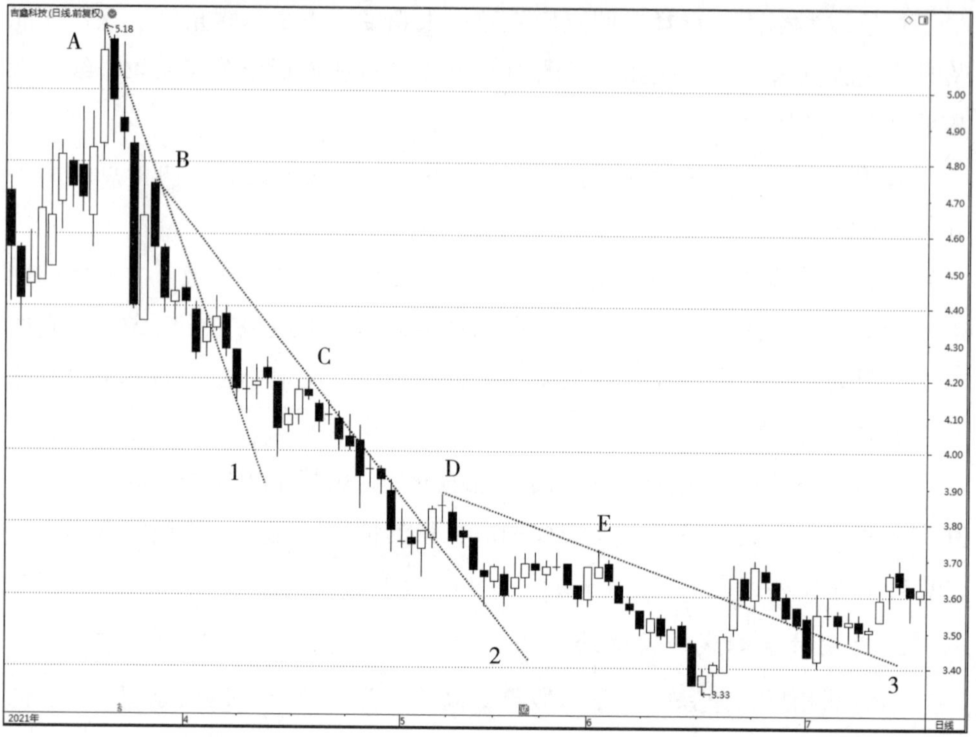

图 2-13

第一条重心线失去了作用，于是再以 B 点和 C 点相连，画出第二条重心线。这条重心线一度带来股价可能止跌的希望，但是 E 点的下跌打破了这个希望。重新选择 D 点和 E 点画出第三条重心线。从图中可以看到，股价突破这条线后，在回落过程中，最终在这条线的上下止住跌势，出现了低点抬升的情况。

在个股急跌或延续性阴跌过程中，一些股价止跌的提示信号并不显著，往往会让心理上仍旧处于悲观或恐惧中的交易者不敢相信。他们多数更期望出现大阳线等暴涨形态，并认为只有那些激情四射的大涨才是股价止跌回升的信号。

其实，真正的止跌或者见底信号，大都隐藏在平淡无奇的盘面中，只要用心去分析就可以发现。但是，对于交易心理崩溃的人来说，可能什么都看不到。

第四节　重心线频繁变轨和实战技巧

在趋势运行过程中，有时会出现多次趋势线变轨。股价重心在运行过程中，重心线的变轨则更加频繁。

一、重心线变轨

股价运行重心并不会沿着一个方向或角度一直持续运行，就像交易中的股价不会保持一个价位恒久不动一样。股价在波动中不断改变角度或方向，我们把股价运行重心的这种改变称为变轨。

为了及时反映股价运行重心的变化，就需要多次重新绘制重心线，这些不同角度的重心线就是重心线变轨。比如，上节所讲的股价急涨、急跌形态下的重心线，这种比较特殊的重心线，更是将变轨发挥到了极致。

常规情况下，股价运行重心线变轨的频率，不会像股价急涨、急跌那么频繁，但在实战中，股价的波动和运行总会处于不同的阶段，一段时间平缓，一段时间急切。如图 2-14 所示，股价在运行过程中，一段时间处于急速拉升、急速下跌，一段时间又处于振荡波动中。

以图 2-14 为例，分别以细线条来标示急涨急跌阶段的特殊重心线，以稍粗的线条来标示常规重心线。该案例中，为使画面不显得过于凌乱，并未全部标示特殊重心线，仅仅标示出一部分。从中也可以看到，其中的变轨相对较多。

在常规重心线上，以 A 点和 B 点相连形成第一条重心线。但在之后的股价运行中，出现一波较长时间的回落走势，股价几乎已经脱离了第一条重心线。

为了能够及时反映股价波动的情况，于是将回落走势的波动绘制出第二条重心线。这是常规重心线的变轨。

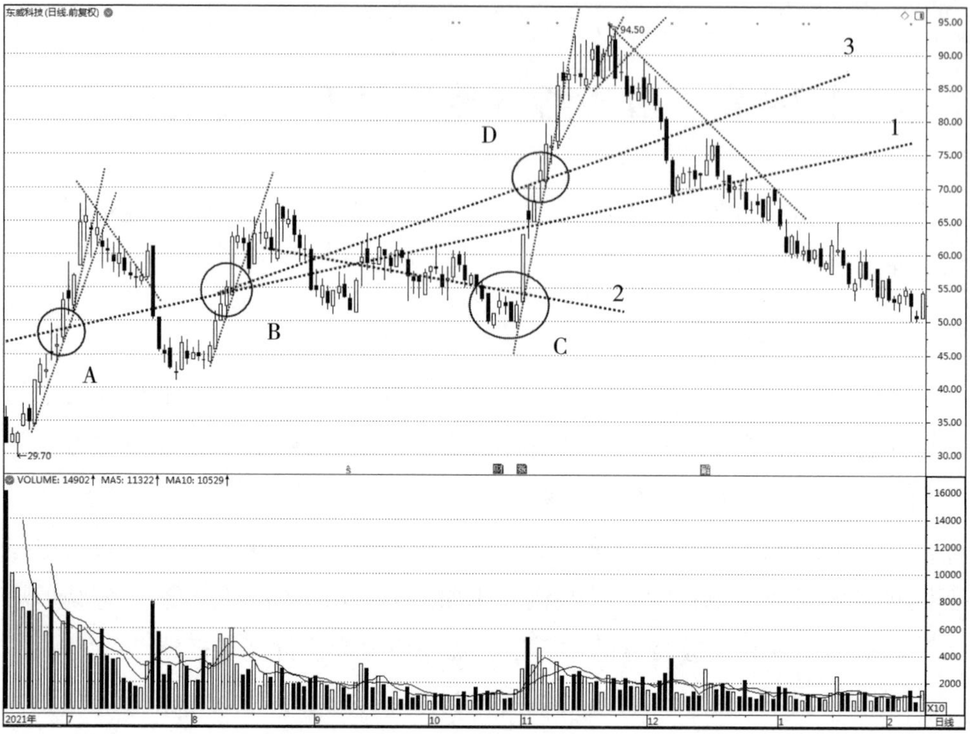

图 2-14

股价在C点突然急速上涨并突破了第二条重心线，在之后的急涨过程中，只能绘制特殊重心线来观测股价的变化。

当股价冲高出现振荡时，以B点和D点相连形成第三条重心线，这是常规重心线的又一次变轨。这条重心线的作用主要用来观测股价偏离下的波动。如果要捕捉股价转折的拐点，还是应该以特殊重心线为主。

案例中，股价见顶回落跌破第三条重心线，在第一条重心线上略作反弹便继续下跌，昭示出一个趋势级别的下跌正在运行中。失去重心的股价，就像失去重心的人体，不是飘向上空，就是跌向地面。

二、实战应用——发现趋向拐点

前面已经讲过利用股价运行重心判断股价转折拐点的案例，比如利用特殊重心线等，这里重点讲讲股价偏离下的趋向拐点。

股价向下或向上偏离重心线，多数时候是一种常态。过大幅度的偏离，不是形成杂波，就是形成股价脱离重心的形态。偏离，是实战中比较难以把握的一种技术形态。

如图 2–15 所示，该股在上涨趋势中形成第一条重心线，股价围绕这条线上下波动。

图 2–15

当股价运行至 A 点时，不能回归到价格运行重心线上方，并逐渐向下偏离，说明股价可能遭遇足以改变原运行轨迹的重压，同时也意味着原运行重心的运行方向可能会向下发生改变。

通常出现这种情况，即使是惯性下行，也会让股价跌上一段时间，可以说至少趋向的拐点已经出现。持仓的交易者在这个时候应该及时减仓应对，因为一旦趋向向下引发趋势改变，股价不是处于急速下跌中，就是已经有了较大的跌幅，到那时将会进退两难。

图中标号 2 的虚线，为股价转跌后形成的第二条价格运行重心线。图中还标示了一条特殊重心线，当反向的重心线出现后，如果股价再度向下偏离，则股价的下跌速度将会加快。如图 2-15 所示。

在案例图 2-14 中，也曾出现过一条反向的重心线，但股价当时的表现和图 2-15 中截然不同，其后续的发展也就大不相同。

价格运行重心的概念很重要，有时候盘面上其他技术因素尚未发出提示信号时，根据股价和运行重心之间的偏离度，也可预估可能出现的走势。

第三章

上涨趋势和运行重心实战研判

第一节　起涨期的量价分析和实战买点

一、起涨期特征与量价分析中的买点

1. 折返振荡中终结下跌趋势，形成上涨趋势

上涨趋势形成初期，大盘指数和大部分个股逐步走出底部低点，处于频繁的折返振荡中，成交量温和放大，明显有异于跌势末期的地量状态。上涨过程中受到上方压制时，往往采取横盘方式缓慢向上逐步突破。这些迹象显示有资金正有条不紊地流入市场，开始吸筹建仓的工作。

如图 3-1 所示，该股在底部构筑过程中，股价经常会出现大幅度的折返振荡，但低点却在不知不觉中抬升，并逐渐形成了上涨趋势。图中的趋势线随着股价波动不断变轨向上。

同时，成交量方面也已不再是下跌期间冷冷清清的缩量局面。在这个阶段，尤其是股价折返时，成交量时常会出现变量形态。当出现变量时，多数时候股价就到了折返的节点，随之便是既快又疾的下跌过程。

图中 A 点处，股价刚刚从跌势中止跌回升，出现横向折返振荡的走势。以其中的两个点绘制股价运行重心线后，股价就大幅向下偏离这条线。如果交易者处在当时的情境中，可能不会认为下跌只是偏离重心线的杂波，而是

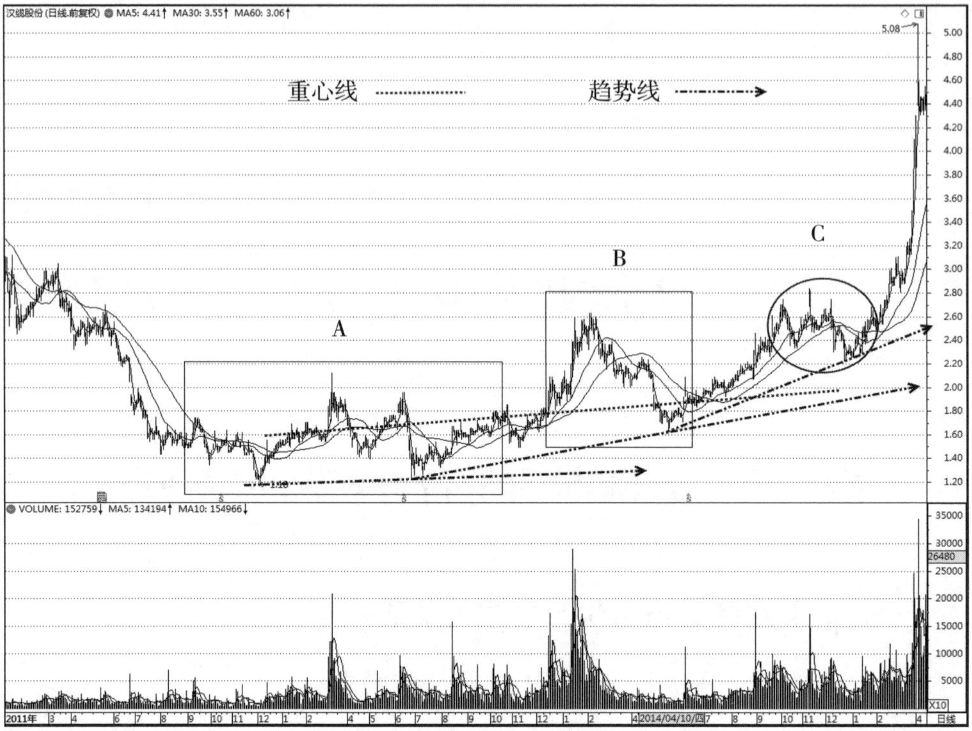

图 3-1

认为股价将继续回归到下跌趋势中。

但是股价的表现出乎意料，在不被看好的情况下，股价居然回升到重心线之上。这一次向下偏离的低点与之前的最低点形成一条上涨趋势线，这就是上涨趋势的雏形。

对于中长线交易者来说，这个阶段仍不是一个稳妥的建仓点，毕竟趋势只是才具雏形，仍有可能走出失败的形态。但对于短线与波段交易者来说，根据重心线波动法则，可以开始建仓操作了。

A 点之后股价再一次向下偏离重心线。这种频繁的股价折返，会让交易者感觉心力交瘁，颇受煎熬。但随后的 B 点，股价从重心线下方一跃而起，展开急速上涨，大幅向上偏离重心线，成交量出现明显的阶段性激增，这也是上涨趋势初期固有的现象。

B 点股价突然大幅度向上偏离重心线，交易者应该能够判断出这是一次杂波。如果采取特殊重心线绘制法，可以发现其中较佳的卖出点位。为让画面保持清晰，图中没有绘制其他重心线。

B 点股价冲高后又回落，回落低点在重心线下方不远处，随后便止跌回升。这种形态说明重心线具有相应的支撑力度，而股价运行重心可能将继续向上提升。这个回落的低点，也构成了上涨趋势第一次向上变轨的点。上涨趋势线的向上变轨，充分说明股价整体涨升强度不断提升，这个点位应该是中长线交易者建仓的地方。

B 点之后，股价缓步上涨。到了这里，原有的重心线渐渐失去作用，可以重新绘制变轨后的重心线。

C 点处，股价在接近 B 点股价高点区域时发生折返振荡。

这里很有必要分析一下 C 点这个折返振荡的意义。B 点股价上涨过程中有过成交放量的情况，说明有部分资金被套。当股价接近这个点位时，被套筹码必然开始松动，随即引发股价折返振荡。如果不分析技术环境，那么这个解释是必然的，也是合理的。

但结合案例中的个股技术环境分析，就不一定合理了。

该股处于底部构筑中，上涨趋势初步形成，B 点即使有短线追涨资金介入，也不会多到让之后的 C 点股价发生较大规模的折返振荡。可以说，C 点的折返振荡不是因为 B 点的压力有多重，而是因为主力建仓吸筹的需要。

通过振荡折返，让不坚定的持仓者尽快抛售筹码，也让底部买入者尽快兑现利润。这样，主力既可以收集到大量筹码，也可以大幅降低低价持仓者的数量，为之后的拉升减轻阻力。同时，C 点之后拉升，必然会有后知后觉的资金跟进，这部分进仓成本较高的资金，能够帮助主力起到锁仓的作用。

经过以上分析可以看到，在上涨初期阶段，个股正是在中小投资者心力交瘁、颇受煎熬中折返振荡，逐步涨升的。

2. 热点板块此起彼伏

上涨趋势初期，会有部分股票率先起涨，甚至以连续暴涨的形式吸引市场的眼球，这些股票往往都属于某一板块或者某个概念。这些个股未必是权重股，它们对大盘的影响更多的是通过市场心理变化来实现的。

市场群体会将这些领涨板块的个股当成大盘运行的风向标。一旦领涨板块偃旗息鼓，便会猜疑大盘是否已经反弹结束；一旦领涨板块异军突起，整个市场都会在一瞬间重新活跃起来。领涨板块会在一定时间内对大盘起到重要的推动或抑制作用。

如图 3-2 所示，在 2014 年至 2015 年的上涨行情中，券商板块风起云涌，成为当时市场上最耀眼的领涨板块。图中该股在不到一年的时间里，股价已有数倍的涨幅。

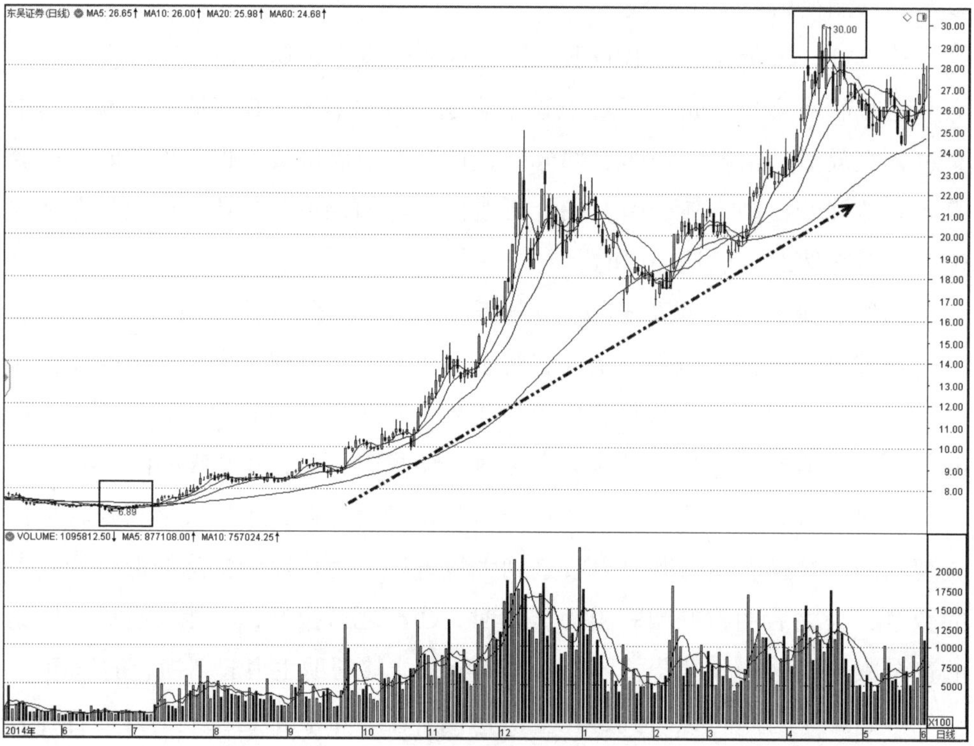

图 3-2

在一轮牛市中，不会只有一个领涨板块贯穿始终。当一个领涨板块进入调整期，市场上会立即出现新的热点板块，以带动大盘继续上涨。

上涨趋势初期，虽然领涨的个股连连暴涨，但其他大部分个股却表现得极其平淡。持有这部分个股的人往往望洋兴叹，个别性急的人会换股操作。其实，只要是质地优良的个股，总是会有表现机会的，交易者不必急于一时。

3. 利空不跌

牛市还有一些有别于熊市的特点，比如，在对待利空的反应和回调的深度上有所区别。熊市中一旦出现利空消息，往往会导致行情就此进入新一轮下跌周期或开始加速下跌。而牛市中对利空的反应相对平淡，甚至很多时候利空被解读为“利空出尽是利好”，反而引发行情快速上涨。

4. 回落有序

上涨趋势形成后，也并非都是一路平坦，一马平川，其间也包含着众多级别不等的回调和下跌。一波较大级别的次级下跌，就有可能跌掉整个上涨幅度的 50% 甚至更多。

在趋势初期，这种凶悍的回调会让投资者误以为熊市重来。但是上涨趋势中的阶段性回调，毕竟不等同于熊市的主要下跌趋势，在某些重要的心理关口或者一些技术点位上，往往就会停住下跌的脚步。

5. 反弹与牛市行情初期不易区分

上涨趋势初期，市场大众对于牛市的到来并没有形成共识，很多中小交易者，甚至是机构等专业投资人士，并不认为目前股票市场已经进入牛市。

市场大众仍然认为，当前个股和指数的上涨只是一个普通性质的反弹行情，当反弹结束后，行情仍将会继续下跌。

不被市场大众认可，是上涨趋势初期最显著的特征。

二、应对策略与买点选择

上涨趋势初期，市场上依然弥漫着空头气氛，市场群体信心仍旧较为低落。但是这个阶段，却恰恰是选择牛股和低价买入股票的较佳时机。

牛市初期的应对策略与买点选择，包括以下几个方面。

1. 基本面选成长股

基本面决定公司的未来发展潜力和股价趋势，即便其价值暂时被低估，但一旦启动，往往是一轮行情的大牛股。

2. 技术面选热门股和潜力股

“强者恒强”，牛市之初的强势品种，有时候是一轮上涨行情的领头羊，对待这类股票不能孤立地等待回挡再介入，而应顺应时势，该追涨时，动若脱兔；该观望时，则静若处子。

3. 基本面、技术面俱佳的个股

既有基本面的支撑，也是技术面上的热点，说明该股已经被市场资金开发出来。短线交易者必须敢追涨这类股票，因为其在启动阶段很少会给市场低价介入的机会。

4. 坚定持仓信心

在大的上升趋势中，个股都有机会表现，尤其是基本面有题材、技术面有主力介入的品种，应坚定持股。不要稍有振荡或稍有获利即抛出，不可见异思迁频追热点，不要为赚取小利而顾此失彼，导致行情结束后出现“只赚指数不赚钱”的现象。

如图 3-3 所示，该股在进行底部构筑时，股价频繁出现折返和振荡。对于持股信心不够坚定的人来说，可能很难承受其中的煎熬，很多人会选择在底部低点上将自己的廉价筹码抛售一空。

不仅是底部构筑阶段，即使在上涨趋势中，个股出现振荡折返也属于家常便饭。如图 3-4 所示，该股启动升势之后，先是出现一个较长时间的横向盘整走势。这时的横盘走势，最让持有重仓的交易者惴惴不安，生怕股价一旦选择向下，自己就会出现重大亏损。

该股结束横盘后选择向上涨升，图中可见，在明显的上升趋势中，大幅度的振荡折返也是如影随形。

其实，对于中小交易者来说，既然认定了一轮升势，就要将自己的大部分仓位牢牢锁定，仅留少部分资金用来短线交易，以解决一时忍不住手痒的毛病。

中青宝(日线) MA5: 32.18↑ MA10: 29.05↑ MA20: 25.20↑ MA60: 17.73↑ MA250: 13.13↑
37.18
8.40
VOLUME: 158698.20↑ MA5: 169609.27↑ MA10: 144613.63↑

图 3-3

誉衡药业(日线) MA5: 55.56↓ MA10: 56.04↓ MA20: 54.58↑ MA60: 50.33↑
60.50
16.44
VOLUME: 17841.33↑ MA5: 20230.06↓ MA10: 26145.22↓

图 3-4

5. 牛市初期敢于放手一搏

在行情处于初期启动阶段时，交易者对选择的目标个股应分批建仓，重仓介入，然后耐心持股，静候牛市财富的聚集。总是小仓位操作，收益肯定有限。

在牛市形成的初期阶段，交易者不妨多点“贪心”。分析和选择股票的重点可以放在基本面、技术面俱佳的股票上，并在持仓信心上做好打持久战、阵地战的准备，放弃游击式的短线频繁进出。牛市中都不敢重仓的人，不适合做股票。

第二节　趋势持续期的特征和交易策略

一、上涨趋势确立的技术特征

1. 市场大众对牛市形成初步共识

经过了涨势初期的犹豫彷徨，市场上大部分交易者已经对牛市的到来有了一个相对清晰的认识。

但是，毕竟熊市下跌相去不远，很多交易者心里肯定还会留存一些阴影，仍不敢放手一搏，心里总是想：再等一等，涨势会不会还有反复？这个阶段的交易者大部分都持有仓位，但现金仍占较大的比例。市场上的机构如券商等，开始发布明显倾向于牛市行情的声音。

2. 大部分个股远离底部低点区域

在这个阶段，仍有极小部分个股处于跌势中，但大部分个股已经远离底部低点，只是涨幅上有较大的区别。个股的底部区域相对明确，并且清晰可辨。

如图 3-5 所示，就是某股底部构筑的情况。个股的底部构筑不会都是一种形式，有案例中的形式，也有尖底等形式。

涨势得到确立，意味着大部分个股已经突破底部的技术压制，比如均线系统的压制，前期高点的压制等。

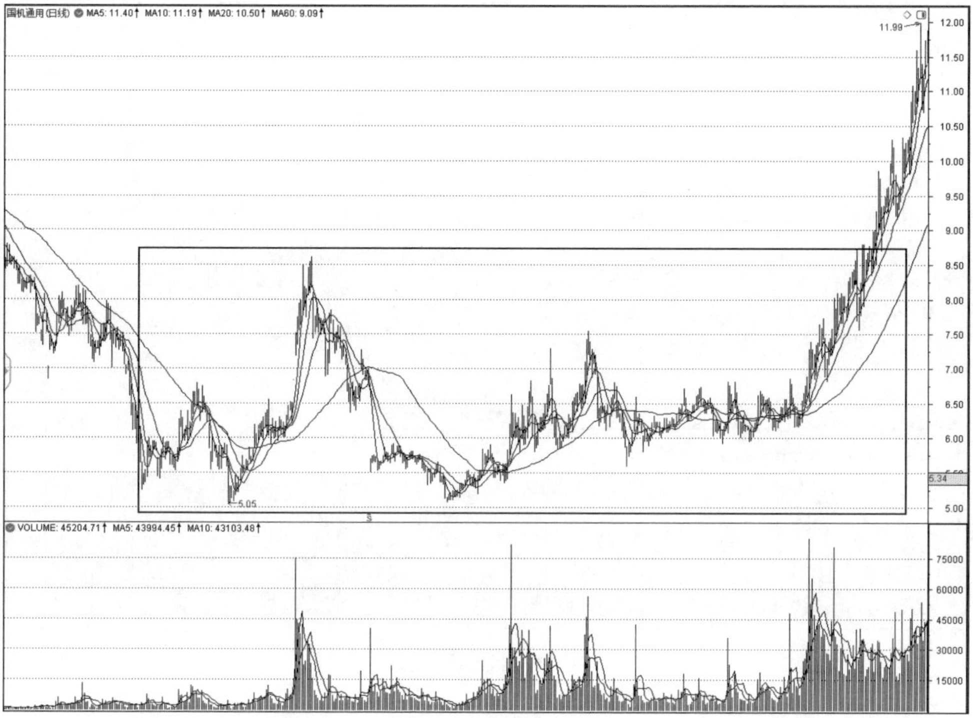

图 3-5

3. 个股分处不同阶段，表现并不一致

虽然大行情的上涨趋势得到确立，但归结到每一只个股上，它们的表现并不一致，甚至可以说是迥然不同。

比如，有的个股正处急速上涨过程中，有的个股正处于横向振荡盘整阶段，还有的个股处于回落调整阶段，甚至还有个股仍旧沉沦在下跌趋势中。

个股的这种不同表现，既有股本、质地等方面的原因，也和各自主力资金的运作进度不一致有关，当然也与主力资金的实力有关联。

如图 3-6 和图 3-7，两张图中 A 点标示的位置是同一时间段。经过对比可以发现，图 3-6 中的个股早已脱离底部区域，并已有较大的涨幅。而图 3-7 中的个股刚刚脱离底部区域，正处在涨势启动点上。

其实，正是这种不一致才使得涨势行情能够稳定向上发展。当大部分个股的表现都趋于一致时，往往预示着趋势已经进入尾声。

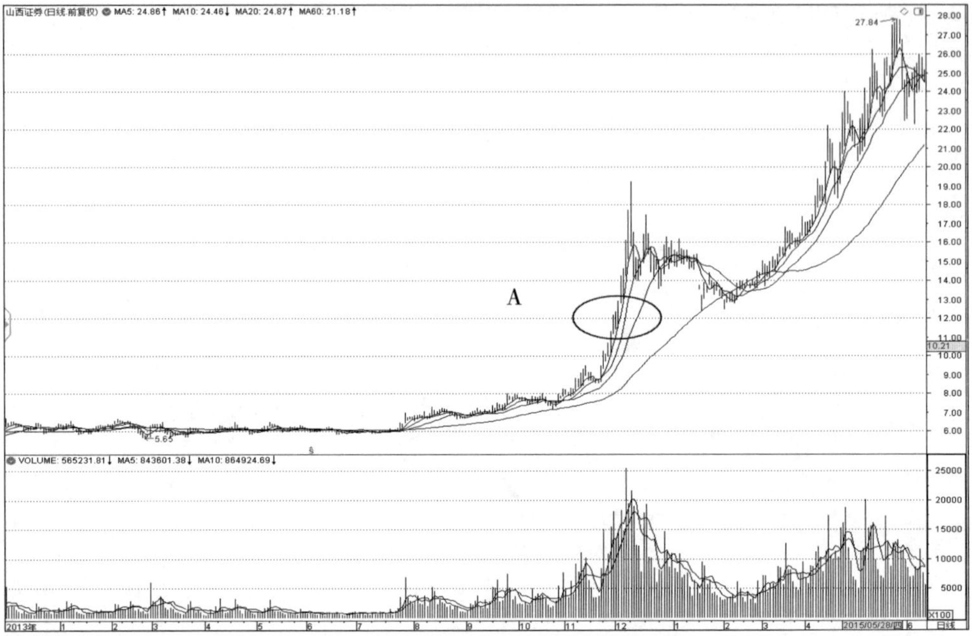
山西证券(日线 前复权) MA5: 24.86↑ MA10: 24.46↓ MA20: 24.87↑ MA60: 21.18↑
27.84
A
5.65
10.21
VOLUME: 565231.81↓ MA5: 843601.38↓ MA10: 864924.69↓
×100
2013年
2015/05/28/四
日线

图 3-6

国电电力(日线 前复权) MA5: 6.72↑ MA10: 6.60↑ MA20: 6.52↓ MA60: 5.42↑
7.11
A
1.49
VOLUME: 6784375.50↓ MA5: 11942056.00↓ MA10: 11110823.00↓
×1000
2012年
日线

图 3-7

4. 大盘指数经过大级别回落

上涨趋势展开之后，无论是大盘指数还是个股，必然会在途中出现级别相对较大的回落调整。经过这种大级别的调整后，再度开始涨升时，市场各路资金就会抛弃犹豫怀疑的心态，彻底认可牛市行情，并投入到热火朝天的牛市行情中去。

如图 3-8 所示，深证成指在 2014 年—2015 年的上涨行情中段出现大级别调整。通过观察图中成交量柱状图就可以发现，经过 A 点的振荡调整后，成交量明显增加。

这种情况说明大盘指数经过振荡调整后将再度上涨，必然会让市场各路资金彻底认可牛市行情的存在和持续。这种共识和上涨带来的财富效应，会进一步激发更多的人参与到行情中来。

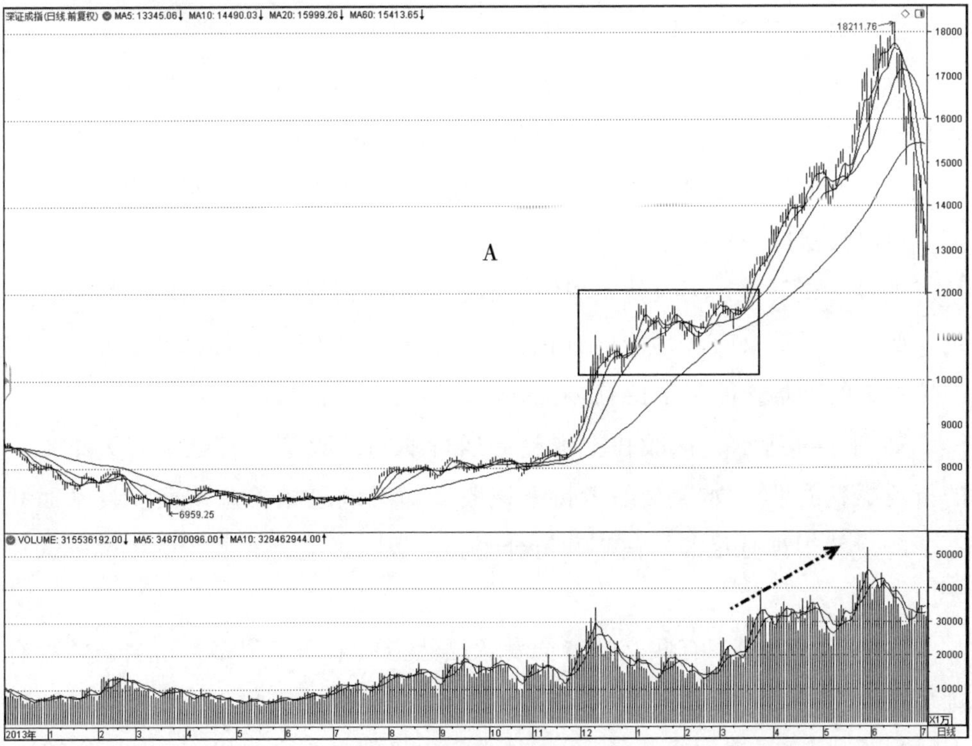

图 3-8

二、交易者的应对策略

当上涨趋势确立之后，交易者入场交易的欲望会被逐渐激发。随着股市财富效应的显现，整个市场的成交呈现出越来越活跃、越来越火热的态势。交易者的交易策略若应对失据，那么即使行情一片大好，获利情况也可能不理想。

具体来说，交易者需要把握好以下几点。

1. 尽早确立牛市思维模式

当牛市运行趋势确立后，交易者要及时抛弃长期以来形成的熊市思维，从防御战、游击战等熊市的思维模式转为战略进攻为主的牛市思维模式。

比如，发现质地优良个股的极佳进场时机时，要敢于重仓买入并稳定持有，这时候就不应该再有熊市下跌趋势中轻仓做反弹的短线思维模式。

2. 心态急躁是大敌

在牛市行情中，不但要敢于重仓买入股票，同时还需具有坚定的持仓信心和耐心。频繁换股操作，具有相对较高的操作难度，并不适合大多数交易者。而且一旦换股后连续遭遇失利，对于交易心理影响极大，甚至会变得无所适从，白白浪费掉一轮牛市行情。

放弃一夜暴富、买入就要涨停等不切实际的幻想。须知，在一轮牛市中，绝大部分个股都会有较理想的升幅，这时候耐心和信心比什么都重要。牛市中选中牛股不难，能坚定持有并获取较大的利润，很难。

如图 3-9 所示，该股在上涨趋势运行期间，股价一直延续着大小不一的折返振荡过程。如果交易者持有该股，却对该股相关基本面、技术面并不了解，就很难有足够的信心和持仓耐心，极有可能会在股价的振荡中选择卖出。

在牛市行情中，有些交易者会发觉虽然指数上涨了很多，可自己并没有赚多少钱，甚至还微亏。个中原因最主要的还是在持股耐心上出了问题。稍有风吹草动，交易者便心慌意乱，不是小赚出局就是割肉止损。如此操作多次，要么利润微薄，要么出现亏损。

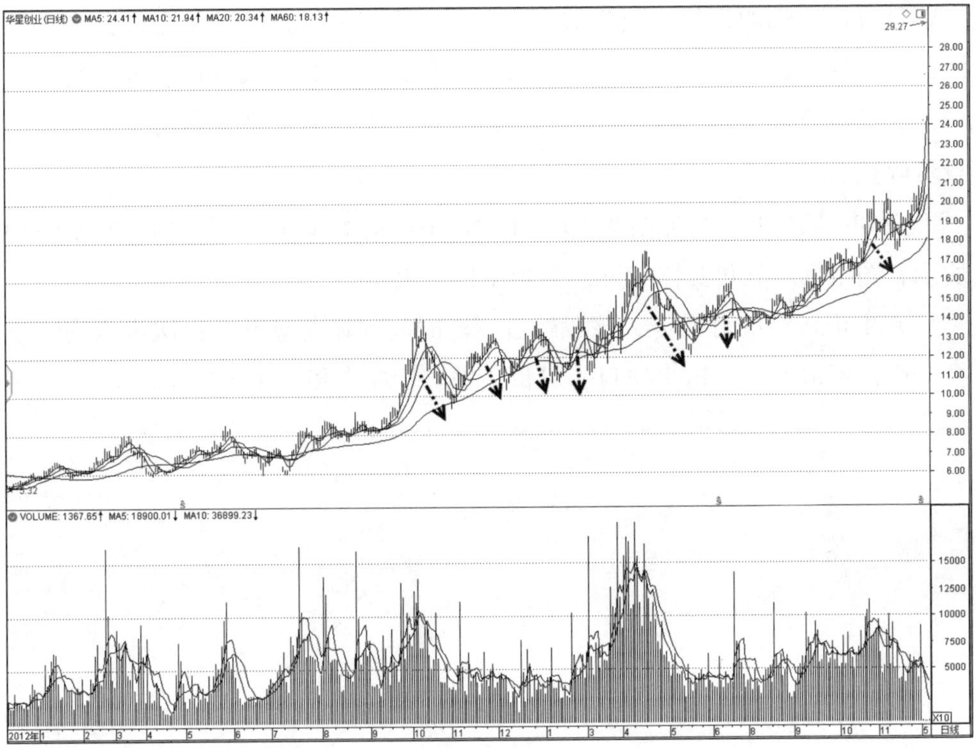

图 3-9

3. 制定选股策略

在大盘构筑底部结构的时候，交易者可从容地依据基本面和技术面的要求和条件，选出尚未启动的优质个股。但当大盘确立上升趋势之后，好股基本都已经被发掘并展开了一段上涨，这时还没有开始上涨或依旧下跌的股票，大多存在着不小的问题，交易者应尽量回避这类个股。

牛市处于中期时，可以通过以下几个方面选股。

（1）基本面上符合国家经济政策，不能是限制或淘汰行业；公司有发展潜力或者具备实质性的重组题材。

（2）行情启动之初，领涨板块中的个股或基金重仓持有的股票。

（3）技术面上通过量价分析，明显有主力建仓以及运作的痕迹。

（4）关注高比例送配的个股。牛市中一些个股完成第一波大幅拉升后，可能进行高比例的送股，而除权后会留下一个大的缺口，这将会使其产生较大的弥补缺口的动力。牛市中，个股的除权缺口多数会被填权回补。交易者若能长线持有高比例送配的股票，其除权前后的反复上涨，将会带来超额的投资收益。

例如，某股的分配方案为10送1股转10股，派0.6元(含税)。如图3-10所示，图中标示处可见除权除息后留下的巨大缺口。

在牛市行情的背景下，该股经过一段时间的振荡盘升，再次进入到快速拉升中，不但回补了这个缺口，股价还进一步向上拓展了上涨空间。

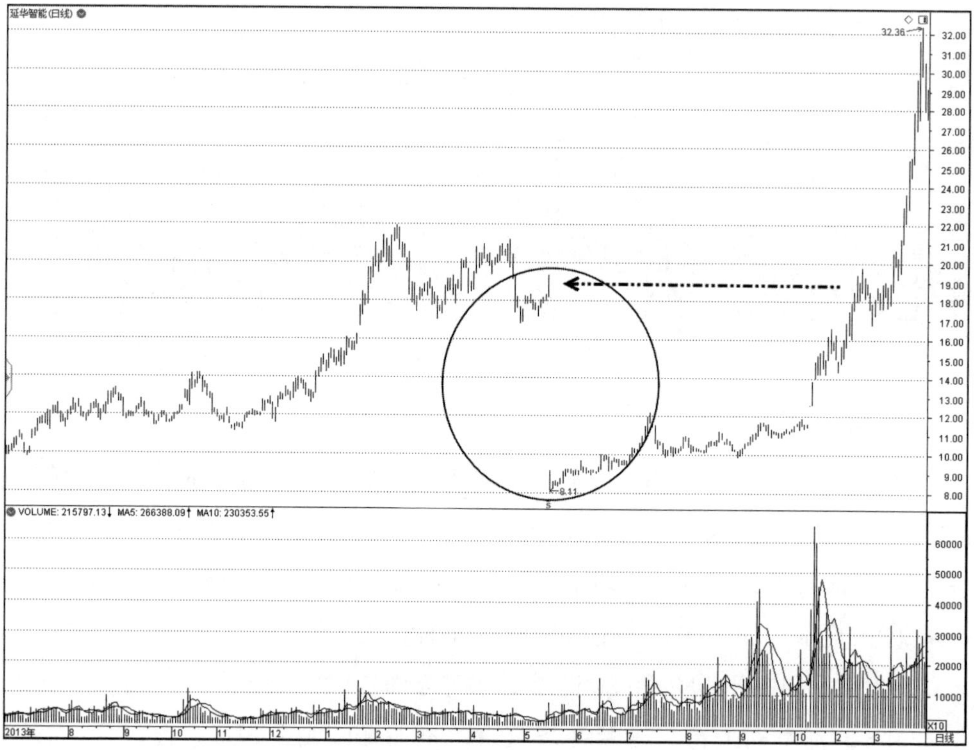

图 3-10

交易者如果入场较晚，错过了最佳的买入机会，也不必过于焦急，毕竟牛市不同于熊市里的反弹，其持续的时间和幅度，都不是熊市反弹可以比拟的。

交易者可将主力资金介入程度较深的个股当成目标，主要选择上涨趋势已经确立，但涨幅整体尚不算大；还有就是放量突破上市首日最高价的次新股，也可以作为参考对象。总之，技术面上有强烈上涨信号的个股和板块，都可以成为选择的对象。

当然，疯狂巨幅上涨过后，在高位放出巨量的个股，尽量减少参与。这类个股即使后市仍有涨幅，也很难再有多大空间。同时，获利颇丰的主力资金必然正在筹划如何将赢利转化、兑现为现金的问题。

第三节　趋势后期的技术特征和交易策略

一、上涨趋势后期的技术特征

经过长期大幅度上涨过后，无论是大盘指数还是个股，这时候都已经尽显疲态，唯一仍在继续上升的是市场的人气和逐利而来的资金。

交易者在牛市疯狂飙升的后期，要特别关注技术面上的一些细节：趋势线是否改变、股价运行重心线是否向下变轨、技术指标是否存在顶部的共振提示以及量价关系的变化等。

但是，往往在牛市结束时，很多交易者仍旧沉迷在牛市疯涨的狂热中，总是把目前的下跌当成一次正常的回调，不但在下跌时不会止损，甚至还把下跌当成难得的补仓机会。

当一轮牛市行将结束时，通常都有如下几个方面的特征。

（1）股市的平均市盈率已经接近或超过历史最高水平。超高市盈率的出现，揭示了市场疯狂炒作的程度。交易者此时应做好离场的准备。

（2）为了防范股市风险的蔓延和扩大，管理层提出告诫或出台相关措施。随着调控的开始，股市资金面开始趋紧，主力迫于资金调度的窘境，股票套现压力开始加大。随着主力机构的全面抛售，牛市将就此结束。

图 3-11 是 2015 年被喻为“牛市之魂”的创业板指数，在其抵达顶部后，

一路疯狂下跌的情形。

2015年场外配资炒股十分疯狂，当时快速上涨的股市行情也被称为“杠杆牛市”。当管理层开始敲响整顿配资的警钟时，很多股票上的融资盘、配资盘恐慌性逃离，相关股票也在相互踩踏中进入多米诺骨牌式的坍塌状态。

（3）市场普遍认为股市仍将长期向好，似乎没有任何障碍可以阻拦牛市前行的脚步。

（4）大部分股票均有了巨大涨幅，很多股票都创出了历史新高。前期滞涨股开始快速上攻，之前活跃的板块个股反而开始出现下跌。

图3-11

（5）技术面上有见顶的共振现象，如放量滞涨、顶背离等多项指标共同提示顶部的到来，其中成交量在高位超常放大，股价运行重心线快速变轨，往往是交易者较佳的离场信号。

如图3–12所示，该股在大幅上涨后处于股价高位，成交量创下历史新高。此后，股价回落后再度上涨时，成交量已经出现减少的现象。这种减量的形态如果出现在股价高位放量之后，无论后市股价是否还能创出新高，交易者都需要警惕重要的顶部可能就在眼前。同时，根据不同标准绘制的重心线，也足以提示出现较佳的卖点。

（6）涨跌幅榜上，涨停股票的数量日益减少，而跌停股票的数量开始增加，甚至可以看到一些前期最抢眼和领涨的股票不明原因地出现了连续大幅下跌的现象。

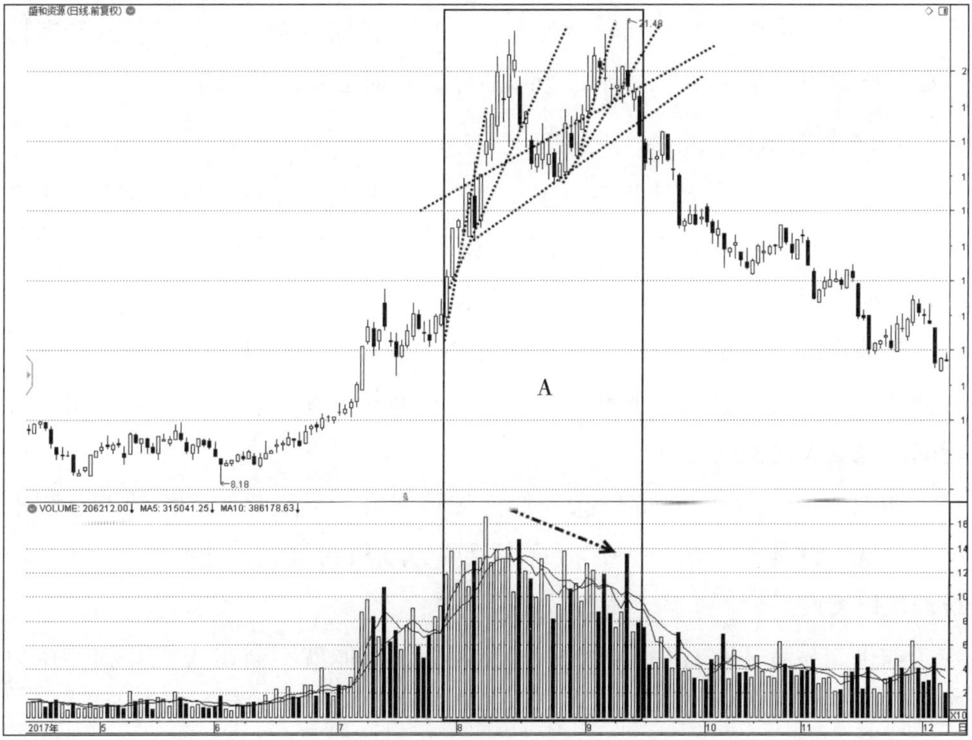

图3–12

（7）很多以前鄙夷股市、视股市为赌场的人也开始开户买股；新手开户数成倍增加；证券公司开户的柜台人满为患。

（8）不懂股票基本知识、不学交易技术的人，也能在股市上分一杯羹。

市场上“股神”遍地，股市新手开始向股市老手推荐股票。

（9）一个涨停板没人觉得刺激，很多人觉得资金一个月就应当翻倍。

（10）大部分人好像都赚到了钱，不知道有谁还亏钱。

（11）当股价开始下跌时，许多人仍然认为这种下跌只是牛市上升过程中的回调，并认为这时应当学习巴菲特——捂住手里的股票不卖，死了都不卖！牛市将死的最显著特征，就是全民炒股，而且大多数股民都认为牛市刚刚开始。

二、交易者的应对策略

判断上涨趋势结束并不困难，也不复杂，但很多交易者至少在心理上很难接受牛市结束的事实。在日常操作上，他们仍保持着牛市思维模式和惯性做法。股票市场是无情的，你若恋恋不舍，亏损必将接踵而来。

1. 改变思维模式和操作习惯

在牛市中一旦被套，并不急于止损，放上几天，股价不但会解套，还会涨得更高。但是这种操作方式如果不加改变，那么在牛市结束、熊市到来时，一时的延误可能就会带来重大的亏损。

趋势由涨转跌的节点上，股价经常会出现暴跌、急跌，几天的工夫可能就会跌掉一个月甚至更多的涨幅。股价跌得面目全非，到那时再想卖出，可能就得忍受大比例的亏损。

如图 3-13 所示，该股以尖顶形态见顶回落，下跌势头非常快速。图中 A 点出现了跌势途中的反弹，但这个反弹力度极为孱弱，连平移的 60 日均线都难以突破。

如果交易者还存有牛市思维和操作习惯，可能就不会在 A 点止损，认为股价跌几天就会再涨回去。孰不知趋势转折后，再回头不知何年何月。

及时从牛市思维和操作惯性中摆脱出来，绝不可藕断丝连，留恋不去，这一点对牛市结束后的操作极为重要。

2. 不可轻易抢反弹

牛市上涨趋势转折进入熊市下跌阶段时，交易者应控制手痒，不要在下

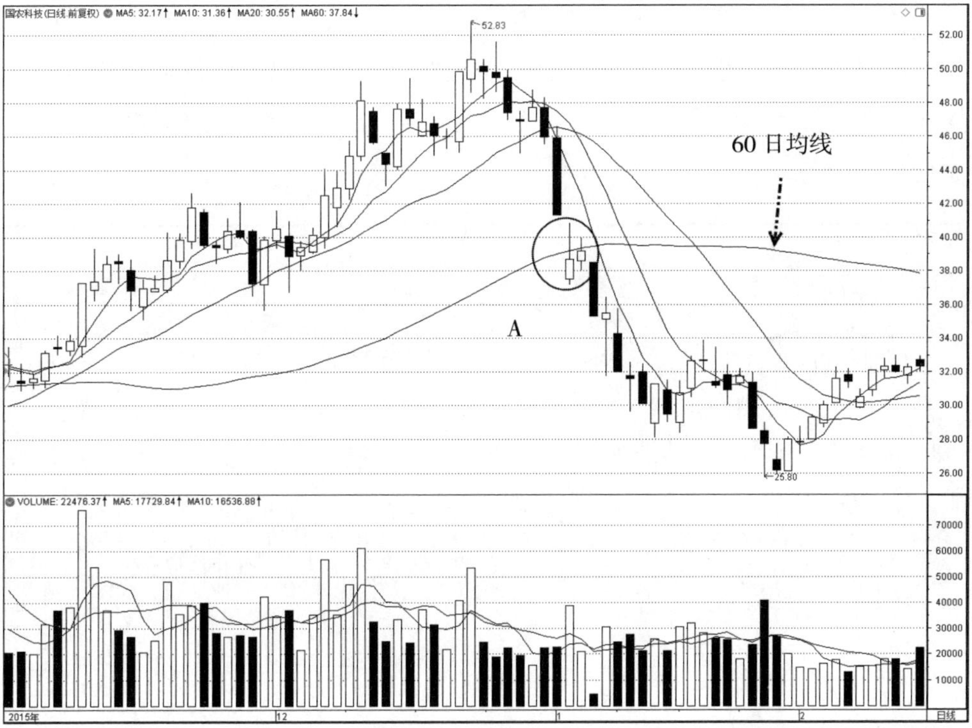

图 3-13

跌之初轻易入场抢反弹。很多有经验的老股民，能够做到逃过每一次熊市大底，但是很难做到不在熊市下跌中抢反弹。

新手容易被套在股价顶部，而老手往往都是亏在抢反弹上。在牛市末期的下跌中，将一部分利润还给了市场，就别想着短时间内再要回来，不然你还回去的会更多。

下跌趋势一旦开启，在个股未出现大幅度超跌的情况下，交易者应放弃短线抢反弹，不要心存捞一把就走的念头，否则很可能出现“偷鸡不成反蚀把米”的窘境。

反弹不是不可以做，但必须有一个综合分析、提前判断的过程，而不是盘中临时起意，凭感觉冲动买入。如图 3-14 所示，该股涨势反转后，股价一路盘跌，跌势途中的反弹多数很微弱。如果交易者试图抢反弹的话，很难获得赢利的机会。

抢反弹并不容易做，更不是盘中临时起意买入那么简单。抢买个股的反弹，需要提前跟踪个股，分析是否具备超跌的条件，以及股价运行的重心、均线、成交量等指标是否符合短线操作的要求。当股价盘中达到预想低点时，才会出手交易。

图 3-14

第四节　上涨趋势的多样性和交易策略

上涨趋势从启动到拉升，再到最后顶部反转的整个过程，具有多样性的特点。尤其是在个股趋势上，脱不开主力资金的操纵痕迹。主力资金的资金实力、操盘能力和交易风格，都会对个股的趋势带来明显影响。

一、趋势上涨的多种形式

1. 阶梯式上涨

分析趋势上涨的不同形式，目的在于侦测潜藏其中的主力资金。摸清主力资金运作的基本套路、风格和实力，有利于提前预判其操盘意图，为交易打好提前量。

如图 3–15 所示，该股在上涨趋势运行中，大部分时间保持在 30 度区和 45 度区，期间的每一次回落调整，基本都呈横向振荡的形态。而调整的低点高于之前的峰顶，形成了层层增高的类似于阶梯的形态。

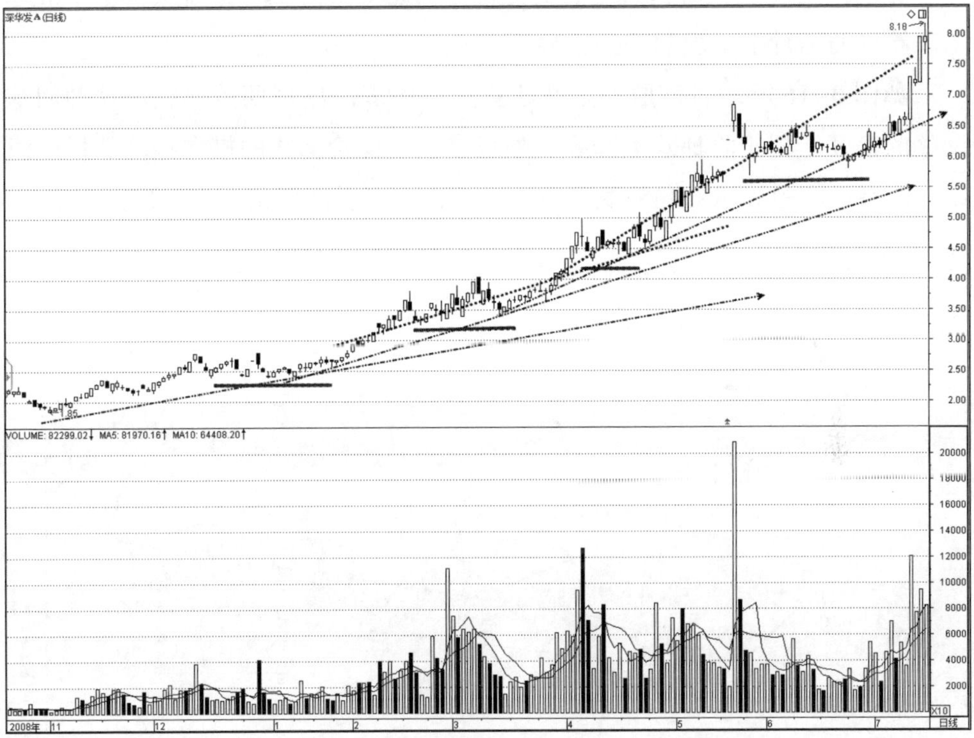

图 3–15

阶梯式拉升，通常出现在高控盘或者权重个股的走势上，其显示的技术意义是：筹码稳定性较高，绝非短线主力资金所为，而是超大型资金的“奢华”操盘风格。

这种阶梯式拉升，无论是拉升阶段，还是其间的调整阶段，都相对平稳温和，股价很少会出现阶段性的大起大落。对于这种形态的个股，无论是趋势线还是重心线，都表现得非常稳定，而且易于识别判断。图 3–15 中标示的趋势线和重心线，几乎都是不断地向上变轨。

值得注意的一点是，阶梯式拉升的个股，一旦改变这种拉升风格，也就是说，出现股价的波动变轨，上升角度与速率变大后，极有可能面临大级别的回落调整，甚至是股价的顶部转折。

2. 振荡式上涨

振荡式上涨是比阶梯式上涨更为常见的趋势形态，可以说大部分个股在上涨趋势的运行中呈现的就是这种形态。

如图 3–16 所示，该股在上涨趋势运行中多次出现回落调整。这种回落调整的幅度，相比阶梯式上涨要剧烈得多，不像阶梯式的横向振荡那样“温柔”。参考图中标示的趋势线和重心线，也可以看出股价波动的剧烈程度。

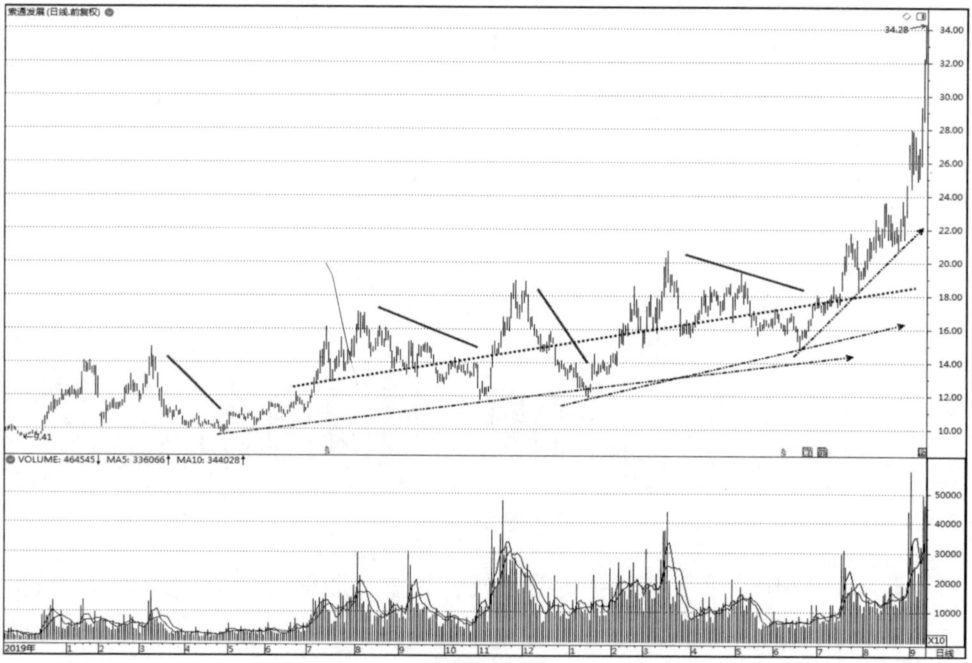

图 3–16

振荡式上涨至少说明盘中筹码的稳定性远不如阶梯式上涨，主力资金实力亦相差甚远。采取振荡式上涨的主力资金，借用股价的振荡折返来实施洗盘或降低持仓成本等目的。即使同为振荡式上涨，不同个股的主力资金，其实力也是千差万别的，反映到盘面上，就是个股的回落调整时间和级别大小不一。

在股价运行中，振荡式上涨的每一个阶段，股价拉升的角度与速率也呈多样化，由此会对之后的调整级别带来影响。比如，一个短时间内 60 度区拉升后的回落调整，大多要比长时间内 60 度区拉升后的调整级别低得多。

在进行角度与速率分析的同时，也要注重成交量分析以及技术环境分析，主力资金在不同阶段的行为必然会大相径庭。关于成交量分析，请参阅《成交量核心技术》（中国宇航出版社出版）。

3. 急速拉升式上涨

急速拉升式上涨是一种极端强势的上涨形态，相对其他上涨形式来说，其最为显著的特点就是拉升时间短，上涨幅度大。如图 3–17 所示，该股整个上涨趋势运行期间，除去中途的调整，几乎维持在 90 度区上，整个上涨时间在 16 个交易日，但涨幅高达 137%。

在以往的行情运行中，这种急速拉升式上涨通常是上涨趋势最后阶段的疯狂冲高行为。采用这种拉升形态的主力资金，多因建仓或其他原因与大势运行节奏并不同步，所以采取建仓、拉升、出货一气呵成的极端操作方式。但是在 2020 年疫情出现后的股市中，这种上涨形式越来越具有普遍性。

急速拉升式上涨，对于传统理论中趋势的定义具有挑战性，主要是因为整个行情运行的时间很短暂，不符合趋势要求，倒是符合短期趋向的特征。但是，如果将其认定为短期趋向，在实战中将会发现，很多出现急速拉升式上涨的个股，都在之后面临着漫漫的下跌之路，也就是说，这种短期冲高带来的后果和趋势发生转折一样。

作为技术派的交易者，最为重要的一点，也是事关生死的关键，就是不能死抱传统理论不放，而要顺时而变，打破规则，推陈出新，根据实战最新

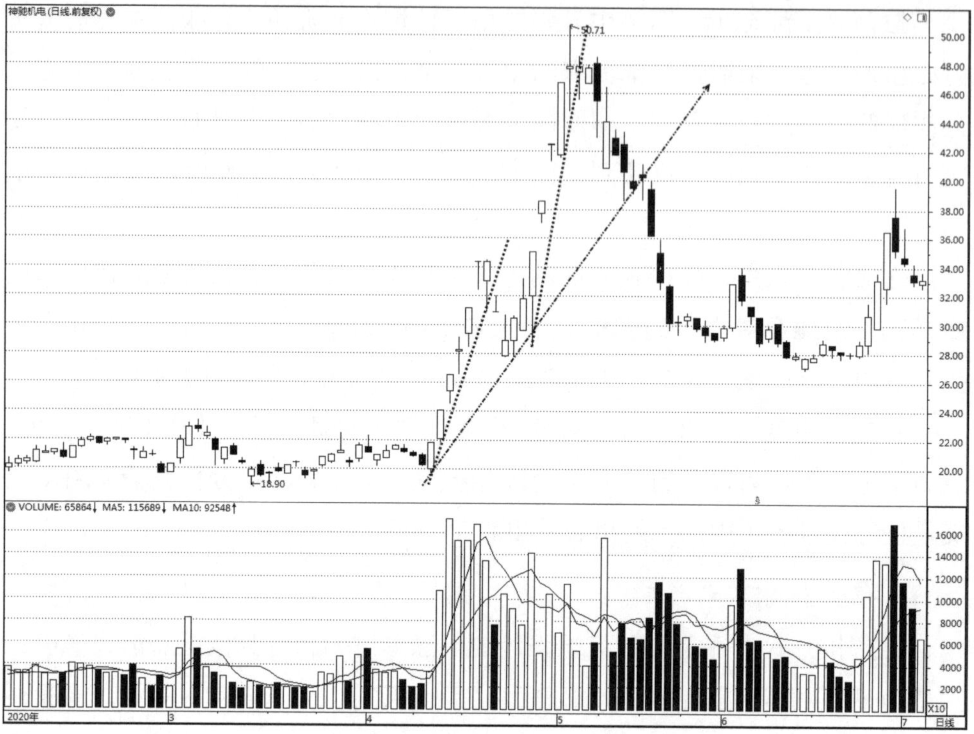

图 3-17

情况来总结经验，升级技术理论中的不足之处。

2020 年对于技术派操作来说是个分水岭，不少主力资金没有信心在一只股票上寻求长期控盘，而是更倾向于短期行为，即采取建仓、拉升、出货一气呵成的极端操作方式。对于这种变化，投资者必须跟上节奏，而不是死守以往的成规。

比如，图 3-17 的案例中，股价短时间大幅度暴涨之后，就应该在重心线等技术指标发出卖出提示时果断卖出，而不是傻傻地用长线思维等待又一次的大暴涨。

“短期暴涨必然卖”这个观点和牛市长期持仓并不矛盾。在追求利润最大化的路途上，无论以哪一种方式出现暴利的机会，何必在乎取得暴利的时间长短呢，毕竟“天与不取，必受其咎”。

二、交易策略

牛市行情的财富效应最让人难忘，那种短时间内财富迅速聚集的场景，会让每一个参与者体会到征服和成功的巨大喜悦。

牛市，是个容易让人感受幸福的时刻，也是一个容易让人变得疯狂的时刻。即使是在牛市上涨行情中，交易者也需要注意调节自己的心理与情绪变化，不然的话，会直接影响到你的交易操作，对最终的赢利带来极大的影响。

1. 耐心

没有足够的耐心，无论熊市还是牛市，无论短线交易还是长线持有，交易者都很难赚到钱。

毛宗岗在评点诸葛亮南阳耕读时说："天下非极闲极冷之人，做不得极忙极热之事。后来自博望坡烧屯以至六出祁山，无数极忙极热文字，皆从极闲极冷中积蓄得来。"

耐心，并不专指持仓，还包括分析判断、等待买卖时机等。不要羡慕那些短线高手频繁的短线交易，或者资金翻了若干倍，好像他们并没有多少耐心。其实，频繁短线交易的背后，有着严格的操作纪律和止损保护，更需要耐心、专心来支撑。

2. 操作纪律

股票交易考验的是交易者的综合能力，其中心理因素所占比例极大。有些交易者的技术分析能力非常好，但交易却屡屡出现亏损，分析其中的原因，大多出现在交易心态上。心态不够稳定，容易被行情牵着走。

交易心态并不容易把握，尤其是面对行情大幅度振荡的时候，不能要求每个人都具有坚定的意志，所以交易者需要通过操作纪律来帮助约束和控制交易行为。

操作纪律是对交易者交易操作的保护，对交易中出现的一些风险和意外，要严格依照自己的操作纪律来执行。

比如，有短线交易的交易者设定如下操作纪律：股价大涨后，在股价高位出现成交量创新高而股价不创新高时卖出。这条纪律虽不能保证百分之百正确，却能让交易者在多数交易中都卖在股价最高点附近。

掌握操作技巧，用良好的心态看待盈亏，以操作纪律为保障，经过实战的磨练，交易者在操作中获取赢利是大概率事件。

3. 被套的抉择

很多交易者在牛市中依然会出现亏损，其中一个原因就是被套后不懂得忍耐，不分时间和阶段，一律割肉卖出。

往往这边刚刚割肉离场，那边卖掉的股票就开始反转上涨。无论多好的股票，多强势的股票，都避免不了股价在涨与跌之间的循环往复。

在牛市的初期和中期，个股到达拉升阶段的时间并不一致，而交易者买入处于主力振荡洗盘阶段的个股，被套也是很正常的一件事。这时需要做的，就是前面讲的——耐心持有。

如果在牛市末期或者趋势转折时被套，交易者就需要格外警惕，宁愿卖错，也不可拖延。一旦发现自己卖错，不可以赌徒的心理去搏一把——“一定要赚回来”，这会让你连续犯错。这个阶段，最佳的操作选择就是：错了，就认错，然后等待大势明朗。

在牛市初期和中期的振荡过程中，主力刻意使中小交易者深刻体验了割肉的错误和教训。到牛市末期时，牛市中养成的惯性思维，使得交易者即便被套也不敢轻易割肉离场，而是坚信股价仍会继续上涨，很多人因此失去了最佳的止损离场机会。

4. 牛市操作的心理误区

即使在波澜壮阔的大牛市中，也有交易者没赚多少钱，有的甚至还出现亏损。个中原因，不外乎以下几点。

（1）担心顶部反转到来。

从牛市初期开始，一些有严重熊市思维倾向的交易者，会对牛市行情一直保持高度怀疑的态度。每次大盘出现深幅回调，这些交易者都会认为反弹结束或行情见顶，不管赢利与否，便急匆匆地将手中的股票抛出。这是牛市行情中一种严重的心理误区，会极大地影响交易者稳定持股、获取丰厚利润的机会。

还有一些缺乏技术分析判断能力的交易者，容易受到媒体或股评的影响，一旦这些媒体在大盘振荡整理时发出危言耸听的见顶言论时，这部分交易者便会恐慌出逃。

长此以往，这两类交易者即使有赢利，赢利也寥寥无几。

交易者在牛市的初期和中期，被顶部反转到来的担忧困扰，未能取得较丰厚的收益。当行情发展到牛市的中后期，反而可能会被市场狂热看多的气氛感染，转变态度，加入牛市不言顶的积极看多行列，结局自然不言而喻。

（2）跟风追高。

在牛市中，很多股票都会出现爆发性的上涨走势，这种走势最容易吸引短线资金的关注和追涨。

很多交易者不管自身是否具备短线操作技术，只要看到个股暴涨，便盲目跟风追高。一旦在高位被套，心态就会发生骤变，一边咒骂运气不佳，一边割肉出局，再去追逐其他正在暴涨的个股。一轮牛市行情终了，这种操作方式要想赚取利润，只能靠运气了。

（3）过度保守。

牛市中，部分性格谨慎的新手不肯冒任何风险，不但放弃选择热点板块，连出现上涨的股票也不再关注，而一心寻求仍在低位徘徊的弱势股、冷门股，以为这样可以回避风险。

其实股票投资就是一项风险性的行当，其中的风险和机遇同在，不愿意冒任何风险，也就失去了机遇。同时，牛市中不涨的个股，多是存在这样那样的问题，交易者买入这类个股，其实也是在冒风险。

在一轮牛市中，始终远离主流品种的股票并不是一种明智的选择，很可能会让交易者错失牛市中最佳的赚钱机会。

（4）高位接盘。

牛市确立阶段，大盘呈现连续上涨时，交易者介入主流品种个股，一般都会有较好的利润。

当大盘进入到牛市末期时，无论大盘还是个股都已经有了巨大涨幅，整个牛市运行累积下来的风险因素，随时都有可能爆发。

交易者在这个阶段应该把风险放在第一位，首先考虑资金的安全性，而不是能赚多少钱。同时应减少交易的频率，尤其是追高买入的操作方式更应该放弃。

第四章

下跌趋势和运行重心实战研判

第一节　下跌启动期的量价分析和实战卖点

有“全球投资之父”之称的逆向投资大师约翰·邓普顿（John Templeton）曾说：“牛市在悲观中诞生，在怀疑中成长，在乐观中成熟，在兴奋中死亡；最悲观的时刻正是买进的最佳时机，最乐观的时刻正是卖出的最佳时机。”下跌趋势初期，就是这样一个最乐观的时刻。

一、跌势启动期技术特征与量价分析中的卖点

1. 上涨是市场的高度共识

趋势转折总是从一个极端开始，熊市初期也就是牛市疯狂的极端，这个时候市场情绪绝对乐观，大部分人对股票市场后期走势的看法高度一致——上涨！

图 4-1 是上证指数 2007 年 6124 点见顶前后的走势情形。上证指数在冲击高点的上涨过程中，市场上最响亮的声音就是“指数将向一万点进发”。沪指的 6124 点区域，也成为 A 股市场最著名的大顶。

当市场上的声音高度一致，上涨成为共识时，也就意味着距离趋势转折已经不远。“牛市不言顶！”牛市初期这句话是真理，但是当这句话形成惯性并横扫一切警示性、谨慎性思维的时候，它就变为埋葬财富的致命谬误。

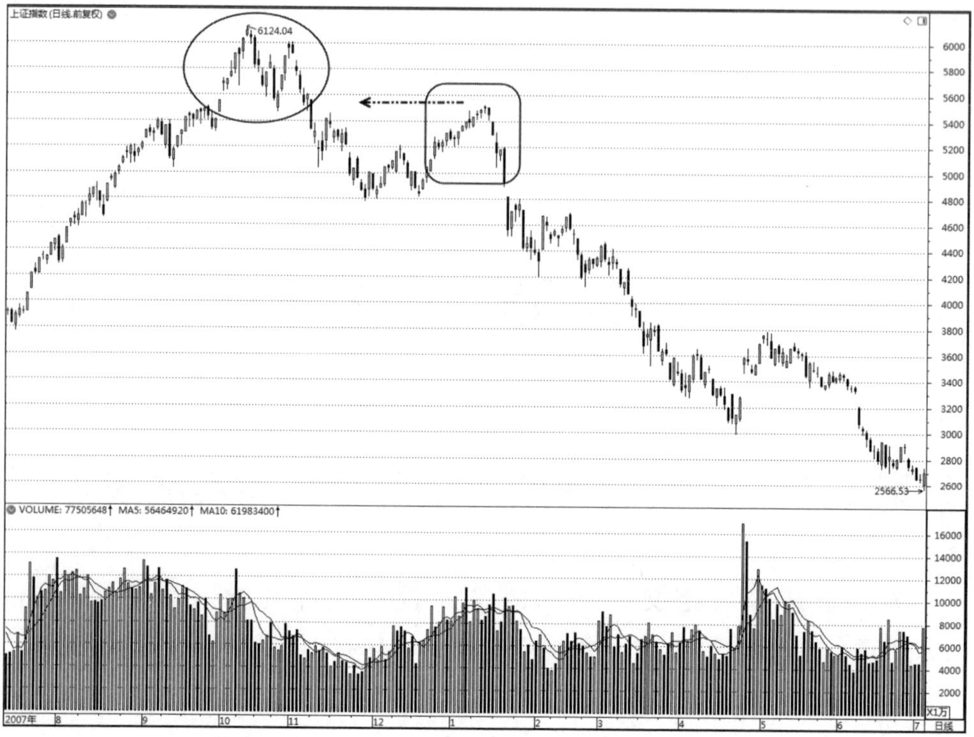

图 4-1

2. 基本面悄然生变

管理层开始发出为股市降温的声音，比如提高印花税、严查配资、规范融资标准等。与此同时，一些上市公司开始暴露出问题，相关个股出现雪崩式下跌。大部分个股都呈现较高的估值。

部分上市公司借牛市的东风获得融资并进行扩张、收购、合并，但是盲目追求做大，却未必能够做强，所以很容易暴露出各种各样的问题。还有一些公司拥有大量的现金，不思做强主业，却受不住股票市场的诱惑，把资金投向热火朝天的股市，风险由此酝酿产生。

3. 沉默的管理层

在股指见到顶部后的快速下跌过程中，市场上开始怨声载道，但是政策面上却保持着“沉默”，这是一种无声的警示，交易者绝不可以忽视其中蕴含的力量，尤其是在熊市的初期阶段。

4. 指数与个股不同步

尽管股指还没有出现明显的见顶迹象，但是很多个股却已经展开了熊市征途。个股和股指之间出现背离，这也是熊市初期的典型特征。

5. 心理失衡

熊市初期阶段，股指和个股暴跌、暴涨的情况会反复出现，交易者经常被今天暴涨、明天就会暴跌搞得不知所措，情绪也在时而狂喜、时而惶恐之间频繁切换。

部分交易者在这个时候仍未放弃追涨杀跌，很容易就把牛市中赚来的大部分钱还给市场。很多人在市场尚未完全进入熊市时，便已经开始出现亏损。

有的交易者心理失衡，产生赌徒心态：一定要捞回本钱，捞回赢利！急躁情绪下的操作更容易犯错，影响到交易的正常判断，恶性循环便由此产生。

6. 反弹不过前高点

当股指或个股进入熊市初期时，其中一个显著的盘面特征就是股价下跌之后产生的反弹，其高点无法逾越前一高点或密集成交区。如图 4-1 所示，跌势开始后出现的大级别反弹，已经难以企及顶部高点，显示多方上攻动能逐渐减弱。

图 4-2 是 2015 年创业板指数见顶回落的情形。指数大幅跌落后，此后两次较大级别的反弹行情，都难以再达到最高点附近。这种情况下的大级别反弹行情，也成为重仓的交易者止损离场的最后机会。

7. 跌停板上的股票数量在增加

当股市进入熊市初期阶段时，一个较为典型的现象，就是涨停的个股数量大幅减少，而每天跌停的股票数量却在逐渐增加，并成为常见现象。出现这种情况就是大盘走弱的信号，说明市场上的资金正处于套现离场的阶段，对个股炒作的激情已不复存在，大盘也将进入到实质性调整阶段。

图 4-2

8. 股价运行重心骤变

当大盘指数进入下跌趋势初期时，一些个股的表现要强于大盘指数，甚至是在很多个股已经具有相当跌幅之后，仍旧能够维持强势运行态势。但是如果分析其股价运行重心，就会发现重心线在这个阶段频繁变轨。一旦出现反向变轨，多数情况下意味着股价还是会跟随大盘指数一起下跌。

如图 4-3 所示，绘制出第一条股价运行重心线后，A 点股价急升，于是绘制第二条变轨重心线，股价在不久后创出新高点。但是随后股价急转直下，跌破第二条重心线，随即形成第三条反向变轨重心线，之后继续暴跌，形成变轨的第四条重心线。

第二条重心线成为案例分析中的焦点，因为在该股创出股价新高的同一时刻，对应的大盘指数早已经出现了明显的下跌。如图 4-4 所示，图中 A 点就是图 4-3 中该股创出股价新高的同一天。

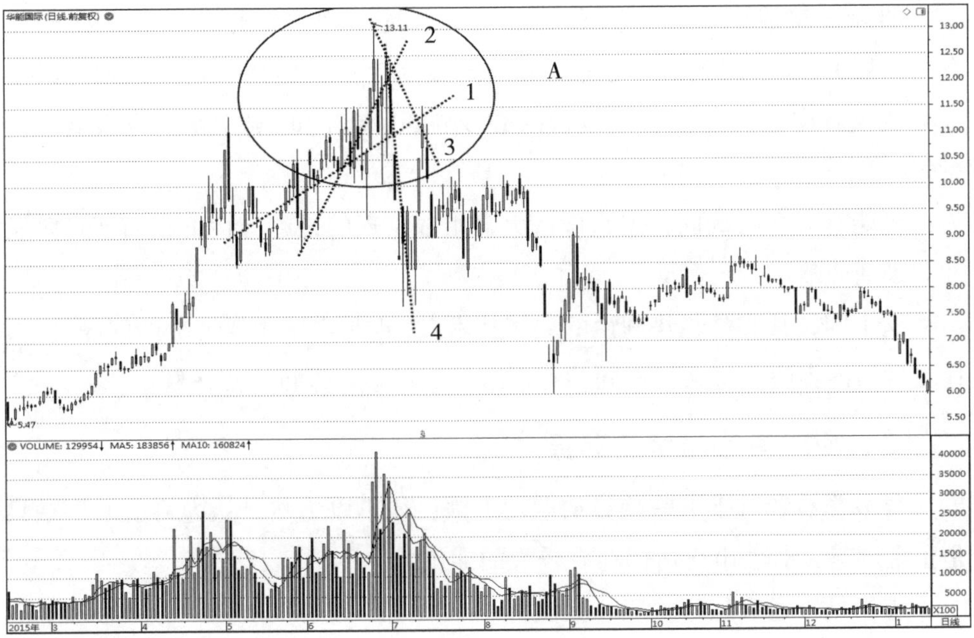
华能国际(日线,前复权)
13.11
2
1
3
4
A
5.47
VOLUME: 129954↓ MA5: 183856↑ MA10: 160824↑
2015年
日线

图 4-3

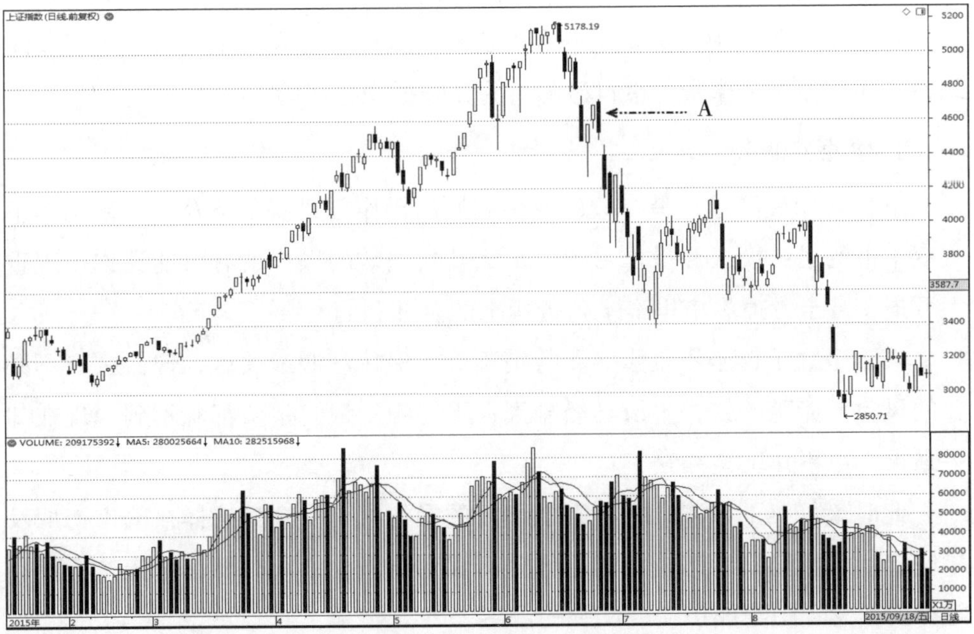
上证指数(日线,前复权)
5178.19
A
2850.71
VOLUME: 209175392↓ MA5: 280025664↓ MA10: 282515968↓
2015年
2015/09/18/五
日线

图 4-4

如果在实战中大盘指数和大部分个股均出现趋势性下跌，而我们持有的个股并未同步跟跌，反而上涨或者振荡盘整，那么一旦出现重心线多次变轨或者突然反向变轨，股价跌破变轨重心线的时刻，就是应该减仓的时候。

可能有人会有疑问：怎么确认大盘指数出现的是趋势性下跌而不是阶段性大级别调整？

这个问题其实是趋势理论的关键技术点，也是本书主要解决的问题之一，在之后的内容中，将会就不同趋势形态与反转形态进行重点讲解。

二、应对策略与卖点选择

很多交易者对于下跌趋势初期的下跌往往不以为然，认为目前的下跌只是正常调整，对牛市行情仍存有较大的期望。

市场是否进入熊市阶段，其实并不难判别，只是很多交易者从心理上不愿意相信，或者拒绝接受熊市到来的现实。这种心理状态反映在操作上，就是仍旧延续频繁操作、追涨买入的操作模式。

对于想在股市中长久稳定获利的交易者来说，必须对上述心态进行及时调整，并用操作纪律来约束自己的行为，降低操作风险。

1. 学会空仓

跌势初期最简单、最有效的保住利润的操作方式就是空仓。如果仍然不改变牛市的思维模式和操作习惯，那么几次失败的操作就有可能让你出现重大亏损，甚至亏掉牛市里辛辛苦苦赚来的全部利润。

“千金之子，坐不垂堂。”行情不好，保住利润最关键，何必去冒不必要的风险。能赚的钱，牛市已经赚到；不能赚的钱，牛市都赚不到，现在却去强求，岂不开玩笑？

此时最好沉下心来，告诉自己最好的操作就是空仓！选择在熊市初期及早空仓，需要交易者有较强的趋势分析和判断能力，同时要有坚定执行操作纪律的信念，拒绝熊市初期反弹的诱惑。

空仓是一种智慧，需要坚韧不拔的毅力来执行。

2. 拒绝诱惑

对于券商而言，总希望股民能多做交易，因为不少券商的利润来源就是经纪业务的手续费收入。为了达到这一目的，不少券商也会利用咨询业务给客户提供一些短线消息，一些中小交易者很容易相信这些所谓的专业人士的建议，盲目地频繁交易，最终陷入亏损的泥淖。

3. 及时止损

如果判断牛市结束，自己持仓被套，应在第一时间止损离场；倘若遭遇急速下跌，失去了止损的机会，则应在大盘反弹时及时减仓离场，同时放弃一切幻想。

大盘或个股趋势转折后，经过一波跌势，多会出现反抽性质的反弹。有些个股的反弹强度还相当可观，让本来想止损的交易者又产生新的希望，比如：这是新一波升势；再涨 5% 就卖；我的股票比较强势，应该会涨得久一些。

幻想会让本来微小的亏损变成重大亏损。股市有句谚语："不怕套，就怕拖！"拖延的结果，可能是失去一次难得的止损良机。

如图 4-5 所示，该股见顶回落后，出现过三次颇有强度的反弹。交易者如能抓住机会减仓，还是能够大幅降低亏损的。

但是图中可以看到，除了第一次反弹，后面两次反弹虽然强度不小，但历时都极为短暂，根本不会留给持仓者犹豫的时间。

身处熊市，犹如身处险境，稍有不慎便会祸从天降。在熊市中操作，交易者不妨学习一下狼的警惕和多疑，凡事多问几个为什么。看不懂行情和主力的意图，就索性休息，宁愿错过熊市初期艰险万分的"赌博"行情，也绝不因贪图蝇头小利而身陷主力的陷阱，惨遭套牢。

图 4-5

第二节 持续期和次级反弹的交易策略

一、下跌趋势持续期的技术特征与量价分析中的卖点

1. 明显的下降趋势

到了跌势持续阶段，大盘或个股大都已经形成了一个较为明显的下降趋势。

如图 4-6 所示，以 A 点和 B 点两个重要高点连线画出一条直线，即为下降趋势线。图中可见，该股的反弹行情都结束在这条线附近，这也说明该股仍旧处于下跌趋势中。交易者可以利用下降趋势线来观测股价反弹的级别和性质，下跌趋势中的大部分反弹行情，都会在这条下降趋势线上下结束。

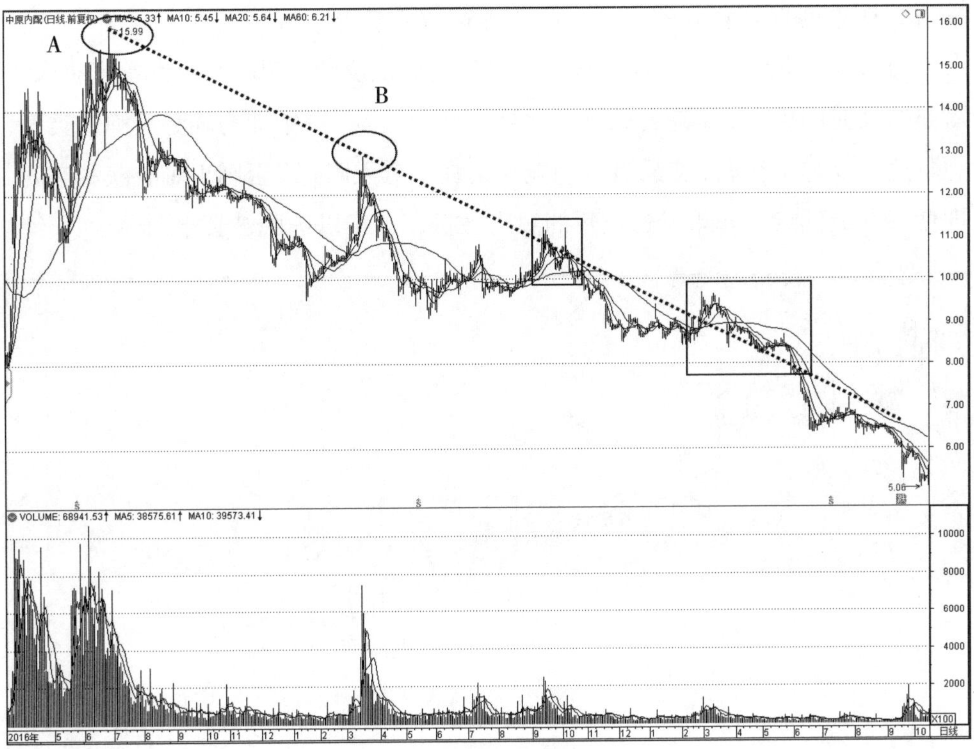

图 4-6

下降趋势线的作用，主要是让交易者能够直观地观测行情的变化。当个股股价突破下降趋势线时，可以及时分析该股是否具备趋势反转的条件。

2. 股价超跌是常态

在下跌趋势持续阶段，个股的技术面上经常出现超跌的情况，但是股价却依然继续下跌，或者仅出现弱势反弹以及横盘振荡，然后就继续下跌，并不会出现大级别的强势反弹行情。

对于个股超跌，交易者应综合分析，不可仅仅依据个股的超跌就急切作出介入抢反弹的决定，不然可能会遭致亏损。

3. 多数上涨都是弱反弹

在大趋势为跌势的前提下，时不时就会出现一波暴跌，而暴跌过后，个股的表现以弱势反弹居多，或有横盘振荡相连接。这种形态下，对于交易者来说，很难捕捉到获利的机会，应该尽量避免参与。

如图 4-7 所示，该股在跌势途中出现过数次反弹，但不是上涨幅度有限，就是持续时间极短，交易者很难寻找到最佳介入点。图中即为弱势反弹的类型，想从这类反弹中获利，交易者必须能够买在最低点附近，否则很难有获利空间。即使买在最低点，如果错过短暂的卖出时机，也难以逃脱被套牢的命运。

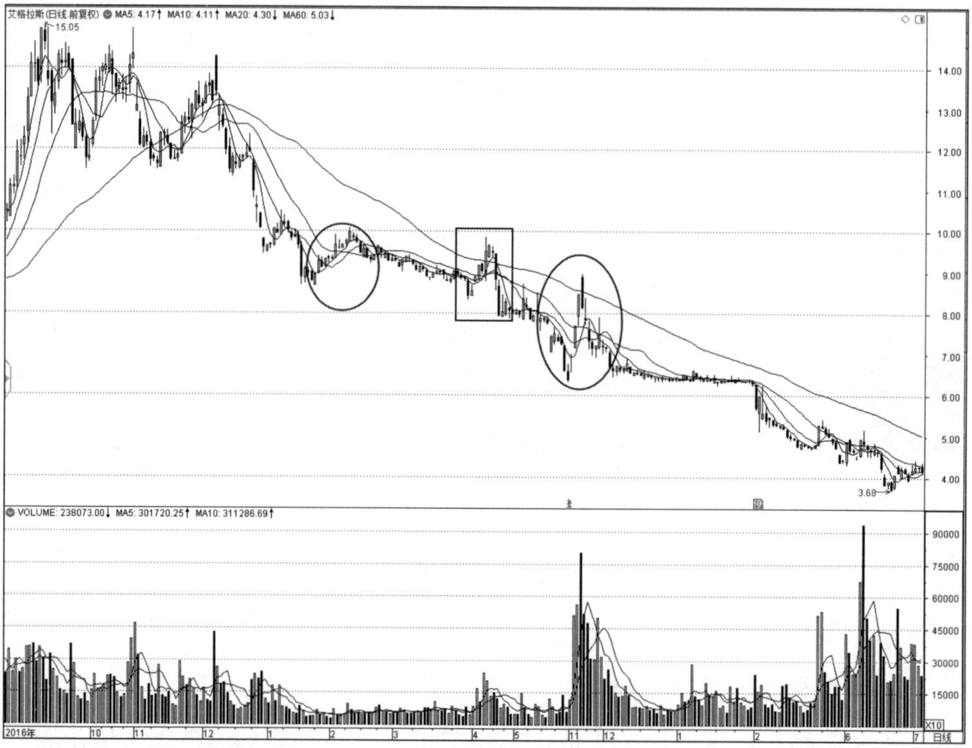

图 4-7

能够让交易者获利的反弹类型，只有大级别的次级反弹行情。但必须注意一点，即使是次级反弹，也应避免追涨。熊市中缺乏追涨的基础条件，所以没有追涨的必要。

二、应对策略与交易选择

1. 避免临时决定交易

当进入熊市确立阶段时，交易者应该告诫自己“多看少动”。牛市中较多的赢利机会，会给某些交易者烙上深深的牛市思维习惯和操作惯性。这些带有牛市色彩的思维和操作，如果不能及时调整和改变，在熊市中会带来极大的交易风险。

在牛市中买入股票后，即使被套，通常耐心等待后都有解套和获利的机会；但若以同样的思路在熊市中进行操作的话，则可能遭遇高度套牢和大幅度亏损。

盘中临时决定买入，是交易者在熊市中遭遇亏损的主要原因之一。尤其是在熊市中期，这个时候往往是突发性下跌较频繁的阶段，而且距离底部仍旧遥遥无期，妄动的操作给自己带来的只能是亏损和悔恨。

这个阶段交易的个股，必须是经过分析和追踪过一段时间，交易者熟悉目标个股的股性，以及盘中挂单、量能异常等方面的特征，只有满足设定条件，才可有计划地买入。

2. 收益预期

习惯于牛市行情追逐热门股票和短线交易的交易者，对于熊市中的收益，往往会有过高的预期。

通常，交易者买入股票获利后，因为利润和预期收益相差太大，所以一般不愿意抛出，而习惯于像牛市行情那样等待再次拉升。但等待的结果却大失所望，因为等来的并不是又一次拉升，而是一波急速的下跌。不但赚到的利润成了空，还要赔上本金。

熊市中交易，预期收益无法与牛市相比，只能像麻雀啄食，积少成多。

在熊市中生存的交易者，大都将收益预期设定得很低。短线进出之间绝不犹豫，有获利便迅速出局，形势有变，没有利润也会止损出局。交易者在熊市中的操作，应该习惯于积小胜为大胜，杜绝贪婪，同时有自己严明的操作纪律保护。

3. 低吸代替追涨

熊市的大部分时间一般不能追涨，因为熊市整体向下的趋势缺乏追涨的基本条件和人气环境。

一些交易者在牛市操作中习惯了追涨，当某只股票进入到强势状态，符合自己的买入条件时，便会不计成本地追高介入。这类操作方法在牛市时可能会有较好的短线利润，而一旦大盘步入熊市周期，仍旧如此操作，则易遭致严重亏损。

在熊市中，技术面上走势强悍、量价配合完美的强势股，大都是主力资金运作或短炒资金蜂拥热炒的的结果。这些个股的强势态势很难持久，交易者追涨很可能会接到最后一棒。

熊市比较适宜的操作方式是低吸。交易者追踪目标个股，自然会熟悉个股的走势特征。比如，目标个股受到大盘下跌的影响，出现非常规暴跌时，往往就会出现极佳的短线交易时机。

4. 灵活与善变

前面讲过，熊市初期和牛市末期，一旦发现大势骤变，应该改变牛市思维，当止损时绝不能犹豫不决。交易策略要灵活变化，趋势不同，就应该做出改变。

有些新手因为没有经历过熊市漫长且惨烈的下跌，在熊市初期即使被套也不愿意止损，并确定以长线投资为策略。但熊市下跌的残酷性，往往超过这些投资者的心理预期。

最常见的一种情形，就是在熊市末期，再也忍受不住下跌带来的恐惧和困扰，完全将当初确定的长线投资策略抛到九霄云外，以大幅亏损为代价，忍痛割肉，只求尽快摆脱心理上的煎熬。

从被套到被动长线持有，再到割肉出局，这是善变而不是灵活。善变的策略只是一时的权宜之计，毫无策略可言，由此带来的结果，必然难言成功。

5. 下跌趋势参与反弹交易的要点

（1）做反弹要有计划。入场做反弹行情之前，首先应该对目标个股的介入位置、卖出位置有大概的预测。发生意外事件时如何操作，一旦判断失误如何应对，都要做好事前准备。

（2）参与熊市中的反弹行情，应重点分析主力的动向和思路，个股的基本面在泥沙俱下的熊市氛围里很难得到真实反映。仅就短线参与反弹行情而言，分析业绩不如分析量价关系和主力意图。

（3）熊市操作要控制好仓位，以轻仓为主，没有把握切忌重仓、满仓操作。

（4）熊市中做反弹是股市高手和老手的游戏。没有敏锐的盘面观察力、心慢手也慢、不能在反弹的第一时间觉察到启动迹象的交易者，最好不要参与。熊市里做反弹，关键在一个“抢”字，要抢在主力资金大幅拉升之前进入，抢在主力减仓之前卖出。若没有意识到反弹即将开始或已经接近结束，就不要再抢反弹了，宁可错过，不可做错。

（5）注意控制赢利预期，不可被欲望和贪婪蒙住双眼。在次级反弹中，交易者有 10% ～ 20% 的利润就应该很理想了，可以考虑逐步减仓了。

（6）股票大幅下跌之后，要敢于买股性活跃的个股，这些股票往往会成为反弹急先锋。

（7）熊市中做反弹，不要过于迷信技术上的支撑。下跌趋势中的支撑薄如纸，一捅即破。多分析上方的压力，压力线往往就是反弹的目标位。同时看能否越过压力位，出现转势迹象。

（8）熊市中大盘暴跌时依然上涨的股票，在大盘反弹时往往表现较弱。

（9）熊市初中期做反弹行情时，不可介入急速反弹后开始大幅回落的个股。时刻牢记反弹就是反弹，熊市里的反弹，如果回落过大，就意味着反弹结束。

（10）反弹途中，对成交量和换手率过度放大的个股要高度警惕，尤其对一些放量滞涨的个股更需小心。如果某股前几天涨升时日换手率只有 1% ～ 3%，某日突然换手率达到 5% ～ 10%，但股价并没有较大的涨幅。出现这种情况，主力借机减仓的可能性非常大，这时候就应选择立即离场，无论获利与否。

（11）反弹持续一段时间后，突然出现大阳线，往往就是卖点。即便交易者不立即卖出，也绝不可再度追涨或加仓。

（12）卖出时要坚决，不可有幻想和犹豫，更不可斤斤计较少赚了多少钱，否则不但赚的钱拿不到，可能还会造成亏损。

（13）止损保护。反弹不是反转，反弹结束之时，也就是行情重新回到熊市下跌趋势之日。一旦参与的反弹行情结束，手中的股票即便是亏损也要清空。对于稳健型的交易者来说，每一次参与反弹行情都必须预先设定止损位，止损位是对自己可能犯错的保护机制，不至于因一时的失误而导致重大的亏损。

（14）早盘交易。

①避免早盘买入，因为目前沪深两市实行的是 T+1 交易制度，受制于这一制度，当天买入的股票如果发现失误是无法抛出的。一些交易者的失误，就在于喜欢在早盘时看到形态好的所谓强势股便追涨买入，但买入后却发现该股开始冲高回落，到尾市收盘时甚至可能出现较大幅度的下跌。如图 4–8 所示，该股早盘大幅高开高走，但是之后股价却逐波回落，至尾盘时已收跌，早盘的介入者无疑全部被套。

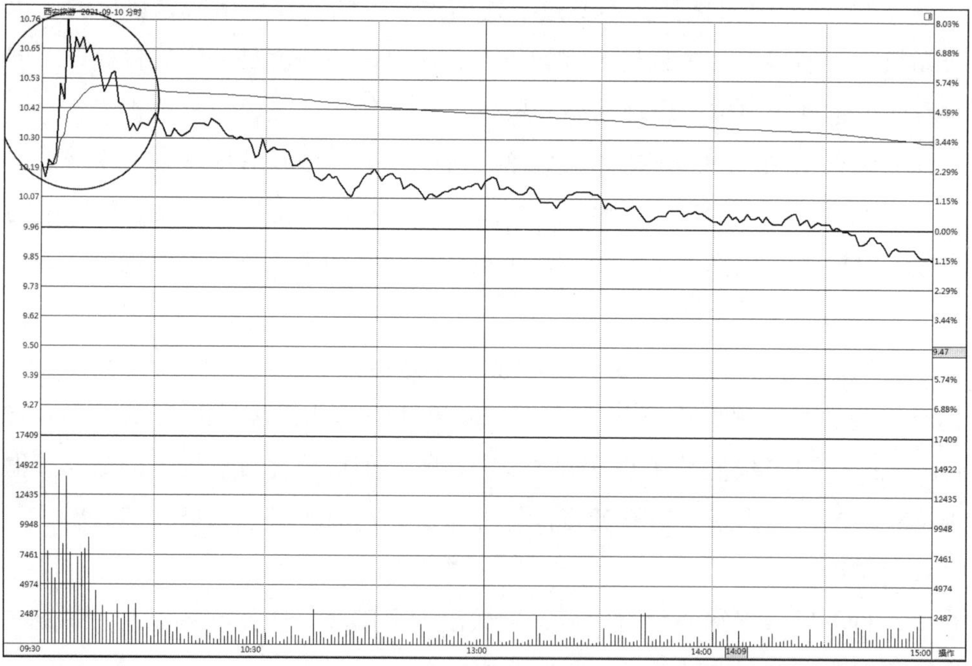

图 4–8

交易者最好在尾市收盘前 30 分钟左右时买入股票，这样可回避 T+1 制度下买股的部分风险。

②唯一可以早盘买入的，就是当目标个股经过连续下跌，某日早盘再次出现大幅急速下跌时，交易者可以尝试做 T+0 操作或者轻仓抢反弹。

如图 4-9 所示，该股早盘便急速下跌，随后逐步回收并横盘振荡，午后股价终于展开超跌反弹。

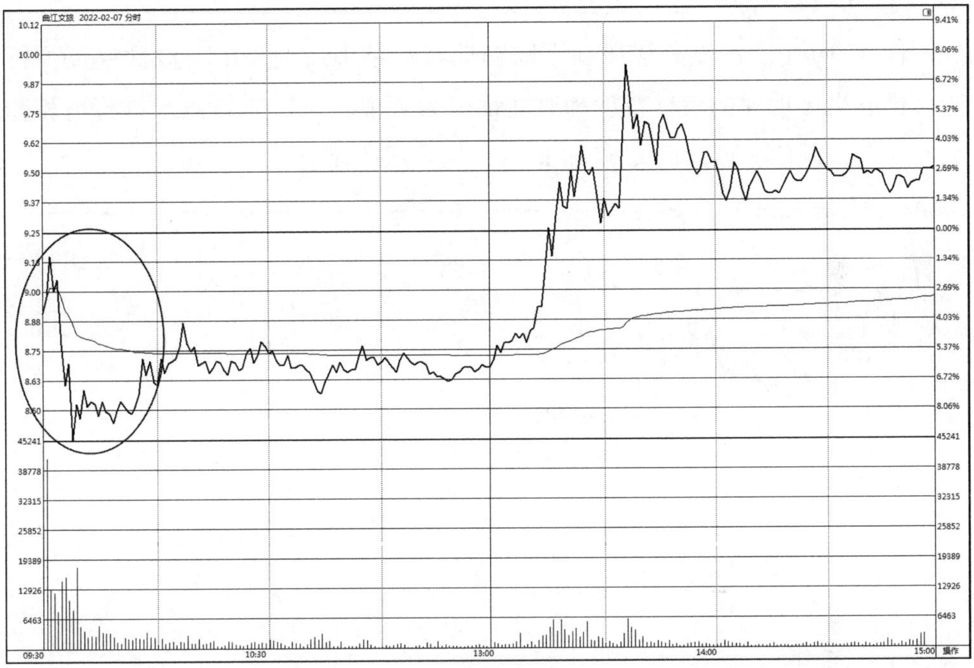

图 4-9

对于这种操作方式是有技术要求的，并不是早盘大跌的个股都可以买入，只有经过连续大跌后，某日早盘突然急速下跌的个股才可以如此操作。当然，这个急速下跌不能是因为基本面的因素所导致。

6. 下跌趋势中的次级反弹

次级反弹的说法源自道氏理论，泛指级别低于主要趋势、高于短期趋势的一种在主要跌势中出现的价格上涨形式。

跌势中期是整个熊市过程中颇受煎熬的一段时间，在这个期间，股价从顶部算起已有一定的跌幅，但究竟是继续下跌还是由此见底，市场上众说纷纭。一轮次级反弹行情的出现，会给市场带来诸多希望。

次级反弹一般发生在连续大幅急速下跌之后，比如，市场单日数百只个股出现跌停板、大盘跌幅5%左右，随着恐慌盘纷纷出逃，一波因过度杀跌引起的强劲反弹就近在眼前了。

（1）次级反弹发生区域分析。

图4-10中，A点是该股在下跌初期跌势结束后迎来的一波次级反弹行情，这波次级反弹的下跌幅度和时间都极为可观。之后的B点反弹行情相较A点则大为逊色，再后的C点和D点，反弹级别则更下一层楼。

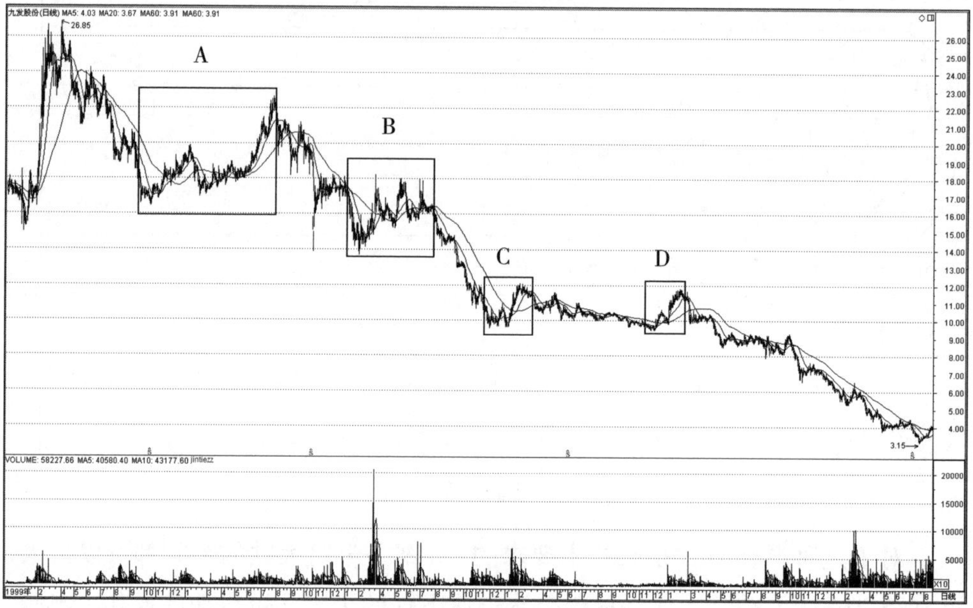

图4-10

其实在熊市中，很多个股都有这种现象：当熊市初期的下跌过程非常迅疾时，次级反弹往往就会接踵而至；发生在这个阶段的次级反弹，其运行的时间和幅度如果较大、较长，那么接下来的熊市中期阶段就很少会出现超过这一级别的反弹行情，多数情况下反弹级别会逐波下降。

图4-11中，A点是该股在跌势初期出现的一波反弹，在时间周期和幅度上都未表现出强势形态。进入熊市中期阶段后，随着下跌幅度的累积，筹

码的活跃度明显降低。B 点处，一波次级反弹行情爆发。

通过上面案例的对比，交易者对于如何寻找次级反弹的发生区域，就应当有所感悟了。总而言之，如果跌势初期结束后发生的次级反弹很强势，那么之后的反弹会逐波减退；反之，在熊市中期阶段，多数情况下都至少会有一波次级反弹发生。

图 4–11

（2）次级反弹的认定。

讲完了次级反弹发生区域的话题，再谈谈次级反弹认定的问题。交易者如何认定将要发生或正在发生的反弹是次级反弹还是一般性反弹呢？

在下跌趋势的背景下，发生的逆势上涨行情分为次级反弹行情和短期反弹行情。短期反弹行情不予深入探讨。次级反弹行情还可以称作中期反弹行情，是相对下跌趋势而言的。

一轮次级反弹行情应至少具备一个三浪上升结构，一个强势形态的次级反弹行情甚至会有完整的五浪结构。如图 4–12 所示，是某股在熊市下跌过程中展开的一波强劲次级反弹行情，图中标示的是其五浪运行结构。

随着次级行情的延续，看多甚至是认定反转走牛的声音多了起来，交易开始活跃，交易者的情绪从冰点开始不断升温。然而，随着次级行情戛然而止，行情的“小阳春”突变为下跌风暴，交易者从满怀希冀瞬间重回冰点。“究竟跌到哪里才见底？”这是大多数交易者共同的疑问。

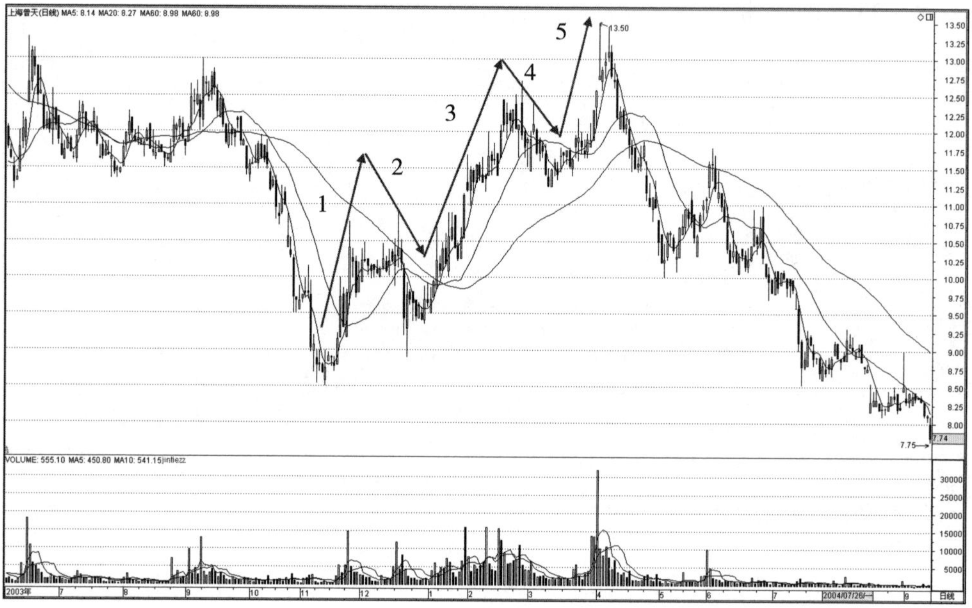

图 4-12

第三节　趋势末期特征及交易策略和仓位配置

一、下跌趋势末期技术特征

下跌趋势长期运行后，很多个股往往表现为“缩量跌不动了”，但此时并不代表真正风平浪静。下跌趋势中后期，个股最后见底之际，往往都会在“跌不动了”的群体惯性思维下，突然出现一波恐怖的急速暴跌，让持仓者再也忍受不住最后的重重一击，被迫选择仓皇出逃。底部低点，多数是用带血的筹码砸出来的！

1. 股市无人关注

下跌趋势末期，随着股价的长期下滑，市场成交大幅萎缩后陷于低迷的境况，反映出中小股民不愿意交易、不愿意关注股市等极度悲观和失望的心理状况。

不仅是中小股民，很多证券分析师、咨询机构，也对市场前景较为悲观。市场媒体普遍保持谨慎，几乎一致认为大盘还在探寻底部的过程中，建议中小股民以持币观望为主。

当大多数人对后市不抱希望、极度悲观之际，往往就是市场迎来转机的时候。逆势投资大师约翰·邓普顿有一个著名的“极度悲观点”理论，他认为，当市场极度悲观情绪蔓延的时候，正是入场买股票的时刻。

2. 新股大面积破发

新股开始持续跌破发行价格，新股上市首日收盘涨幅极低，甚至当天就大幅破发。当新股发行遭遇危机，市场融资功能受到严重影响时，才会引起管理层的关注，否则仅是新股破发并不足以说明问题。

3. 政策面出现积极的声音

管理层对于股市的态度由下跌趋势初中期的“沉默”，转为频频出台有利于股市上涨的政策。管理层的态度，在有“政策市”之称的国内股市有极为重要的作用，每一轮熊市的结束也都和此息息相关。

政策面的积极变化，并不必然引发股市由熊市转向牛市。对此，交易者必须有一个清醒的认识。不能盲目地以为政策性利好出台，股市必然立竿见影地转为牛市。

来自政策面的声音固然不可忽视，但是市场本身的运行规律和人们对该政策性利好的认同程度，会对市场走势带来极为重要的影响。

4. 机构危局

基金的年度收益大幅下滑，其操作理念和职业操守受到普遍质疑；新基金发行受挫；市场上基金折价的现象普遍存在；开放式基金大部分是跌到净值以下，封闭式基金则出现 30% 以上的折价。券商普遍出现亏损或业绩大幅下滑，媒体上有关券商出现行业性经营危局的报道不绝于耳。

5. 个股低估值

市场上不少股票的市盈率在10倍以下，有的甚至在5倍以下；市场整体市盈率低于20倍；30%的股票跌破每股净资产，70%的股票市净率在1～1.5倍之间；出现大量低价股群体，甚至有的股票股价低于1元，濒临退市。很多优质股票已经跌到了历史低点之下，仍乏人问津。

当下跌趋势运行到末期阶段，无论大盘指数还是个股股价，都已经跌得面目皆非。市场上交易清淡至极，很多人谈股色变，这时候往往正是跌势即将结束的前夜。

交易者应以中长线投资或者波段交易的心态，选择资质优异的股票，悄然进仓，潜伏其中，等待牛市的到来。但是，这个选择一旦作出，交易者就必须坚守初心，不忘买入的理由，不要被中途的急跌暴跌三击出局。

6. 底是跌出来的

暴风骤雨般的下跌，如果在跌势长期大幅下跌后出现，即便不是底部最低点，也必然处于底部构造之中。交易者面对暴跌时，无须茫然失措，要从大局上理性分析，决不可恐慌跟风杀跌。

如图4–13、图4–14、图4–15所示，图中分别列举了深成指历史上三次重要底部低点前指数发生的下跌情形。虽然三个重要底部的构筑形态各不相同，但有一点很相似，就是指数底部企稳、反转上涨前，都出现过急跌的过程。

下跌趋势终结需要一个漫长的过程，大盘不会立刻就进入到牛市上涨行情中去。这个过程的长短并没有相对固定的期限，一般要视国家的宏观经济环境、行业以及个股复苏情况而定。当然，这个阶段主力吸筹建仓的完成情况，也是一个重要的分析因素。

少做短线交易，可以回避很多个股“最后一跌”带来的强悍杀伤力；少做短线交易，能让你有一个清醒的头脑，更容易在纷乱的“终局杀戮”中发现优质个股难得一见的低价位。

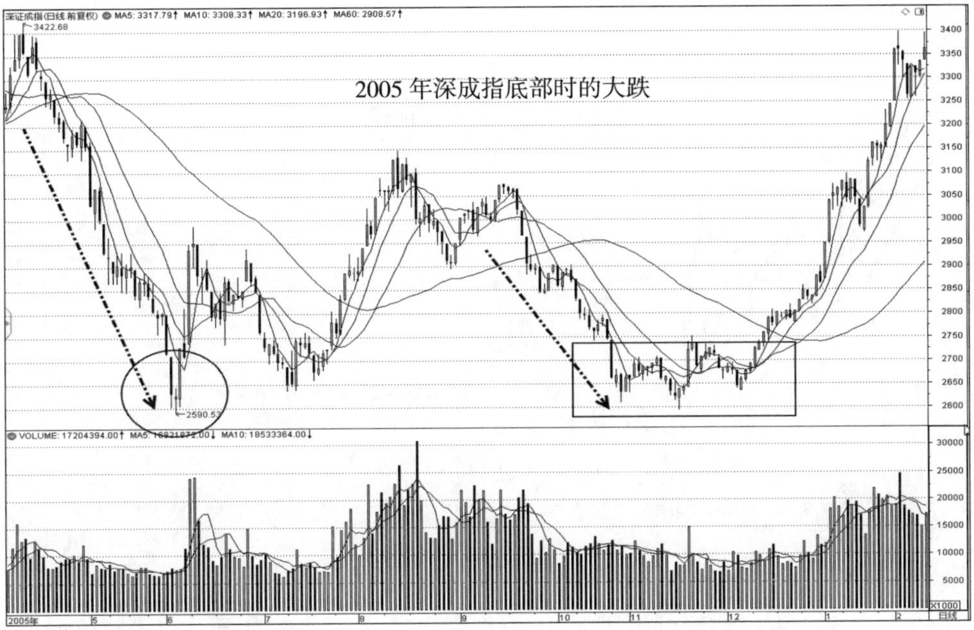
深证成指(日线 前复权) MA5: 3317.79↑ MA10: 3308.33↑ MA20: 3196.93↑ MA60: 2908.57↑
3422.68
2005 年深成指底部时的大跌
2590.53
VOLUME: 17204394.00↑ MA10: 18533364.00↓

图 4-13

深证成指(日线 前复权)
10472.62
2008 年深成指底部时的大跌
5577.23
VOLUME: 72315296.00↓ MA5: 78039144.00↓ MA10: 66484236.00↑

图 4-14

图 4-15

二、交易策略与仓位配置

下跌趋势的终结，多数是在大部分交易者惊魂未定、依然杯弓蛇影的恐惧中悄然来临的。

随着大盘指数止跌回升，成交量温和放大，一些个股或板块开始活跃。但很多交易者鉴于前期的惨烈下跌，仍旧对市场心有余悸，不敢轻易相信这是一个崭新的上涨行情，宁愿相信这只是跌市中一波短暂的反弹而已。

1. 忍住最后一跌

跌势运行到末期，尤其是长达数年的下跌趋势接近尾声时，反而是交易者最难熬的时候。有些人坚持了数年的时间，却在下跌趋势末期的最后一跌中丧失了持股的信心，仓皇出局，把自己血淋淋的筹码扔在了地板价上。

如图 4-16 所示，该股经过长期大幅下跌后，股价依然并不平稳。图中

A 点出现一个加速下跌的情形，后来的走势证明，这里就是该股底部的最低点。

跌势是否处于末期，技术上并不难判断，难就难在在坚守上，难在挺住最后的心理煎熬上。

其实，这个阶段被深套且无资金补仓的交易者，如非必要，可以放弃看盘，以免受到盘面下跌的不良影响，作出错误的交易行为。无论如何，都不要选择在这个阶段割肉，除非发现了更好的目标股，准备底部换股操作。

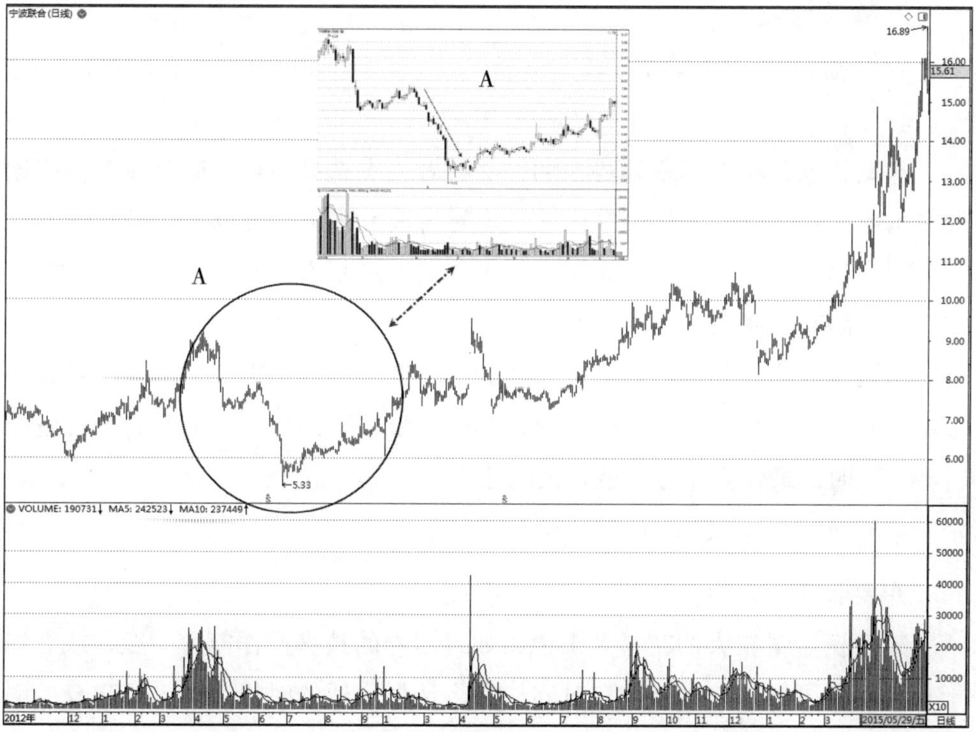

图 4-16

2. 转变思维模式

很多老股民都有过这种经历：忍受住了熊市的最后一跌，却在牛市初期的上涨中过早卖出持仓，从而丧失了挽回亏损、收获赢利的重要机会。

如果交易者看到指数和个股在自己卖出之后不跌反涨，会更加焦虑。随着牛市日益成型，才会逐渐从交易的恐惧中走出来，但是熊市的阴影仍在，他们一般只敢轻仓进行短线交易，所以在牛市的初中期很难获得较大的收益。

之所以出现这样的情形，原因就在于熊市操作的思维模式，即熊市中操作，个股逢高不出的话，接下来必遭套牢。

这时候需要交易者及时果断地从熊市操作的思维模式中脱身而出，做到这一点，可谓价值千金！但是做到这一点并不容易，需要交易者具有相应的技术分析能力。对于不愿意学习和积累股票分析技术的人来说，只能随波逐流。

3. 被动锁仓

主动锁仓是指股票持有者策略性的、在一定期间内将持有的筹码锁定不动。

被动锁仓是指在下跌趋势末期，交易者买点选择不佳，股票被套，但该股基本面优良，具有低估值等优势，虽暂时没发现大资金操作，但也绝不是问题缠身的垃圾股。交易者如深套其中，又不忍割肉换股，那么完全可以锁定仓位，静观其变。

被动锁仓有一定的适用条件，比如，在跌势的初中期，如果交易者选择被动锁仓，无疑是一种糟糕的选择，其后的漫长下跌将会使交易者身心备受折磨，这时的最佳操作方式就是及时止损。

4. 潜伏——中长线交易的要点

想要收获，必须埋下种子。

对于资金量较大的交易者来说，如果本身的技术操作能力一般，或者对于短线、波段操作并无兴趣和时间，那么选择合适的时机逐步入场建仓，耐心等待行情的逐步展开，就是较佳的选择。

下跌趋势末期，虽然股市行情看上去仍旧凋敝不堪，大势仍有可能出现继续下跌，但是一些个股的投资价值已经显露，整体风险已经较为有限，交易者不妨选择这些股票逢低分批买入。这种从大局着眼和意在长远的策略性交易方式，交易者不能在意一时的得失，要能忍住股价的跌宕起伏。

中长线交易是一项策略性的交易行为，需要交易者具备较强的大局观和良好的心态，以及对市场清醒的认识和准确的判断力。

中长线交易需要注意的事项。

（1）市场处于长期、大幅下跌的跌势末期，大部分个股都已经显露出估值优势，却乏人问津。选择目标上，应以基本面和技术面相结合，主要选择对象为低估值、高增长的个股。这类个股受到整体下降趋势的影响，往往会为交易者提供极佳的低位介入点。

如图 4-17 所示，贵州茅台是第一只股价达到千元之上的个股。但在该股走势上，也曾经历过长期的、大幅度的下跌及振荡，股价走势并非一路坦途。敢于在回落低点介入的交易者，如能长线持有，回报极其丰厚。

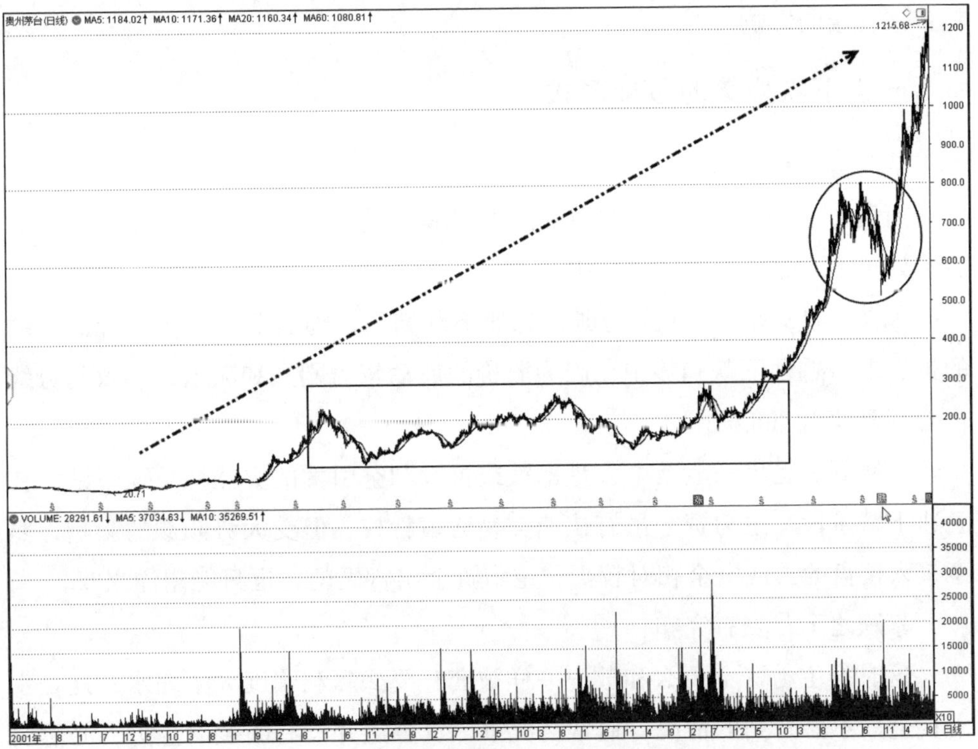

图 4-17

（2）着眼于未来的行情，并不意味着操作上可以随意买入和一次性满仓操作。应采取分批建仓的方式，逐步化解市场趋势折返的不确定性，同时也能使自己的建仓成本尽可能地降低。

当市场正处于急速下跌期间，应稍安勿躁。越是连续大跌，越是大批建仓时。对于交易者来说，持仓成本当然是越低越好。

第四节　下跌趋势的多样性和交易策略

个股的下跌趋势具有多种形式，具体来说，主要是由两方面原因造成的，其一是受大势影响，比如 2015 年股灾时，大部分个股都呈急速下跌的形式。其二是和操纵该股的主力资金有关，主力资金减仓出货的程度，会给个股跌势带来直接的影响。

一、下跌趋势的多种形式

1. L 型下跌趋势

所谓 L 型下跌趋势，是指个股从股价高点先是开始一波急速下跌，随后股价处于不断振荡下跌的过程中。

如图 4-18 所示，A 点为股价急速下跌期间，随后股价处于反弹、下跌的折返中。这种下跌趋势中，因为股价的波动较为剧烈和频繁，导致趋势线也会频繁地出现变轨。

L 型下跌趋势一般是由大盘暴跌或重大利空引发的突然性急速下跌。在急速下跌阶段，主力资金虽有快速交易通道特权，但受大势倾颓的影响，愿意买入接盘的人或资金相对较少，主力资金出货无门，也只能望洋兴叹。

暴跌之下，安有完卵！

这时的主力资金要么和散户一样被套，要么赢利幅度大幅缩水，这是主力资金最不愿看到的情况。通常情况下，资金链并没有断裂的主力，必然要想方设法完成筹码兑现，当然，能够有所赢利就更好了。

正如图 4-18 中见到的，A 点急速下跌结束后，股价开始迅速上下频繁折返，这期间的成交量远大于顶部高点，主要是因为主力资金被迫利用对倒的手法制造交易火热的假象，来吸引追高资金入场接盘。从案例中可以看到，每一次折返的股价高点都会放出大量，这是主力资金仓皇出逃的明显迹象。

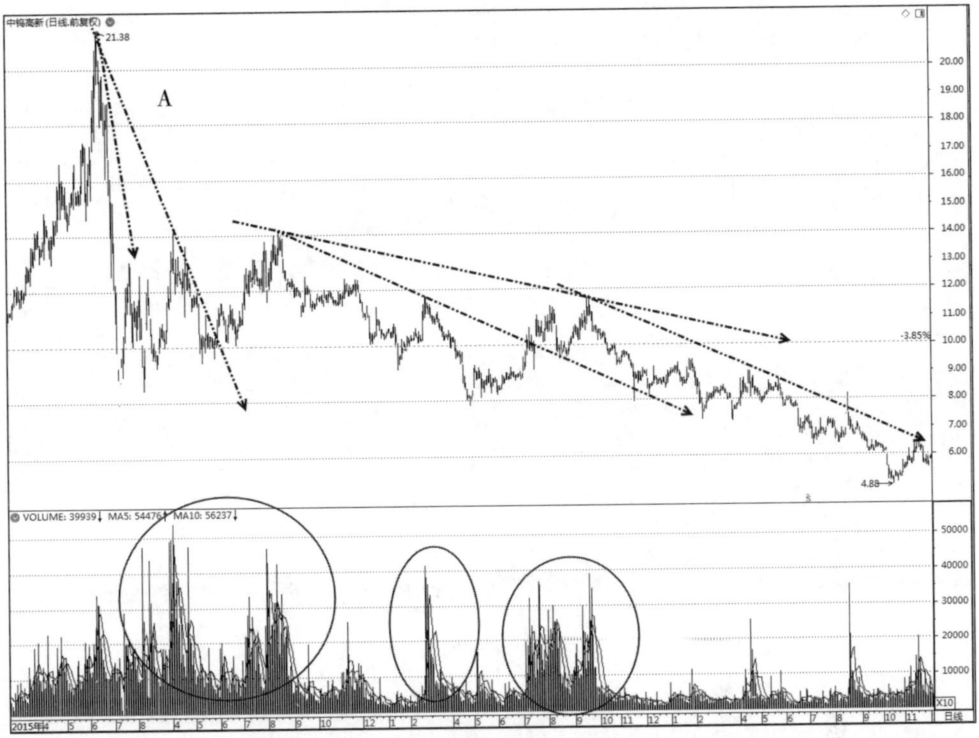

图 4-18

对于这种下跌形式，如果是被套的交易者，当然应该趁着主力资金虚拉股价时尽快兑现筹码，及早离场；空仓的交易者，如果有技术能力捕捉到急跌低点，可以趁火打劫一番，否则的话，还是不参与为上。

2. 死去活来

如图 4-19 所示，A 点之前股价出现过一次急速深幅下跌，但随即迅速拉升，至 A 点创出股价新高。在这个过程中成交量明显放大，之后股价迅速转跌。

A 点成为顶部高点，在技术判断上没有问题。但随后的 B 点，股价突然再次转入急速拉升，并在 A 点相对的高点区域展开频繁的大幅折返走势，B 点的成交量明显大于 A 点。

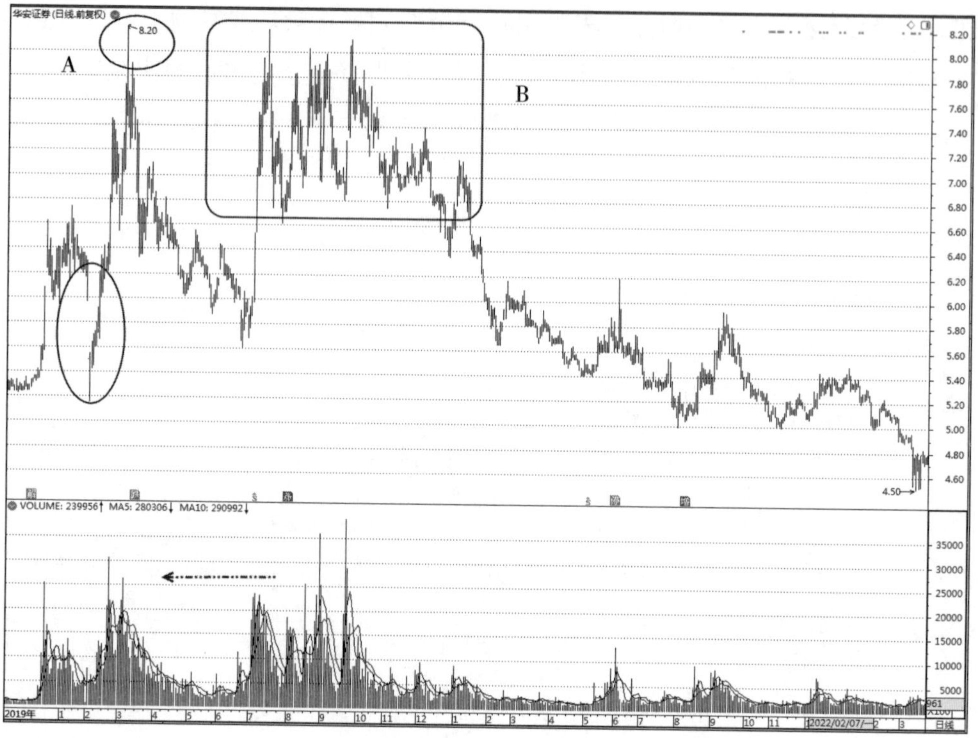

图 4-19

可能让交易者最为迷惑不解的是：A 点已然见顶，为什么还会出现 B 点？难道主力资金想让被套的散户获利出逃？

天下没有这么好心的主力。股市是资金的战场，只有你死我活！

A 点见顶毫无疑问，之所以出现 B 点的高点振荡，是因为主力资金兑现筹码的任务完成得并不顺利。A 点前后的量能已经可以看出，主力资金一直在寻求出货，但是或许因为 A 点股价过快的冲顶势头，引发了获利盘的集中兑现行为，让主力资金未能完成出货，于是 B 点才会应运而生。

整个 B 点区域，成交量明显大于 A 点，而且股价高点与 A 点高点相仿，同时每次回落的低点也大致接近。这就带给市场一个暗示：股价正酝酿着一波升势，即将突破 A 点再创新高。主力资金正是借用 B 点高位折返的“稳定”现象来释放迷雾，让离场的资金和想要入场的资金产生类似的联想，来为自己的出货服务。

从案例中 B 点之后股价大幅下跌的过程中成交量大幅缩减的情况来看，主力资金的出货任务在 B 点完成得应该很成功。

3. 一江春水向东流

图 4–20 中的下跌趋势和上面两个案例截然不同。图 4–20 中的下跌趋势很明确，并无太多复杂的折返走势。之所以会这样，是因为这个案例中，主力资金的出货过程完成得比较顺利。

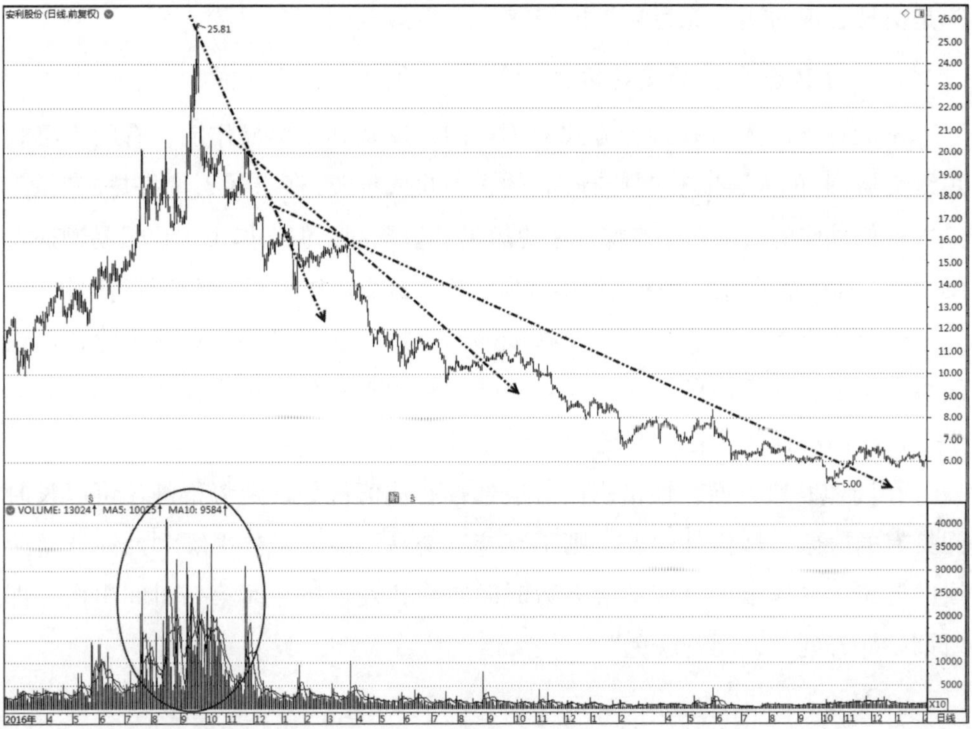

图 4–20

图中可见，最密集的成交量区域在股价上升冲顶的过程中出现，也就意味着主力资金借着最后一波大幅上涨顺利完成了出货。在股价转入跌势之后，只是在下跌初期有变量形态，此后再无能够达到股价高点上的成交量。

主力资金完成出货之后，股价缺少大资金操作，成交量必然一波低过一波。股价也如一江春水，缓缓东流，不知何处是尽头。

对于这种类型的下跌，交易者最好避免参与。至少在大资金开始入场建仓之前，这种个股都难以出现有力度或有持续性的上涨行情。

二、交易策略

跌市行情中，也有交易者能够赚到巨额利润，但几乎没有人是凭运气交易的，大都有自己的一套交易系统和操作纪律。

交易系统和操作纪律能够保证交易顺利进行，但获取赢利的最基本要求，却是交易心理的调节能力和掌控程度。

1. 选择适合自己的交易方式

不同性格的人，其行为方式大不相同，反映到股票操作上，有的人喜欢短线交易，有的人喜欢长期持有，有的人喜欢低价股，还有的人偏好热门股等。

性格外向的人，在牛市操作中更容易获取暴利，但在熊市中也最易遭遇重度亏损。在行情处于熊市时，性格外向者应该减少操作频率，学会等待时机。

性格内向的人，在熊市中往往能够回避掉一些不必要的短线风险，但也最容易犯下犹豫不决的毛病，而且对于大势的判断总是过于保守。交易者应学会适时而动，敢于执行制定的交易计划。

在选择股票方面，性格内向者应选择有估值优势、走势稳健、可以长时间持有的股票；性格外向者，则不宜持有交易清淡、走势平缓和处在调整阶段的股票。在熊市中，应学会多数时间空仓，发现机会时第一时间出击，即所谓“静若处子，动若脱兔”。

2. 复盘

反复研究琢磨每一次成功和失败的交易案例，是一项能够迅速提高自身操作素养的方法。

一次亏损的交易，或一次成功的交易过后，复盘是最重要的工作。总结买入的理由，卖出的理由，对比二者，可以发现这次交易成败的症结所在。不能把每一次交易都归结于“运气好或不好”，你至少得明白为什么能赚钱或亏钱。

如果能长期坚持复盘和总结，交易者就会发现自己失败的交易越来越少，而成功的交易越来越多。

3. 换位思考

在实战中，交易者时常发现盘口上有许多自己看不懂的地方，比如，明明卖盘挂单稀少，买盘上挂着几百万股的买单，为什么买方不主动往上扫单？

诸如此类的疑问会困扰交易者，这时不妨换个角度，比如问自己“如果我是主力，我会怎么做”。换位思考，可能会有新的发现。但在换位思考时要注意一点，主力的操作方式不同于个人交易者，换位要换得彻底，不要以交易者个人的眼界、资金实力，去猜测主力该如何操作。

换位思考不仅仅是针对市场上的主力而言，面对方方面面的操作窘境和误区，都可以通过角色转换来进行换位思考，以不同的角度和心态去分析，可能更容易找到答案。

4. 痛了，自然就会放下

某人对一位禅师说：我放不下一些事，放不下一些人。禅师说：没有什么东西是真正放不下的。这人说：可我偏偏就放不下。禅师让他握着一个茶杯，然后往里面倒热水，一直到水溢出来。这人被热水烫了一下，马上松开了手。禅师说：其实这个世界上没有什么事是放不下的，痛了，你自然就会放下。

实战中，连续交易成功获利之后，交易者容易骄傲自满，甚至有些人会认为自己已经掌握了股票操作的必胜法则。这种心态其实最危险，因为在接下来的交易中，即使犯错，可能也很难及时承认和放弃错误的交易，直至遭受重度亏损，觉得痛了，才会放下。

还有人明知在熊市初中期继续持仓是错误的，却不愿选择止损，总幻想熬过一段时间，也许会有解套并获利的机会。如图 4–21 所示，股价从三十余元跌倒三元，直到出现巨亏时，才选择低位割肉卖出。这种痛，未免过于强烈！

没有从不犯错的人，发现错误，是给你总结和提高的机会。没必要非得等到疼痛难忍了，才被迫选择放下。一个不愿低头的人，看不到脚边的陷阱。

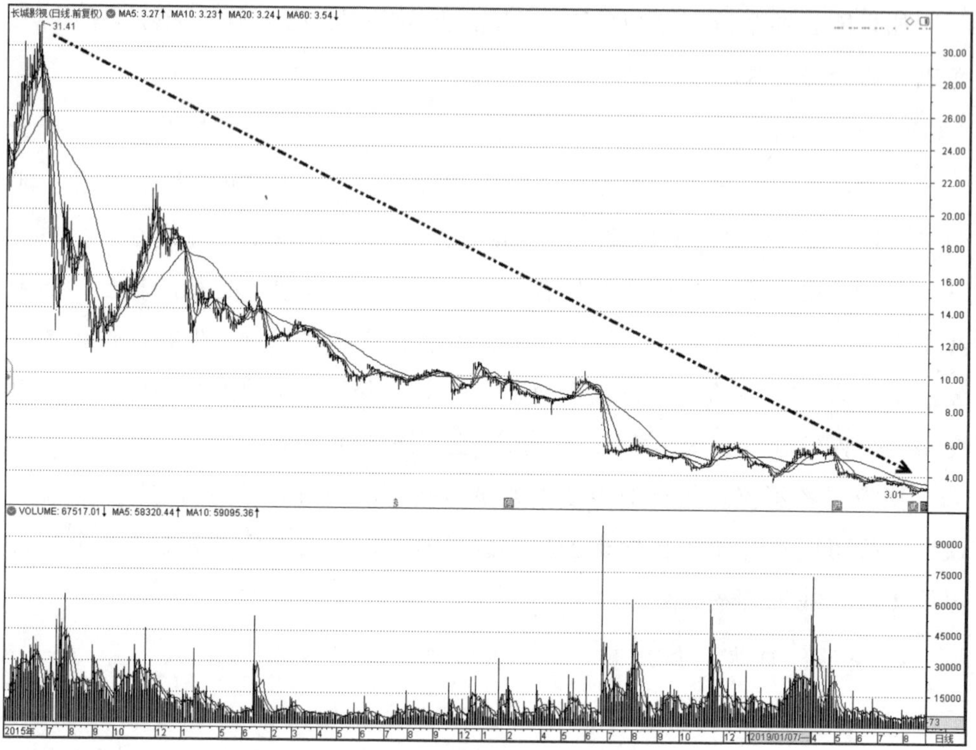

图 4-21

5. 自己偷懒

投资大师吉姆·罗杰斯（Jim Rogers）总结自己失利的交易，发现都是因为自己没有做好充分的准备工作，没有更全面地了解投资标的的详细情况，是自己偷懒了！

股票操作，最忌随意性。没有追踪个股的过程，没有详尽的分析判断，不了解个股的基本面及技术面情况，盘中见涨就随意追高买入，如果能够赚钱，只能归结于运气好。

靠运气好进行交易的人，很快就会消失在股票市场上，尤其是熊市行情中，消失的速度更快一些。未经过精心计划和准备的交易，其实就是赌博。

6. 忍不住了，就再忍三分钟

忍耐，是交易者必须具备的一种能力。

股市新手要忍住急于交易的冲动，先学习相关知识，做到有备而战。股市老手在趋势不明时不动，不符合操作纪律时不动，没有计划准备时不动。无论主力如何变化手法，即使忍不住了，也要再忍三分钟，也许接下来主力就会露出马脚。

过度频繁的交易，会让交易者沉浸在零乱的短线思绪中，看不清大局势的变化。失去大势的判断，短线操作必如无头苍蝇，到处乱撞，追涨杀跌，最后的收益可想而知。

如图 4-22 所示，该股处于上涨趋势中，但折返振荡非常频繁。如果沉迷于每一次折返振荡的短线交易中，很可能因为其中一次失利，将前期获得的大部分利润还给市场。

交易制胜的秘诀，有时候就是忍耐和等待。忍住轻举妄动，等待机会出现，等待趋势反转，等待空头势穷力竭，等待多方的星星之火。

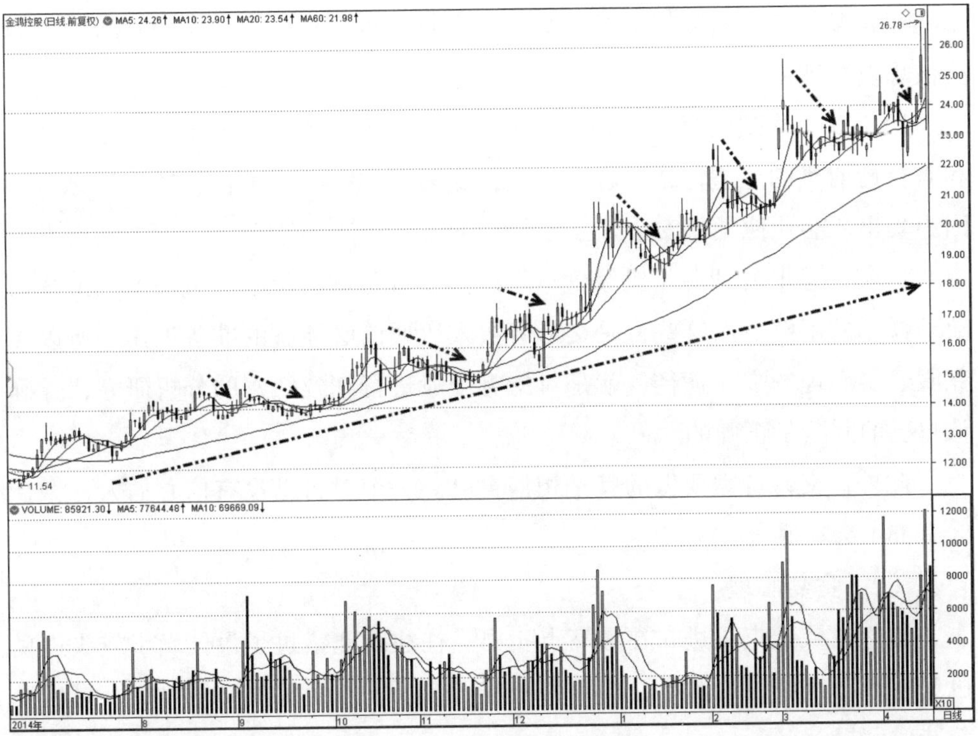

图 4-22

7. 盘感

交易中，经验丰富的老手往往能够从“盘感”中预先判断出行情的重大变化。所谓“盘感”，是指盘面上并未出现任何明确的技术信号和指标提示，交易者却预知未来行情将出现变化。

盘感听上去很神奇，其实是交易者长久积累的经验在发挥作用，通过潜意识对当前行情做出判断。盘感完全可以从盯盘和复盘训练中获得。

盯盘和复盘，不能只关注股价的涨跌，还要分析行情大势以及细枝末节上的系统变化。这个过程不但需要细致观察，还需要交易者不断进行大量的分析判断，剔除杂乱无章的无用信息，找到真实有效的价格运行脉络。

长久的训练和积累，必能让交易者拥有不一般的盘感。

8. 心理的两个极端

（1）恐惧心理。

恐惧常使交易者发挥失常，甚至放弃自己本来正确和理性的判断，并最终被恐惧心理征服。

股价发生暴跌的时候，恐惧心理最容易达到极点。曾经惨痛的亏损经历和对行情前景的绝望情绪糅合在一起，交易者往往会不由自主地选择卖出，因为卖出才会让他觉得安全。

其实，恐惧心理源于对股价运行趋势没有足够的信心，对相关上市公司缺乏详尽的了解，而这些都是交易者买入股票前必须做的准备工作。所以，克服恐惧心理的唯一途径，就是对持有个股进行细致缜密的分析研究，并确认自己的判断是正确的。

此外，交易者需要做的就是相信自己。一个对自己没有信心的人，做什么事都不会有底气。

（2）贪婪心理。

总想在最低点买进，在最高点卖出，往往因此错过了最佳卖出或买进良机。本来已经赚钱的股票，却因为想赚得更多一点而贻误交易时机，最后反而造成亏损。

贪婪者，总是不会也不肯见好就收。

股市上涨时，总觉得自己买的太少，买得太晚；下跌时，又后悔买的太多，买得太早。贪婪和恐惧总是如影随形，相伴而生。

被行情牵着鼻子走的人，在股市上很难长久、稳定地获利。

9. 羊群效应

羊群中的头羊动起来，其他的羊就会不假思索地一哄而上，全然不顾前面可能有狼或者不远处有更好的草。“羊群效应”比喻人都有一种从众心理，很容易导致盲从，而盲从往往会陷入骗局或遭到失败。

当市场出现剧烈波动而显得变幻莫测时，交易者面对非常混乱和复杂的局面，坚守自己的独立见解，将是颇受煎熬的一件事。

尤其是看到媒体上一些所谓专业人士发布的言论与自己的判断相反时，就会产生“是否发生了我还不知道的重大事件”，以及诸如此类的疑惑。

随着股票价格继续下降，怀疑和恐惧会彻底吞噬交易者正确的分析判断，于是放弃自己的独立见解，跟随杀跌的洪流卖出股票。

在重要的顶部高点和底部低点时，市场参与者常常会形成共识。比如，在市场高度看涨时，常常形成大盘顶部；在市场普遍悲观中，最有可能出现大盘底部。

当交易者完全被其他人的观点和行动束缚住了手脚，选择“跟大家同步才是安全的”行为方式时，就会不可避免地掉入市场的心理陷阱。统一的思路和集体行动，是交易中的禁忌。

对外界信息不可全信也不可不信，凡事要有自己的判断。没有经过自己独立的分析判断，就不要采取行动。

第五章

振荡盘整形态和运行重心实战研判

第一节　久盘必跌和横有多长、竖有多高的矛盾

讲到趋势，一般都会讲上涨趋势和下跌趋势，而振荡盘整趋势大多不被认为是一种主要趋势，而是认定为上涨趋势或下跌趋势的中继形态或者延伸形态，也就是说仅是一种次级趋势。

但是，振荡盘整形态有其独立且明显异于其他两种趋势的技术特质。一些运行时间比较长或者结构复杂的振荡盘整趋势，仅作为次级趋势进行分析研判，可能会影响最终结论的准确性。

大家可以从灵活性的角度来认定振荡盘整趋势，实战中从趋势和趋向两个角度进行分析，哪一种研判结论更有利于破解股价运行的迷局，就采信哪一种。毕竟技术分析本身就是灵动活泛的，是不断升级与更新的，僵化呆板的分析理论从来都不会长久存在。

振荡盘整形态有诸多种，有些呈现为股价运行重心横向运行的态势，所以说到振荡盘整，通常也会说横向振荡盘整走势。

对于新手来说，一般都存在一个疑问，这个疑问源自流传已久、耳熟能详的股谚。

其一为“久盘必跌”，意思是说，股价在某个区域振荡盘整过久，最终多数会选择下跌。

其二为“横有多长，竖有多高”，意思是说，股价在某个区域振荡盘整有多长的距离，未来的涨幅就会有多高。

以上这两种看上去相互矛盾的说法，究竟哪一种才是正确的呢？

其实，这两种说法都是正确的！

原因很简单，但需要我们从技术环境上来分析，没有这个立足点，就很难讲通道理。

一、久盘必跌

振荡盘整，其实是股价运行中的常规态势，不但会出现在上涨趋势中，也会出现在下跌趋势中。不同股价运行阶段出现的振荡盘整，其技术意义往往截然不同。

所谓的“久盘必跌”，是有具体技术环境要求的，并非所有的“久盘”都只有下跌一条路可走。实战中，最容易出现“久盘必跌”的是在下跌趋势中，尤其是跌势形成并下跌一定幅度之后，这时候出现的振荡盘整，最终多数都会指向继续下跌这条路。

如图 5-1 所示，该股趋势转折后发生急跌，经过大幅振荡后，进入到 A 点的横向振荡盘整区域。A 点的这个振荡盘整最具有迷惑性，股价从高点大幅下跌后，A 点长时间不创新低的振荡盘整，会让交易者慢慢认可这个点位和股价的运行节奏，并认为股价经过大幅下跌后，目前是在构筑底部，不久股价就将再启升势。

一些交易者便会在这个点位开始买入，并等待股价上涨。但是等待的结果却让人大失所望，股价不但没能再起升势，反而跌破振荡盘整的低点，再度进入到下跌趋势中。

案例中列举的就是比较常见的一种“久盘必跌”形态，这种在下跌趋势中途出现的振荡盘整，其实是下跌趋势的中继形态。实战中还有一些下跌趋势的中继形态，其持续的时间比案例中要短得多，但技术意义一样。

如果需要从技术细节上来界定出现的振荡盘整会不会形成“久盘必跌”，可以借助趋势线和重心线来进行分析判断。

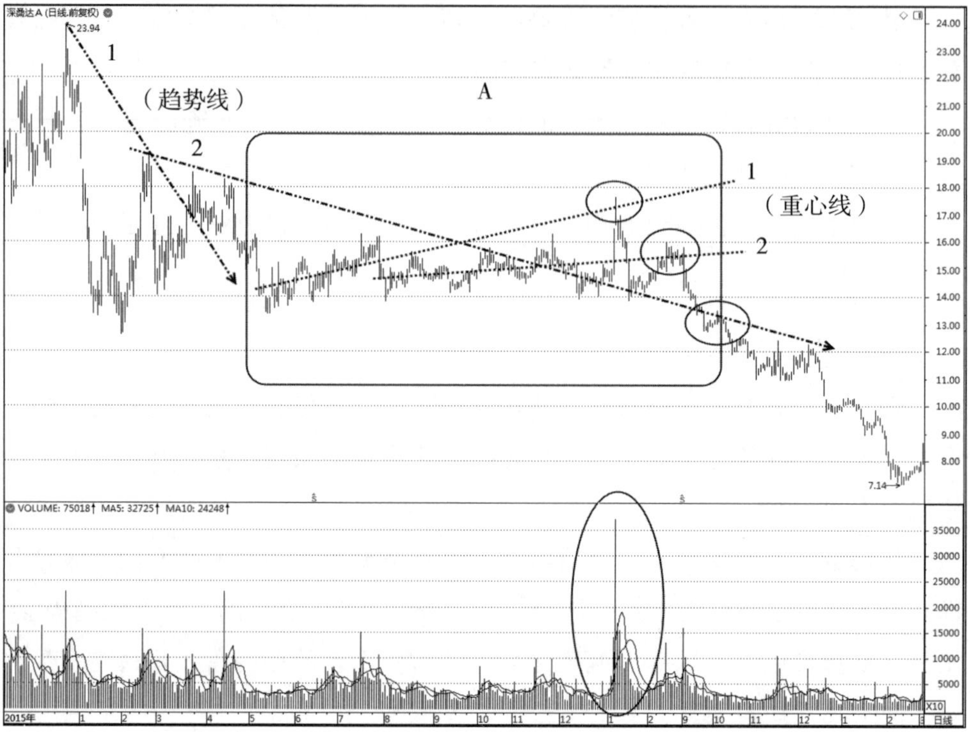

图 5-1

如图 5-1 所示，股价见顶回落，和反弹高点形成第一条趋势线。随着股价的波动，趋势线变轨形成第二条趋势线。这条趋势线在 A 点振荡盘整结束时被股价跌破，意味着一个新的下跌阶段开始，对交易者来说具有一定的提示作用。

A 点之前的重心线没有绘制，因为对揭示“久盘必跌”的作用不大。以 A 点初期两个小升势波段为参照，绘制出第一条重心线。图中可以看到，股价很快就向下偏离了这条线。随后股价长时间横向振荡，于是绘制变轨后的第二条重心线。第二条重心线基本反映了股价的波动情况。

在 A 点的最后阶段，股价迅速向上偏离了第二条重心线，但是触及到第一条重心线时，股价颓然回落，成交出现激增的变量形态。这种技术上的共振，向大家提示出股价转跌的信号。随后股价回落后反弹，但是反弹高点止步在第二条重心线上，说明股价的波动可能会就此向下运行。

综合趋势线和重心线对于细节上的分析，交易者判断出振荡盘整将会形成“久盘必跌”的走势就不是什么难题。

下跌趋势初中期出现振荡盘整，多数会形成“久盘必跌”。在上涨趋势的初中期出现振荡盘整，多数会继续上涨。

如图 5-2 所示，该股在上涨一段时间后，A 点出现振荡盘整走势。结束振荡盘整过程后，股价便进入到快速拉升阶段。图中也同样绘制了趋势线和重心线，交易者可以对比图 5-1 的异同。分析振荡盘整走势，不仅仅要看原有的技术环境，也在于对技术细节的把握。

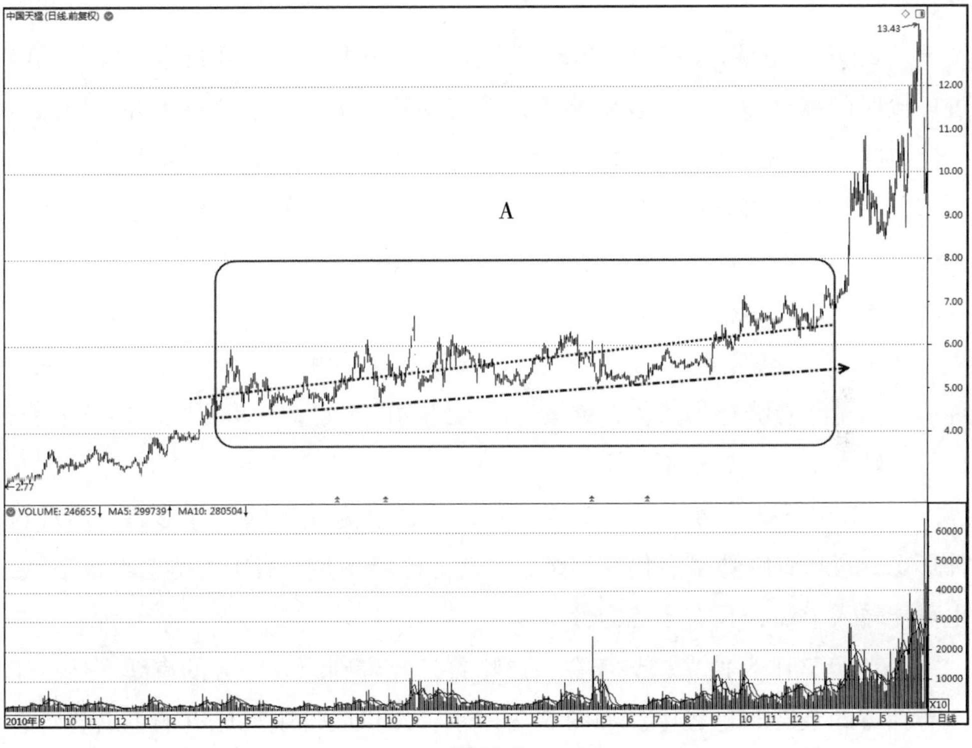

图 5-2

二、横有多长，竖有多高

振荡盘整出现在趋势的初中期阶段时，多数是原有趋势的中继形态，完成振荡过程后，仍会继续原有趋势。但是，当趋势经过长时间运行后，这时候出现的振荡盘整形态可能就有所不同。

一部分运行时间相对较短、结构简单的振荡盘整，可能是原有趋势的延伸形态，而运行时间较长或结构复杂的振荡盘整，则是独立的趋势。

当振荡盘整作为独立趋势存在，其技术意义则完全不同于中继形态和延伸形态。

（1）在下跌趋势初中期出现振荡盘整的中继形态，其技术意义是：经过大幅度下跌后，市场愿意接盘买入者越来越少，股价下跌的动力也越来越弱。这时出现振荡盘整，有利于恢复人气，增加资金的买入信心，为进一步下跌积攒能量。

（2）在上涨趋势初中期出现振荡盘整的中继形态，其技术意义是：经过一段时间涨升后，个股盘中累积了一定的获利盘，这些获利盘并不稳定，一有风吹草动，就会有所行动。与其让这些获利盘在之后的拉升阶段“捣乱”，不如在相对低位将它们清理出去。但是主力资金出于某种原因（不同阶段的主力会有不同的原因），并不想用大幅下跌的振荡方式，而是采取以时间换空间的横向振荡盘整来实施。完成这个过程后，股价多数会出现轻盈跃升。

（3）在上涨趋势中后期出现振荡盘整，多为涨势的延伸形态。出现这种形态，意味着涨势虽然仍在继续，但已经动能不足，后市可能会继续上涨，也可能转入下跌，具有不确定性。

（4）在下跌趋势中后期出现振荡盘整，多为跌势的延伸形态。出现这种形态，意味着跌势虽然仍在继续，但动能已经不足，后市可能会继续下跌，也可能转入上涨，具有不确定性。

振荡盘整作为独立趋势存在，意味着已经告别原有趋势的束缚，运行于本身独特的节奏和进程中。如图 5-3 所示，A 点股价脱离原有的下跌趋势，运行于横向振荡盘整趋势中。

为什么认定 A 点是一个独立的振荡盘整趋势，而不是下跌趋势的延伸形态呢？

首先，案例中 A 点区域整个时长达到 2 年多，而延伸形态的维持时长通常都较短；其次，A 点区域无论认定是下跌趋势还是上涨趋势，涨跌都过于平缓，如果绘制趋势线的话，几乎起不到什么作用。

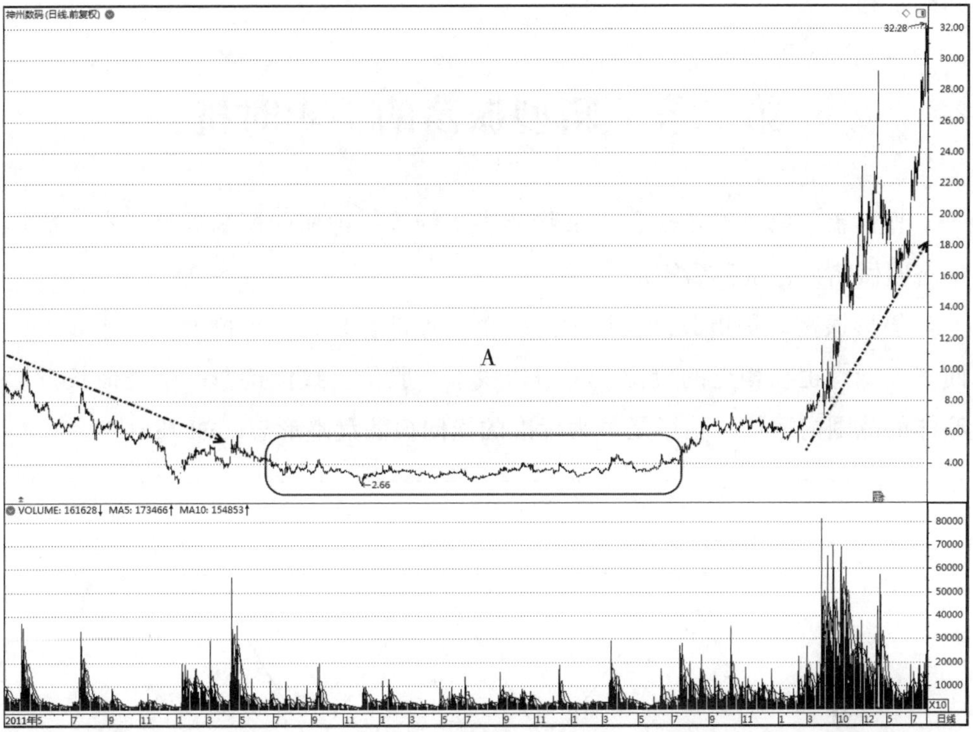

图 5-3

A 点的横向振荡盘整趋势，其主要的技术意义在于构筑底部结构。图中可以看到，成交量并不是一直处于常量或缩减的态势，而是不断随着股价波动进行放大—缩小的变化，说明有资金正耐心地在股价折返振荡中吸纳筹码。

这个过程越长，低位筹码吸纳越是彻底。如果建仓吸筹的资金在底部就完成了相关建仓任务，那么股价在之后的拉升过程中就会极为顺畅，因为主力资金达到了自身需要的控盘仓位。这就是“横有多长，竖有多高”的真正含义。

通过以上分析讲解，相信交易者已经大致明白了“久盘必跌”和“横有多长，竖有多高”之间的区别，以及二者具有的不同含义。这二者之间并没有什么技术意义上的矛盾，而仅仅具有部分相似的形态，当然就会有截然不同的走势。

第二节 箱型振荡的买卖时机

振荡盘整的种类不少，本节将要讲述的是一种横向振荡盘整形态。这种形态叫做箱型，也称为矩形。

箱形振荡，是指股价运行中的多个高点都在相近的价位上（上边线），而多个低点也在相近的价位上（下边线），股价大致保持在一个类似长方形箱体的范围内运行。箱形是最为标准的横向振荡盘整形态，如图 5-4。

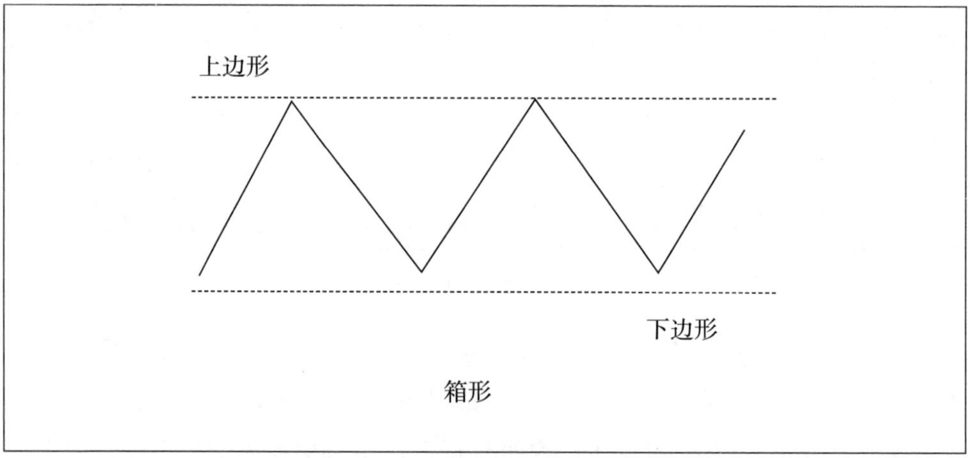

图 5-4

一、箱形振荡的性质判断

箱形振荡是一个突破方向并不明确的形态，判断箱形突破方向，技术环境分析是重中之重。

其一，在股价整体涨幅或跌幅较大的基础上出现的箱形振荡形态，其最后突破形成趋势性反转的可能性较大，这时的箱形振荡是作为一种单独趋势存在的。

其二，在股价整体涨跌幅较小的情况下出现箱形整理，则多为趋势运行中的休整形态，这时的箱形振荡则是上升或下降趋势的中继或延伸形态。

其三，时间因素上，箱形本身维持的时间越长，其成为趋势性反转的几率越大。

第一种情况比较容易判别，也是多数个股长时间下跌后有资金开始建仓的形态模式之一。如图 5-5 所示，该股长时间下跌后于 A 点构筑箱形振荡，这个箱形维持时间近 1 年，基本满足主力建仓的要求，之后股价出现趋势性反转。图中的箱形即为独立的横向盘整趋势，而不是下跌趋势的延伸形态。

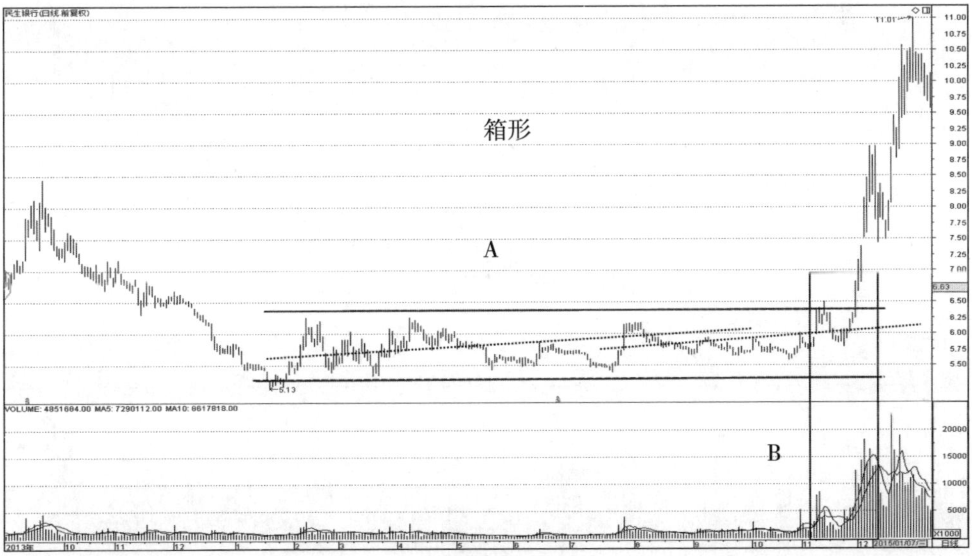

图 5-5

第二种情况比较复杂，作为上涨或下跌趋势中继或延伸形态的箱形，其表现形式具有一定的迷惑性，往往会导致交易者误以为之前的趋势将要终结。

如图 5-6 所示，该股处于上涨趋势形成的初期阶段，于 A 点构筑一个长达数月的箱形。在这个箱形构筑的过程中，必然会使很多人产生升势可能终结的忧虑。一些低位进仓的资金为保住胜利果实，会选择在这里兑现利润，以回避可能出现的大跌。但是，接下来的走势却出乎多数人的意料，股价向上突破箱形上边线，并迎来一轮幅度较大的升势。

图 5-6 中 A 点的箱形并不是一种独立趋势，仅是上升趋势的中继形态，其作用主要在于清理浮筹，垫高市场平均持仓成本，同时主力也能够在此期间通过反复操作降低自身成本，为之后的拉升做好资金和筹码等各方面的准备。

下跌趋势初中期的箱形，其技术意义也是一种中继形态，不再举例讲解。只不过主力的意图在于诱使更多的资金进场，以便于自己更快地兑现筹码。

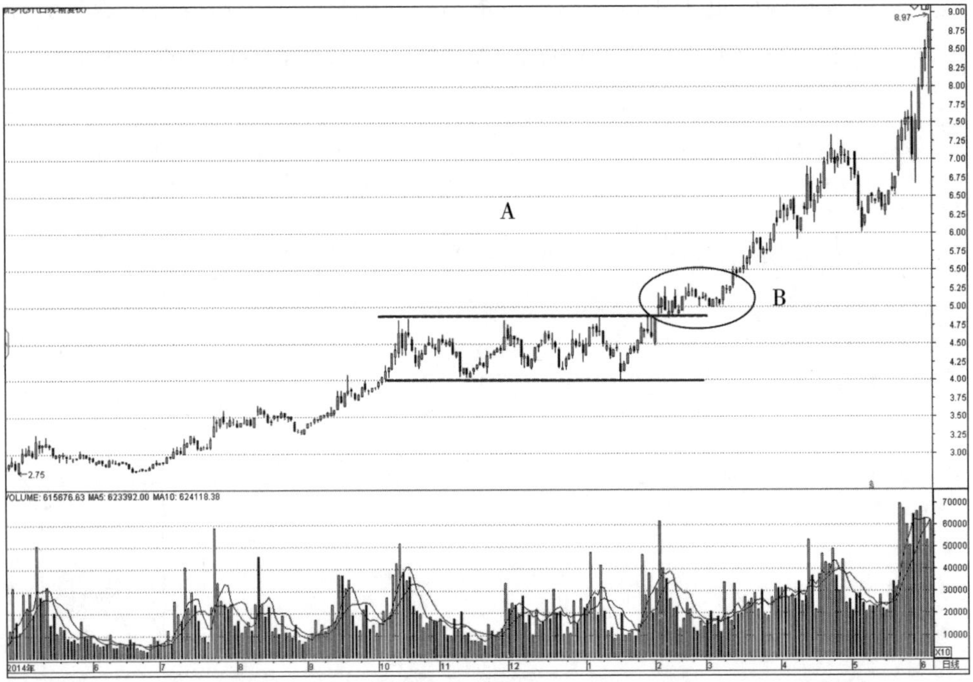

图 5-6

二、箱形振荡的买卖时机

在长期或大幅下跌之后出现箱形，价格突破箱形上边线的压力时，成交量会有一个明显的放量和聚量过程。放量和聚量的原因在于：主力资金经过长时间的建仓，原有的空间已经难以收集更多的筹码，或难以达到降低成本的目的，这时就需要更大的价格空间和更多的市场资金关注度，来配合完成接下来的任务。这也是个股由冷门逐渐走向热门的内在原因。

在这个阶段，股价突破箱形上边线后，有的直接进入拉升，有的会出现一个回抽上边线确认支撑的动作，如图 5-6 中 B 点所示，这里也是交易者不错的介入点位。

个别操作风格凶悍的主力，还会采取一个跌入箱形内部“挖坑”后再拉起的动作，但这个动作多数持续时间极短，因为主力不会随意让低价筹码流失。如图 5-5 中 B 点所示，交易者可根据重心线的提示适时介入。

如果实战中出现股价跌入箱形内部，成交放量而股价不迅速拉起的情况，那么大多数只能是假突破或突破失败的结局。

在长期或大幅上涨之后出现箱形振荡，很少会形成独立趋势，多数为涨势的延伸形态。出现这种延伸形态，意味着涨势虽然仍在继续，但已经动能不足，交易者必须警惕股价可能见顶回落。

如图 5-7 中 A 点所示的箱形振荡，股价最终跌破箱形下边线，进入到下跌趋势中。在股价构筑箱形振荡的过程中，交易者可以借用重心线和趋势线来预判股价的走势。

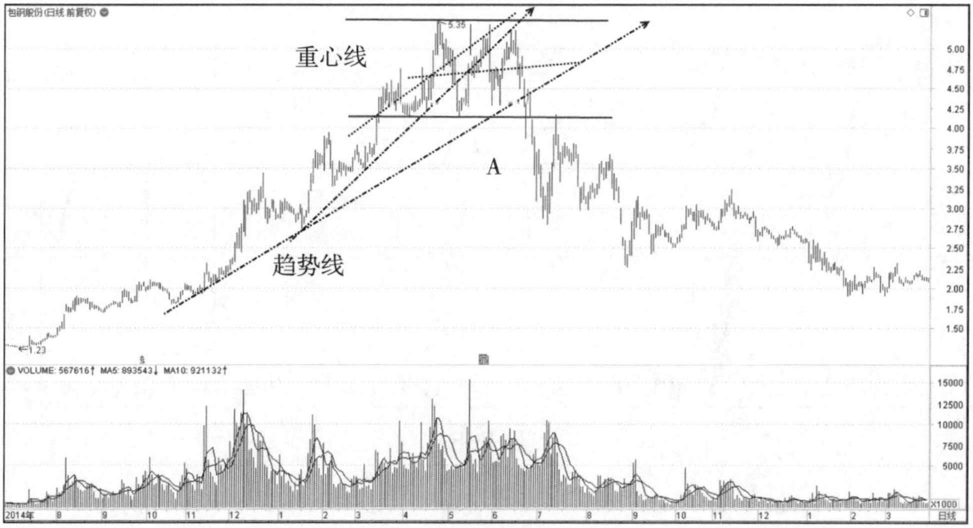

图 5-7

图中标示的重心线和变轨，反映出股价由强转弱的态势；趋势线和变轨反映出股价一步步向下运行，是卖出信号。当最后一道屏障，即股价跌破箱形下边线而不能迅速收复时，交易者应当选择卖出避险。

当个股在跌势中途构筑箱形盘整形态时，有部分个股跌破下边线后会出现一个向上反抽的动作。如图 5-8 所示，该股构筑箱形盘整形态，于 A 点跌破箱形下边线，跌破下边线当日成交略有放大，之后成交量基本保持常量和缩量的状态。跌破下边线后，该股出现一个向上反抽箱形下边线的弱反弹，对于这种触及下边线就踟蹰不前的弱反弹，不仅不具有参与价值，还应该是持仓者借机减仓的最后时机。

如果价格前期经过长期、大幅下跌，构筑箱形后再次跌破箱形下边线，但很快跌幅收窄，并迅速收复下边线，同时成交量明显强于构筑箱形期间的常量，则极有可能是主力制造的空头陷阱，后市看涨。

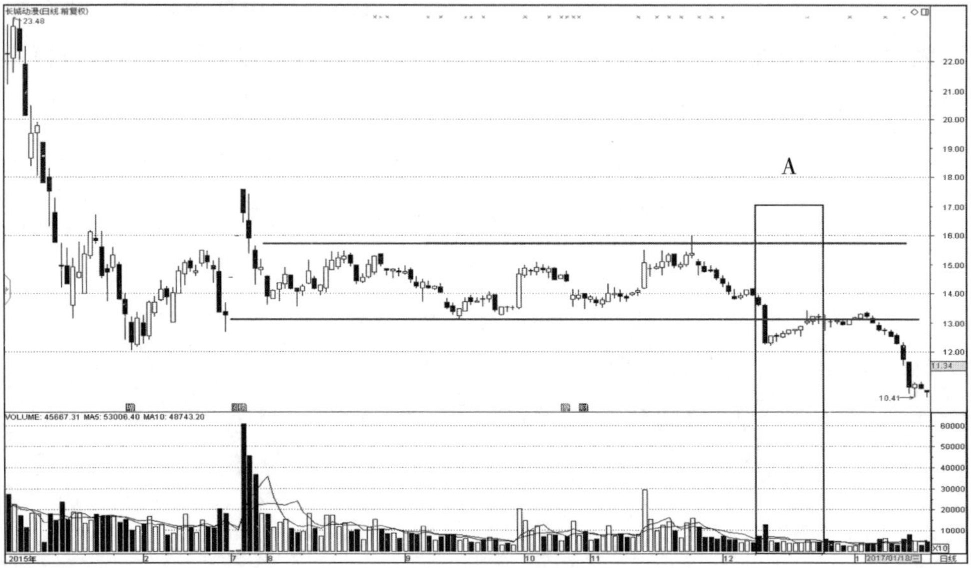

图 5-8

第三节　旗形振荡的买卖时机

振荡盘整形态并不都像箱形那样呈相对标准的横向波动，更多的振荡盘整形态在运行过程中具有一定的倾角，或价格高点之间、低点之间也并不在相近的价位。但有一点是相同的，振荡盘整形态改变了之前原有的趋势运行方向。

旗形振荡是指价格运行中的多个高点和多个低点之间，形成一个向上或向下的平行通道，因其图形像一面展开的旗帜，故称之为旗形。旗形分为上升旗形和下降旗形。旗形为上涨或下跌趋势的延伸或中继形态，当然，失败的旗形形态则转化为上涨或下跌趋势。

关于旗形形态的制图或标示法，主要有两点，一是选择两个重要高点连线，两个重要的低点连线；二是如果没有第二个重要高点或低点，则选择重要点位画一条和高点或低点连线平行的直线。

一、上升旗形和买卖时机

上升旗形是价格在上升趋势中出现一波回调整理，如果将其回调整理中的多个反弹高点相连（上边线），将多个下跌低点相连（下边线），则形成上下两条线平行的下行通道，即为上升旗形。如图 5-9 所示。

上升旗形是上涨趋势的中继形态，上升旗形回落调整的目的主要是主力震仓洗盘、提高市场持仓成本等方面的需要，调整完毕后，价格仍将回到原有的上升趋势中运行。

如图 5-10 所示，该股在上升趋势运行过程中，A 点构筑了一个上升旗形振荡形态，股价完成调整成功突破上边线后，回归到上升趋势中继续运行。

上升旗形的振荡调整在实战中非常常见。相对原有的上升趋势而言，上升旗形向下运行的倾角会有较多的变化，有的角度较陡，有的则较为平缓，这和主力需要借此达到什么样的目的有关。

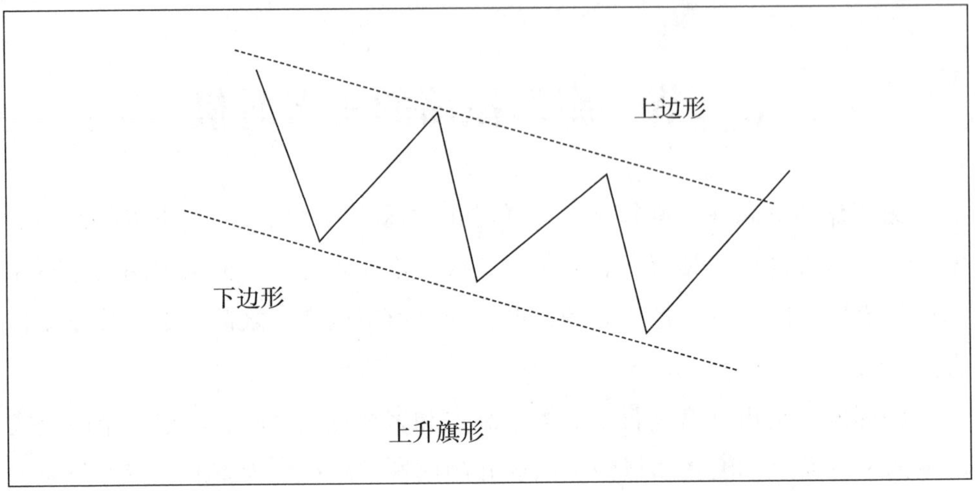

图 5-9

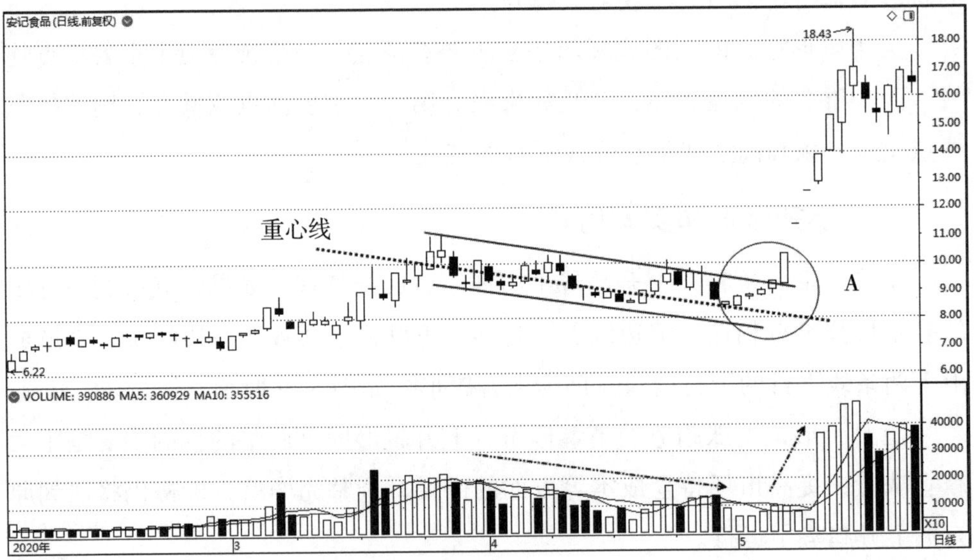

图 5-10

比如，主力意图借此来清洗浮筹，那么一个向下倾角陡峭的上升旗形所制造的恐慌气氛，就完全可以将大批浮筹压榨出局。如果主力意在借机降低成本，同时吸引更多资金关注，那么一个向下倾角平缓的上升旗形就比较符合要求。

在上升旗形的构筑阶段，成交量呈现递减的状态；但在突破旗形上边线时，成交量应当明显放大，否则有可能走出失败形态（如图 5-10 中标示处）。

上升旗形走出失败形态，意味着调整级别加大或原有趋势反转。

有的理论认为，判别上升旗形可能走出失败形态的关键是时间因素。诚然，构筑上升旗形的时间过久，本身就已经失去了成为上升旗形的可能性。但机械地定义一个上升旗形为几天，而不考虑其他技术因素，则形同按图索骥，刻舟求剑，并不能给予实战更多有益的参考。

理解一个技术图形最好的办法，应该是从图形的本质属性着手。

以上升旗形为例，如果认定上升旗形是上升趋势的延伸（中继）形态，那么其中所有形式的回落都不会过度偏离趋势本身。

具体而言，上升旗形的下边线不会轻易跌破，即使跌破也会迅速收复。同时，股价运行的重心在上升旗形构筑的尾声阶段，会悄然走平或上行，为即将到来的向上突破提供必要的助力。如图 5-10 中 A 点所示，股价就是在重心线上得到支撑并由此开始突破上边线，重新开启上涨行情的，A 点也就是交易者比较理想的介入点位。

反之，股价向下偏离运行重心线，纠结于下边线上下，而时间超过 20 个交易日，则是走出失败形态的高危信号。

二、下降旗形和买卖时机

下降旗形是指价格在下跌趋势中出现一波反弹，如果将反弹中的多个高点相连（上边线），将多个低点相连（下边线），则形成上下两条线平行的上行通道，即为下降旗形。如图 5-11。

下降旗形是下跌趋势的中继形态，价格反弹完毕后，仍将回到原有的下跌趋势中。当下跌趋势运行一段时间后，和上涨趋势一样，同样需要一个休整的过程，来累积继续下跌的动力，下降旗形就是这样一个行情休整和累积下跌动力的形态。

实战中，下降旗形以价格反弹的形式展开和构筑，其时间因素上和上升旗形类似，而主力的目的则是借助反弹不断地择机减仓。通常来说，下降旗形运行接近尾声阶段时，主力会制造虚假的向上突破等走势，用以迷惑交易者，吸引尽可能多的资金进场接盘。

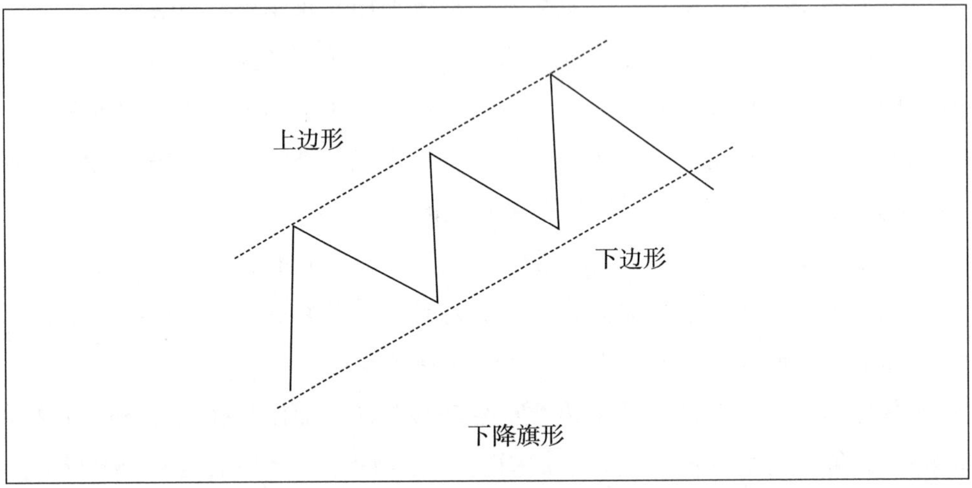

图 5-11

虚假突破是主力惯用的结束下降旗形的手法，即先制造价格向上放量突破上边线的假象，而后突然下杀到下边线，继而结束下降旗形的构筑，价格继续回归到下降趋势。

如图 5-12 所示，该股运行于下跌趋势中，股价出现反弹并构筑了一个下降旗形振荡形态。A 点股价放量上冲上边线无功而返，股价随后跌破重心线和下边线，并重新回归到下跌趋势中。股价以重心线偏下、靠近下边线的位置运行，是下降旗形的显著特征。交易者应当及早做好减仓准备，不要等到跌破下边线。看到股价放量却不能突破上边线，就应抓住时机卖出。

在下降旗形尾声阶段，最容易出现放量现象的就是如图 5-12 所示的情况。股价在上边线附近，成交出现变量形态，这个变量的值有时会达到下降旗形运行阶段常量的数倍；量能过度放大，而股价却不涨反跌，就意味着下降旗形到了终结的时候。

下降旗形和上升旗形一样，同样也会走出失败形态，即价格发生趋势上的转化，由下跌趋势转化为上涨趋势。在这个过程中，价格突破并能够站稳上边线，随后价格重心不再跌落到下降旗形的腹地，并能持续保持稳定的升势，这是判别下降旗形走出失败形态的基本要素。

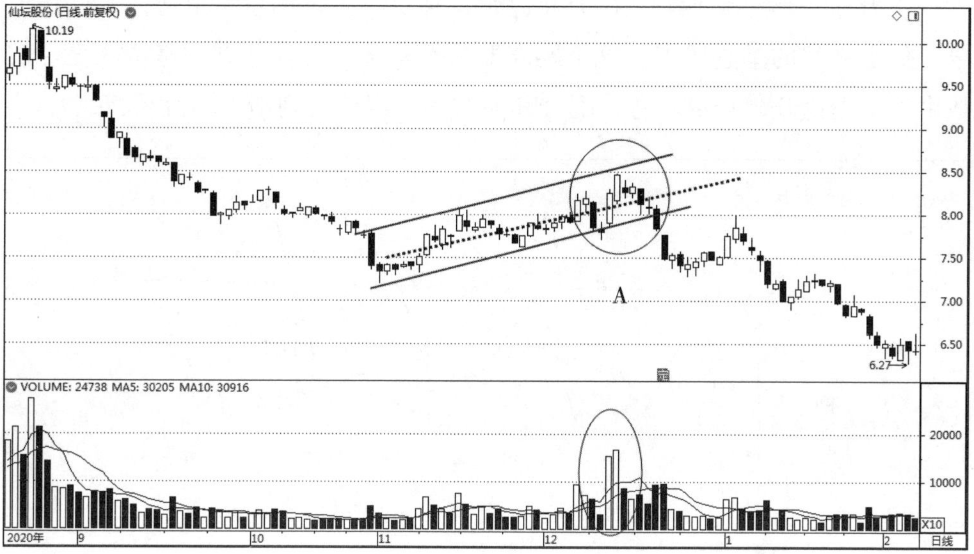

图 5-12

第四节　三角形振荡的买卖时机

三角形也是振荡盘整形态的一个重要组成部分，它和箱形、旗形分别代表股价不同振荡盘整的波动形式。在趋势上，三角形形态和箱形有些近似，即有时是趋势的延伸或中继形态，有时却是独立的趋势运行形态。三角形作为独立的趋势运行形态，在实战中相对较少出现，多数情况下容易被箱形包容和替代。

三角形盘整形态可细分为三种：上升三角形、下降三角形和对称三角形（收缩、扩散）。

一、上升三角形

上升三角形是指价格每次涨升到大致相同的价位附近时就发生回落，而每次回落的低点却在逐步上移，价格的波幅渐渐收窄，从形态上看类似一个水平边线在上的三角形。如图 5-13 所示。

上升三角形有个理论上的升幅测量，即从三角形的水平上边线到三角形第一低点之间的垂直距离，这个距离即为价格未来可能达到的基本高度。实战中这个理论升幅只可参考，配合其他技术因素综合判断，不宜呆板执行。

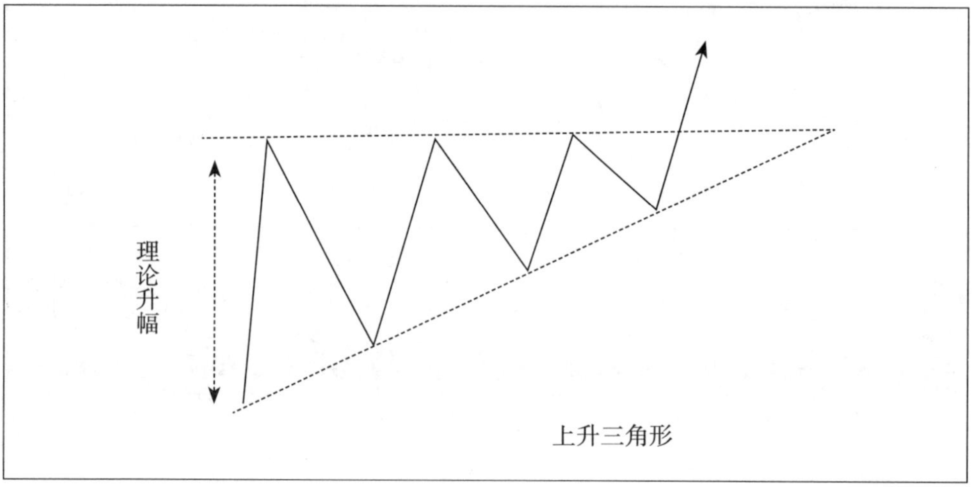

图 5-13

研判上升三角形，首先必须注重技术环境，在上涨趋势中出现的上升三角形向上突破的概率较高。在下跌趋势中出现上升三角形，大概率会走出失败形态，即振荡后多会选择下跌，这也是主力诱多的一种常见手法。

上升三角形的构筑原理主要是：股价涨势达到一定阶段后，其延续上涨的可能性并不为持仓者认可，所以当价格涨到一定高点，便有持仓者开始卖出，价格随之出现回落。价格并未跌破上一低点就再次出现反弹，反弹到前高点附近时价格再次发生回落，并由此形成规律，即价格到达此价位就会下跌。

多数持仓者对这一规律产生共识，并在下次价格反弹到临近价位时加入到卖出的队伍中。而试图高卖低买做差价的短线交易者会发现，卖出后想在前低点之下再补回仓位是不可能的，因为低点在抬高，所以要不就放弃补回仓位的打算，要不就只能提高买入价。

随着低点不断抬高，波幅渐渐缩小，价格接近前高附近时，抛盘已经极其微弱。之前卖出未回补的交易者恐高不敢买，已经加价补回仓位的交易者，在目前价格并无多少利润，所以多数人会采取观望态度。在大多数人的等待和观望中，价格却打破之前的规律，突然发力向上涨升。

对于上升三角形来说，价格并不是必须运行至三角形末端才会向上突破，越早向上突破上边线，股价上涨的动力越足。如果迟迟不能突破，过长时间的延宕，有可能走出失败形态。

如图 5-14 中 A 点所示，该股上升途中出现盘整走势，构筑了一个水平线在上的上升三角形形态。在构筑上升三角形的盘整振荡期间，股价逐渐向上偏离重心线，而不再回落到重心线之下时，交易者可以买入埋伏。当股价向上突破上边线并不再回破这条线时，是另一个重要买点。

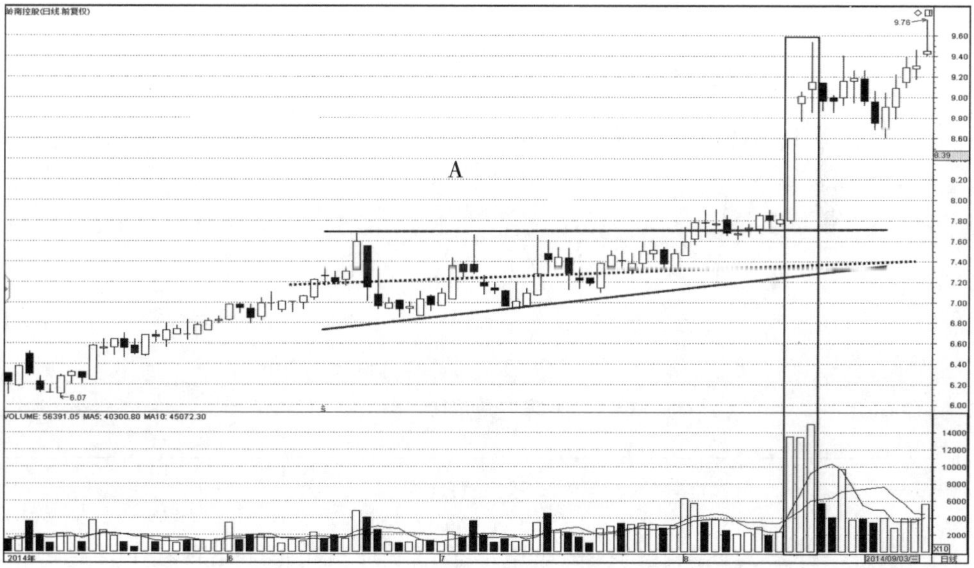

图 5-14

通常，当价格运行到上升三角形上边线 2/3 左右的位置后，向上攻击上边线的几率非常大。成功突破（回落不破）后的上边线，将会成为股价的强支撑点位。

突破上升三角形上边线时，一般都会出现较大的成交量，如图 5-14 中标示。突破后成交量即使缩小，也应整体大于突破前的常量，并在一段时间内稳定在相应的水平，否则可能成为假突破。

二、下降三角形

下降三角形是指股价在下跌过程中，每次下跌到某个价位附近时就会得到支撑并开始反弹，但是反弹的高点却在渐次下移，股价波幅渐渐收窄，从形态上看类似一个水平边线在下的三角形。如图 5-15 所示。

下降三角形和上升三角形一样，也有一个理论幅度测量，不过下降三角形是理论跌幅测量，即从三角形的水平下边线到三角形第一高点之间的垂直距离，这个距离即为价格未来可能达到的基本跌幅。

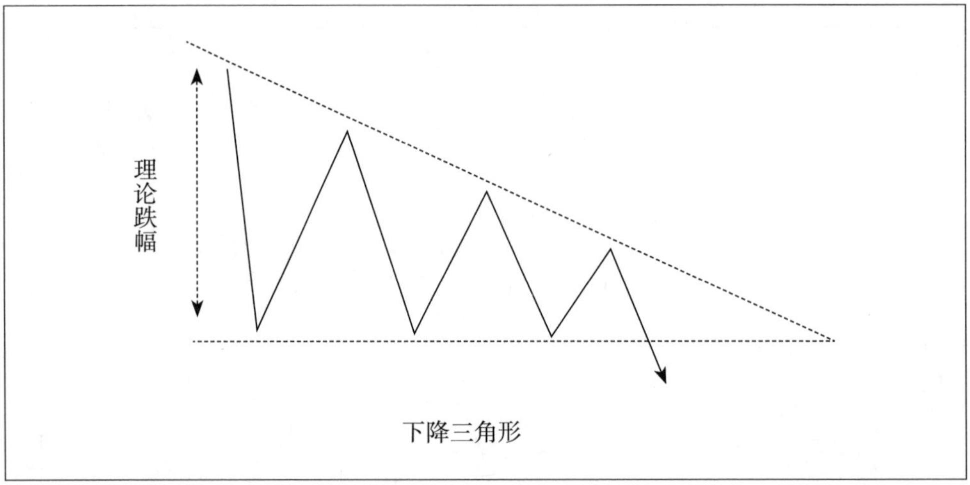

图 5-15

作为一种颇具迷惑性的振荡盘整形态，下降三角形多出现在下降趋势中的反弹阶段。在价格反弹到一定程度后，出现这种盘整和波动，既合理，也容易为市场所接受。大多数交易者总是会一厢情愿地认为，股价振荡盘整过后，继续上涨是必然的走势，而博弈的对手却总是践踏着这种“合乎情理”

的思维，冷不丁给你一闷棍。

下降三角形的水平下边线在构筑形态过程中对于价格起到的支撑作用，会给持仓者带来稳定持有的信心；这个水平下边线，每一次都能使下跌至此的股价产生反弹，给试图介入的资金一种规律性的暗示。发现规律就等于发掘到了财富，无疑会使场外资金迅速凝聚买入欲望，这就是下降三角形的构筑原理。

和上升三角形一样，股价运行到下降三角形下边线 2/3 左右的位置后，向下攻击下边线的几率很大，被成功突破后的下边线，将成为价格的强压制位。下降三角形突破下边线并不需要放量，这一点和上升三角形向上突破上边线时的量能表现有所区别。

如图 5–16 中 A 点所示，该股在下降三角形下边线 2/3 左右的位置，发生向下攻击并成功突破下边线，之后股价略有反抽便进入到下跌趋势之中。

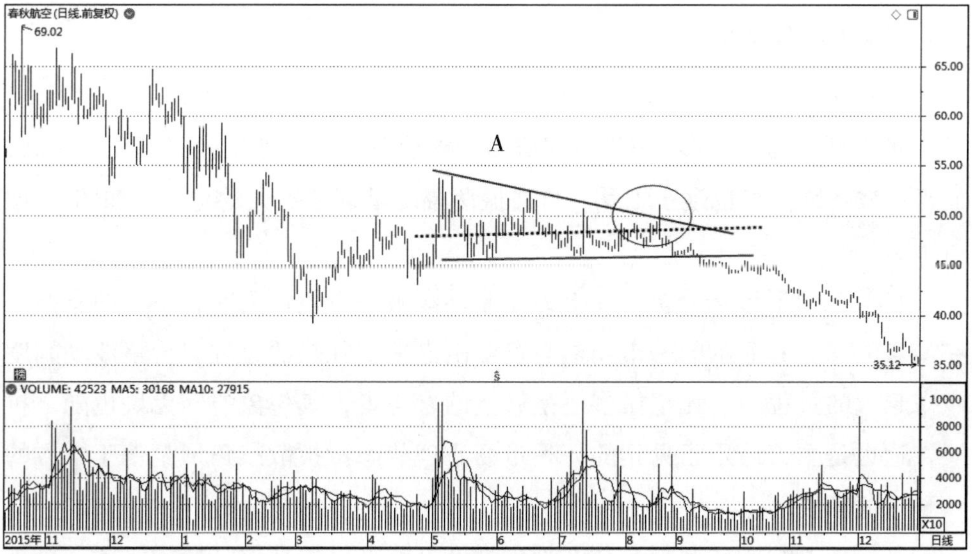

图 5–16

图中 A 点的标示处可以看到，股价在下破下边线之前，先有一个冲高的动作，这个向上的假突破（或称为假失败形态）最是害人，很多短线交易者就是被这种上冲所迷惑，追高而被套在高点上。

其实运用重心线就可以破解迷局。如图 5-16 所示，当股价试图突破上边线而遇阻回落时，正处于重心线上。一个准备强势向上突破的涨势，不可能迅速回落到重心线下方，否则何谈强势？做不到这一点，就说明涨势本身存在问题，而存在隐患的涨势不值得买入。当股价迅速向下偏离重心线时，交易者就应该开始减仓，打破下边线不能迅速回收时，则是交易者继续减仓并放弃股价上涨幻想的时候。

需要强调一点，当一个图形（比如下降三角形）定义为看跌图形，其可能走出失败形态（向上突破）时，必须等待形态上的确认。追涨在操作纪律上应是禁止的，除非你有严格的止损保护。

三、对称三角形

对称三角形是指当股价处于振荡盘整阶段时，其振荡的高点和低点形成对称性收缩或扩散的态势，因此对称三角形又可分为两种：扩散型对称三角形和收缩型对称三角形。

1. 扩散型对称三角形

扩散型对称三角形，即价格在振荡盘整阶段的每一波反弹高点逐步抬高，而每一波下跌低点也逐步下移，价格振荡幅度呈逐渐扩大的趋向。如图 5-17 所示。

扩散三角形形态分析：在上方压制逐渐被一点点攻克时，下方的支撑也在步步失守，其显示的是市场参与资金由谨慎到狂热的过程。价格波动幅度越来越大的过程中，无论做多还是做空的参与者，其想象空间无疑也随之扩展，这也是主力最乐于见到的一种市场心理状态。扩散三角形是偏于空方的一种振荡盘整形态。

如图 5-18 中 A 点所示，该股在股价上涨之后的高位区域构筑了一个扩散型对称三角形。从图中标示处的成交量柱状图可以看到，成交量相较前期出现激增，而股价在大幅振荡中却再也难以攀登高峰，随后量缩价跌，该股最终向下突破。

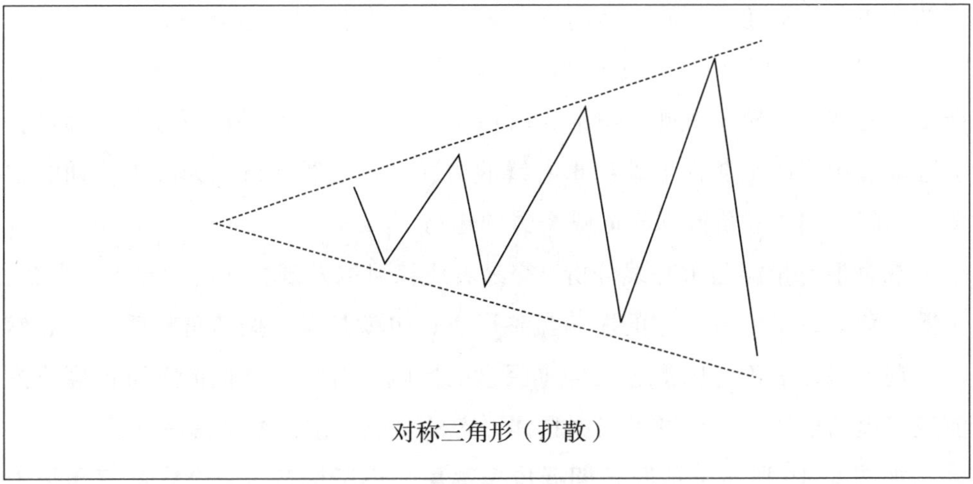

图 5-17

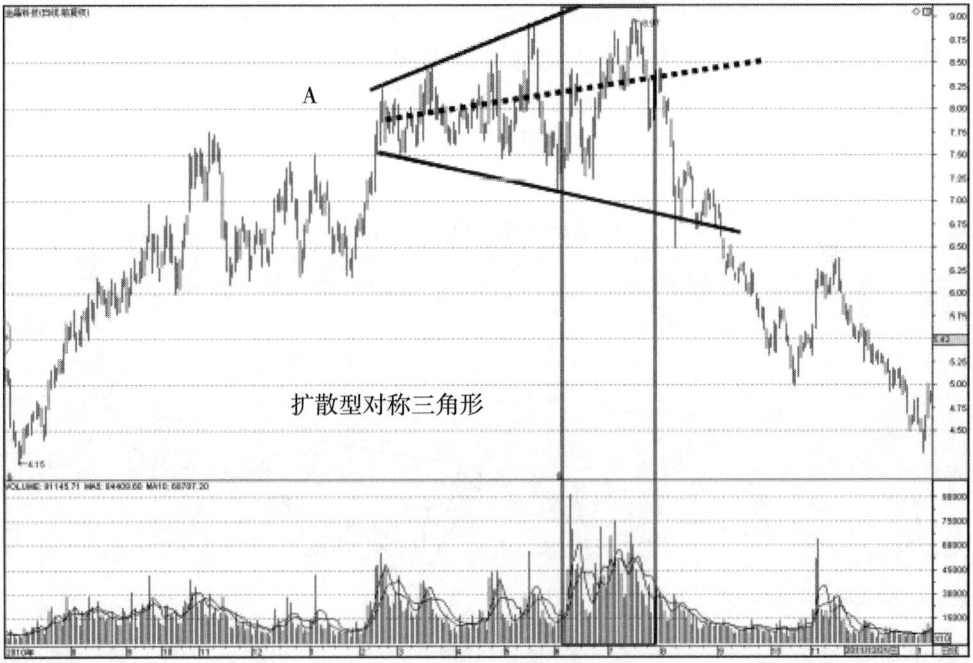

图 5-18

在扩散三角形构筑过程中，量能的突然激增应引起重视，其一方面预示着股价将加大振荡幅度，另一方面也告诉持仓者，如果量能不能持续保持目前的态势，价格随时可能发生向下突破，下跌并不需要过多的成交量。

同时，根据重心线与股价之间的偏离关系，交易者也可以分析出股价可能出现的波动方向与轨迹。如图 5-18 所示，股价运行到扩散三角形的中后期，会逐渐显示出越来越向下偏离重心线的情况，重心线不再成为股价波动的中轨，也就说明了股价倾向于向哪个方向运行。

综合形态量能与重心线分析，交易者应该可以发现合适的卖出点。当然，扩散三角形只是一种偏空的振荡盘整形态，也就是说，振荡盘整后并不必然都出现下跌，只不过因形态延伸等因素的影响，容易为其他形态所包容或提前发出提示信号。交易者可很据具体形态的量能、重心线来具体分析。

如图 5-19 所示，该股长期低位振荡后，逐渐构筑了一个扩散三角形，随着股价运行重心逐步上行，该股最终向上突破。我们可以发现扩散三角形构筑的底部，一是时间上较为漫长，形态上容易出现变化；二是在其构筑过程中，可以通过其他技术图形界定底部的形成，如图中标示的双底形态等。

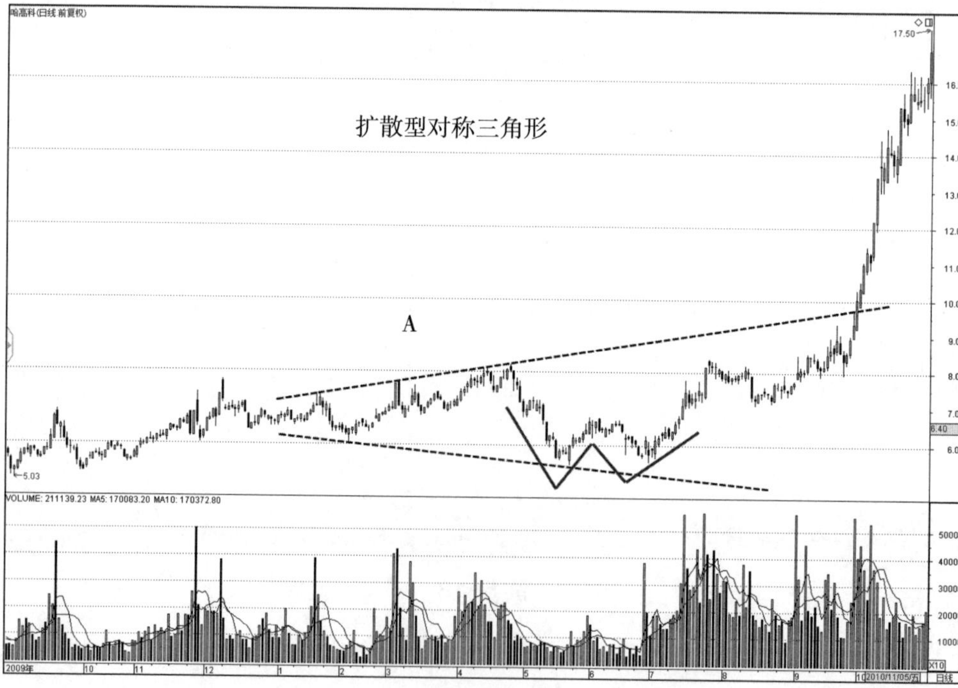

图 5-19

在价格高位区域出现扩散三角形，是一种利于空方的盘整形态，在下跌趋势中途出现这种形态，往往也会成为空方的利器。

如图 5-20 所示，该股经过一段时间且较大幅度的下跌之后，在 A 点构筑了一个扩散三角形的盘整形态。随着股价振荡幅度的扩大，激增的成交量难以保持稳定的状态。当股价偏离运行重心开始下行，量缩价跌的盘面就意味着扩散型对称三角形盘整形态结束，价格开始向下突破。

有些时候盘面上其他技术因素尚未发出提示信号时，根据股价与重心线之间的偏离度，也可预估可能出现的走势。还是图 5-20 中，圆圈标示处是股价反弹至重心线时的情况：当股价触及重心线不能继续上升，而是再次转入下跌时，则意味着原运行重心的方向可能会向下发生改变，即使是惯性下行，也会让股价跌上一段时间。交易者应在第一时间减仓操作。

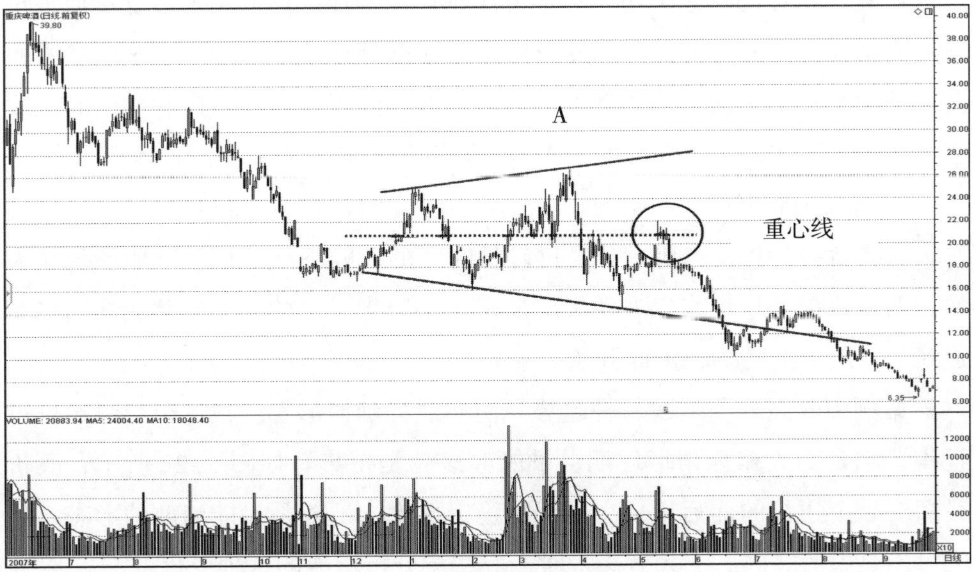

图 5-20

2. 收缩型对称三角形

收缩型对称三角形，即价格在振荡盘整阶段的每一波反弹高点逐渐下移，而每一波下跌低点却逐步抬高，价格振荡幅度呈逐渐收窄的趋向。如图 5-21 所示。

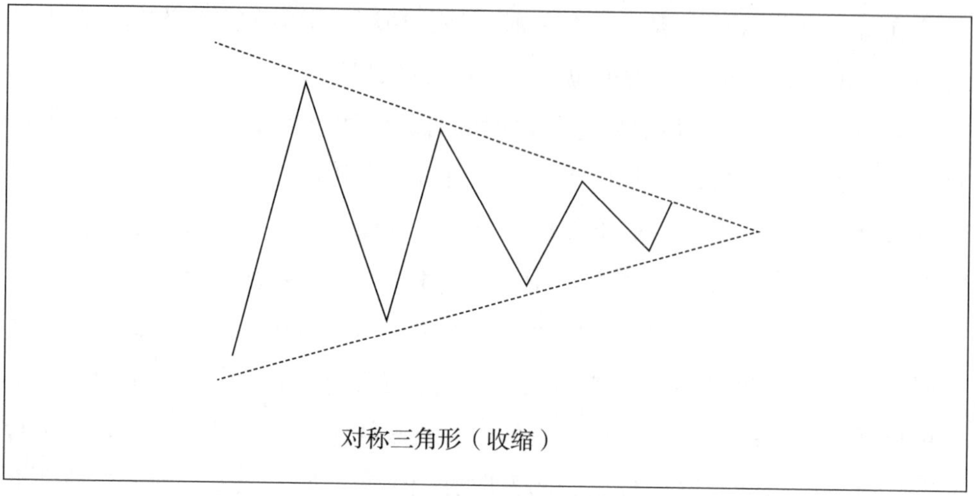

图 5-21

收缩三角形的形态分析：在上方压制逐渐增加的同时，下方支撑似乎也在不断增强，所显示的是市场参与资金由活跃到谨慎的过程。逐步从较大幅度振荡中平息下来的价格，越发证明多空双方到了最后亮出底牌的时间。收缩三角形在不考虑技术环境的基础上，是一种突破方向不明的技术形态。

收缩三角形出现在不同的技术环境中，分别具有不同的含义。

如图 5-22 中 A 点所示，经过较长时间的大幅下跌之后，该股股价从大幅振荡中逐渐平息下来，波动幅度越来越小。当股价放量突破并成功站稳上边线后，趋势的转折也由此开始。

案例中收缩三角形是一种趋势，而非跌势延伸形态。在这个趋势运行过程中，越是到收缩三角形后期，量能应该越是密集。如图 5-22 所示，股价最后突破上边线的前后，成交量保持稳定放大，不能是量能消散的形态，否则可能是虚假突破。交易者买入时，应注意分析量能的这种变化。

交易者在寻找买卖时机时，也可以同时观测重心线与股价之间的变化关系，如图 5-22 中以涨波为参照点，绘制出一条重心线，股价最后蓄势突破三角形上边线时稳定于重心线之上，结合量能等技术指标，交易者应该能够找到合适的买点。

图 5-22

当收缩三角形出现在大幅上涨后的高位区域，则是一种高危卖出提示信号。在价格高位区域，随着价格波动，振荡幅度的逐渐萎缩，多空之间已经不太可能继续维持激烈争斗的局面，一方主导的格局很快就会到来。

如图 5-23 中 A 点所示，股价运行至收缩三角形的尾声阶段时，先是出现一个向上的假突破，然后以自由落体般的下跌宣告下跌阶段的到来。

从资金逃逸与回归的角度来说，收缩三角形出现在价格高位区域，是主力利用大幅振荡逐步完成最后阶段出货或减仓任务后，股价不再受到资金的刻意维护，随后便进入到下跌趋势中。

交易者可以以跌波为参照点绘制重心线，当股价跌破重心线和下边线时，就是发出了高危卖出信号，应该及时减仓避险。

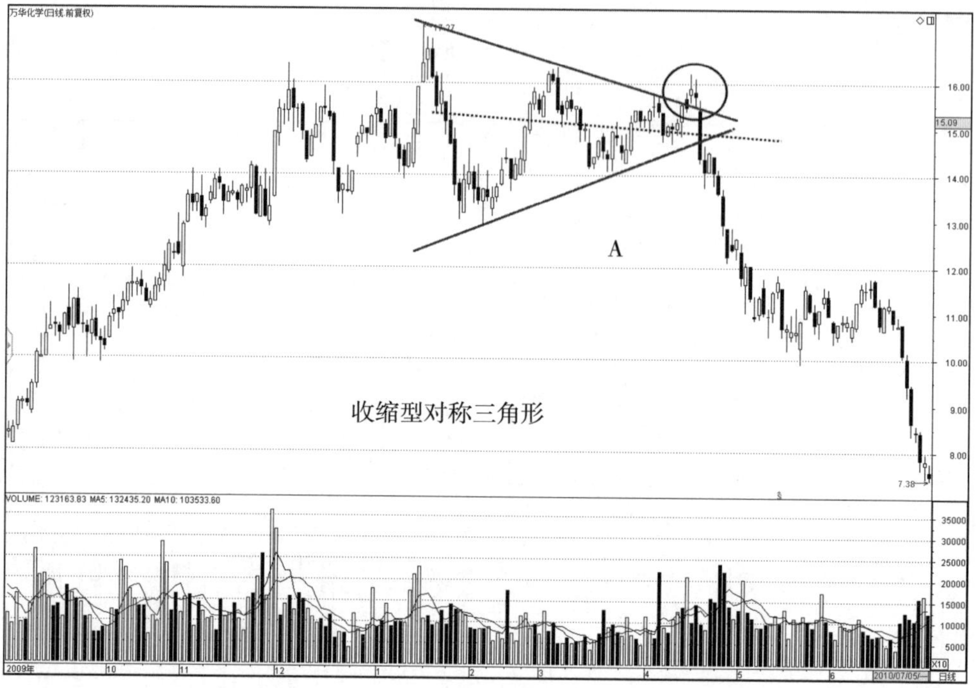
万华化学(日线,前复权)
A
收缩型对称三角形
VOLUME: 123163.83 MA5: 132435.20 MA10: 103533.60
16.00
15.00
14.00
13.00
12.00
11.00
10.00
9.00
8.00
7.38
35000
30000
25000
20000
15000
10000
5000
2009年
10
11
12
1
2
3
4
5
6
2010/07/05
日线

图 5-23

第六章

底部趋势反转和运行重心实战研判

股价的波动变化如同山峦起伏，有峰顶也有谷底。股价有见高点而下跌的时候，也会有见低点而上涨的时候，起伏俯仰之间，考验的是参与者的定力和技术。

股价下跌，终会有止跌回升的那一刻。这个止跌回升的点，一般称为底部低点。股价底部不但是空仓者想要的买入点，也是被套的持仓者渴望的补仓点。但是，底部低点并不容易把握，有时候所谓的低点，仅仅是股价下跌途中的短暂休整，之后仍旧会继续大幅下跌。

真正的底部不会是一个点，而是某个价位区域。也就是说，交易者不必为错失某一个股价低点而惋惜，如果能够判别底部的存在，那么稍晚一些进场买入，并不会大幅影响最终的赢利结果。

发现底部，需要确认的是何种级别的底部，不同技术环境下的所谓底部，后期升势和持续时间有天壤之别，比如长时间或大幅下跌之后，在价格低位构筑的具有趋势扭转意义的底部和短期超跌形成的底部等。辨明这种区别，有利于交易者选择不同的交易策略和操作手法。

本章主要就各种底部形态与股价运行重心分析相结合进行实战讲解，用意在于让交易者能够从中体会到判别底部的一些技术要点。

第一节　尖底构成和买入时机

尖底是指在下跌过程中，价格以陡峭的角度向下快速跌落，达到某一低点后又突然逆转而上，以相似的速度和角度开始上升。因价格由急跌迅速转化为急升，运行角度像英文字母 V，所以也称为 V 型底。如图 6-1 所示。

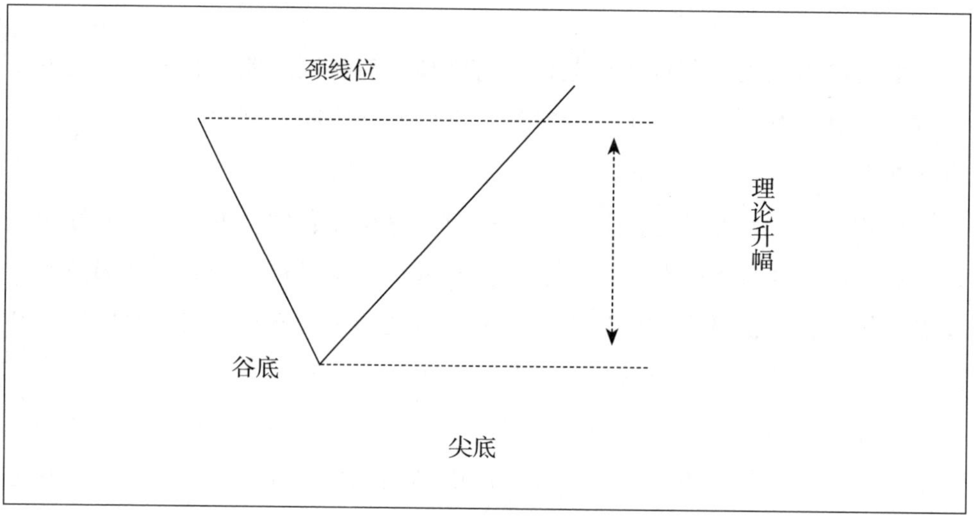

图 6-1

尖底理论上的升幅测量，即尖底起点和谷底之间的距离。理论上认为，尖底成立后的基本升幅，可能不会小于尖底起点和谷底之间的距离。尖底的起点，是指最后一波急跌开始时的价位，这个价位也被称为颈线位。当价格突破颈线位并能够再续升势时，即认为价格底部成立。

如图 6-2 所示，该股运行于下跌趋势中，盘整过后出现一波角度陡峭的快速下跌，随后股价迎来了同样迅速的上涨。图中可见，股价在颈线位上下经过振荡确认支撑后继续升势。

对于波段交易者来说，图中 A 点股价突破颈线位后的振荡非常关键，因为正好借此观测股价下方是否存在支撑。突破颈线位后股价下跌时下方不存在支撑，这对于正在酝酿一波升势的个股来说，是不可能存在的。颈线位具有相应支撑，成交量适度配合，正是波段交易者的买点。

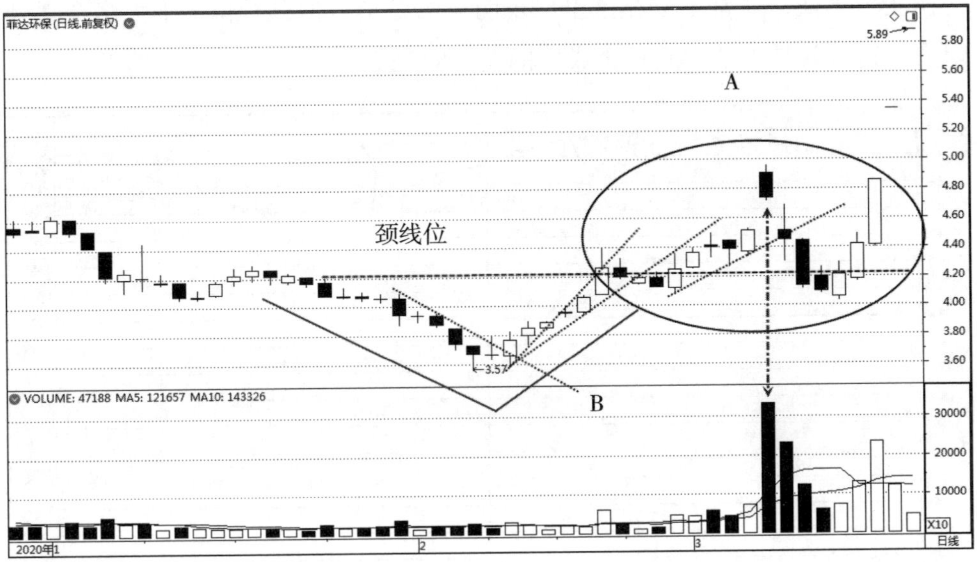

图 6-2

对于短线交易者来说，应该在尖底的谷底附近买入。比如，依据图中 B 点的重心线，股价突破向上，就可以通过分时图技术进行选择，或者追涨，或者盘中调整时低吸。但这种短线交易必须注意止损，一旦股价反弹乏力，即使亏损也要卖出。

当股价到达颈线位附近的振荡高点，就是短线交易者兑现利润的时候。图中标示了几条变轨的重心线，大致可以判断出相应的股价高点。就尖底形态来说，短线交易在颈线位附近，既有卖点也会再次发出买点提示，这是短线交易的特点——不参与盘整所决定的。

其实在这个案例中，短线交易者想要卖在反弹最高点附近，也是有机会的。因为图中那根高开低走的阴线具有典型的变量特征，比较明确地发出了短线卖出信号。可能有人会说，要是收盘才发现成交量是变量，怎么高价卖出？

图 6-3 就是当天的分时走势图，图中可见，成交量放大主要集中在上午，

交易者完全有机会识别变量，在股价相对高位做出卖出的决定。

尖底是价格的一次快速探底过程，时间大多极为短促，价格从跌到涨的转换较为迅捷，通常不会在这里出现明显的盘整。但颈线位上下大多会遇到阻力，这时就是验证尖底是否成立的关键时刻。

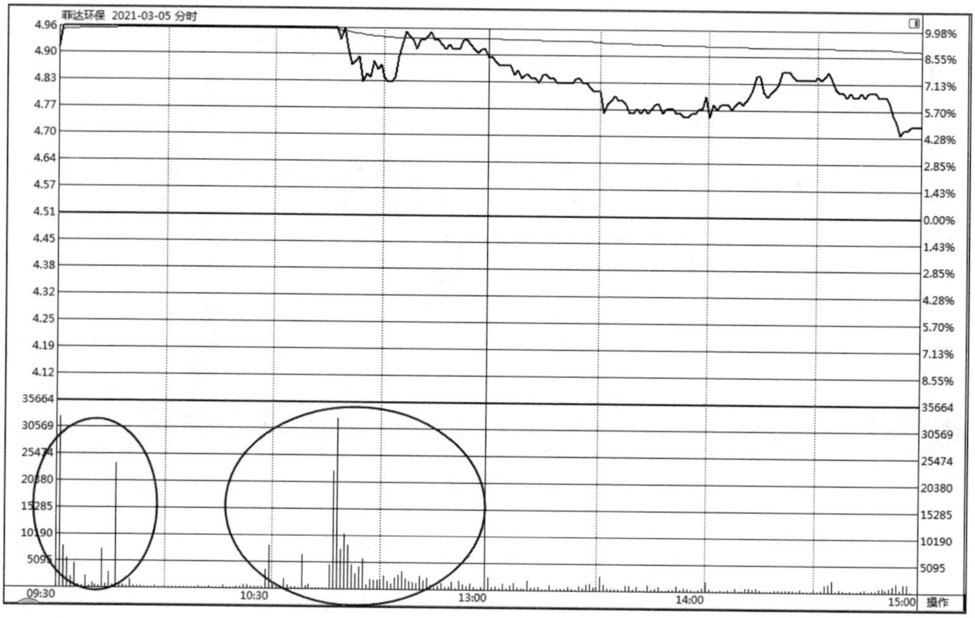

图 6-3

实战中也有一些案例，在构筑尖底并起涨后，股价突破颈线位时并无明显的盘整振荡，而是直接快速拉升。

如图 6-4 所示，该股构筑尖底起涨后，股价直接突破颈线位，并没有前一案例中股价反复确认颈线位的现象。这种走势的个股，多为主力资金筹码较为充沛，没有必要在相对低位反复振荡，或是短期热炒资金的快速炒作行为。交易者参与的话，只能依据特殊重心线来操作。

在尖底的整个构筑过程中，价格下探的部分，成交量一般都呈现缩量的态势，而在由跌转涨的过程中，成交量会出现温和放量和聚量的现象。有些个股在突破颈线位后，会出现回抽确认支撑的动作，这时的成交量可适度缩小，但要比下跌阶段的常量大。

图 6-4

突破颈线位后的升势或盘整走势中，成交量不能出现由聚量转化到量能消散的状态，否则很可能走出尖底失败形态，也就是多头陷阱。

如图 6-5 所示，该股构筑尖底形态，A 点处股价在颈线位附近遭遇压制并迟迟不能突破，成交量对比尖底构筑过程的量能，更是呈现量能消散的迹象，明显不支持股价进行关口突破。

此后的 B 点，股价再一次组织上冲颈线位，成交量虽然激增，但是却构成变量形态，而不是持续放大。量能上的后继无力，对一个突破在即的图形来说是致命缺陷，几乎预示着将走出一个失败形态。类似图形出现时，交易者应暂时放弃做多或控制仓位，以预防形态构筑失败的风险。

图中绘制了多条重心线，尤其是 A 点上，股价抵近颈线位，不能向上突破却跌破重心线，即为短线交易者发出了卖出信号。B 点也是相近的技术含义。

尖底在实战中有很多种变化，而且尖底构筑成功后的升幅、持续时间都不尽相同，交易者不可过度高估这种底部形态带来的赢利。

如图 6-6 所示，该股在下跌过程中有一个短暂的盘整，正是这个盘整使得尖底的颈线位出现变化。如果以这个盘整点为尖底的起点，则绘制出颈线位 1，如果以更高的下跌位为尖底的起点，则可以绘制出颈线位 2。

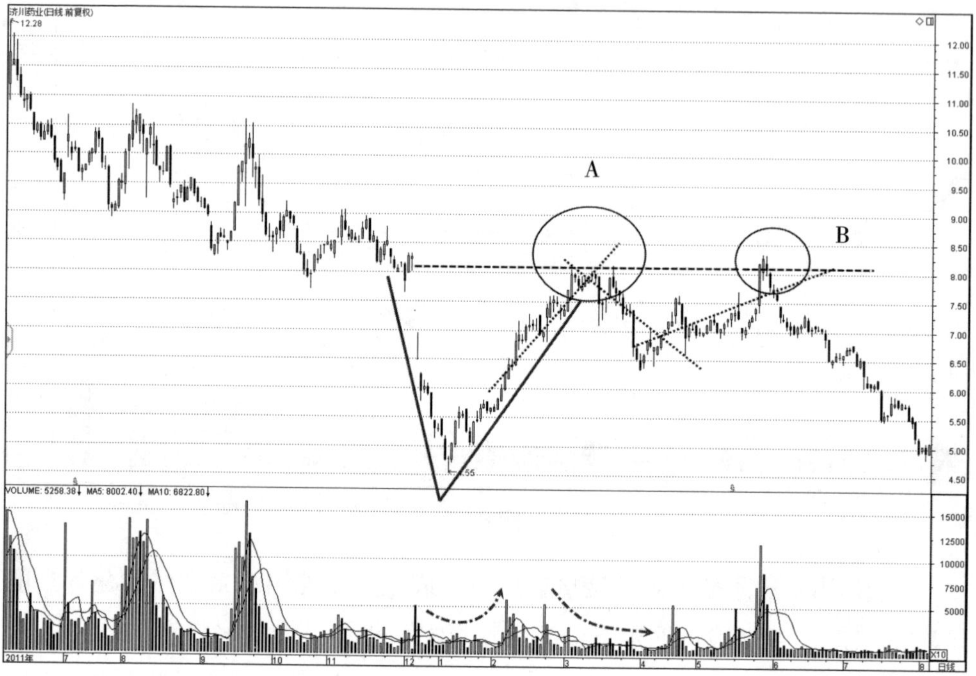

图 6-5

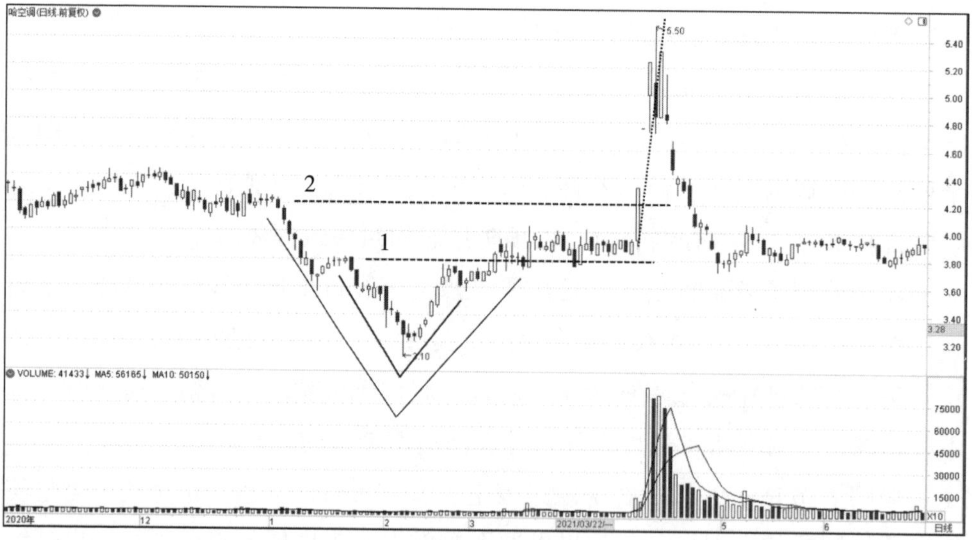

图 6-6

图中可以看到，尖底起涨后主要是在颈线位 1 附近开始盘整振荡，显示这个颈线位还是具有相应的研判价值，但随后股价的短期升幅远远大于尖底的理论升幅。如果以颈线位 2 为标准，则大致符合。

以案例中的具体情况来看，还是应该以颈线位 2 为主要的技术研判点，虽然股价主要在颈线位 1 的位置振荡，但颈线位 1 股价的振荡盘整过于短暂，只能作为辅助研判点。同时，实战中也不乏股价在尚未到达颈线位就开始振荡盘整的案例。

在这个案例中，还需要交易者重视一点，即股价突破颈线位 2 之后的升幅虽然达到标准，但是上涨的持续时间极为短暂，只有区区几个交易日，交易者只要稍微犹豫或有等待的念头，就有可能错失高点卖出的机会。把握高点卖出，交易者可依据重心线和成交变量技术来操作。

第二节　双底构成和买入时机

双底是指价格下跌到某一低点后转为上升，升至一定高位时再度出现下跌，这次下跌在前低点附近企稳，随后价格又转为上升并突破前一高点（颈线位），在颈线位之上得到支撑则突破有效，双底成立。双底也称为 W 底，如图 6-7 所示。

双底形态中，双谷之间的弹升高点称为颈线位，当价格突破颈线位后得到支撑，则突破有效，即认为价格底部成立。

双底的理论升幅测量，为颈线位至双谷底平均值之间的距离。理论上认为，双底成立后的基本升幅可能不会小于这个距离。双底的两个低点并不一定都在同一价位上，升幅测量时可取其平均值。

底部结构受到形态构筑的复杂程度、时间周期以及形态出现位置的影响，与之后的涨幅和持续时间具有重要的关联。

短期内在价格超跌过程中构筑的简单的底部形态，其升幅和上升持续时间一般不会太理想，同时对于这种底部形态，还需要防备主力制造多头陷阱

（即假突破）等带来的风险。

一个构筑时间较长、构筑过程复杂、在长时间或大幅下跌之后出现的底部形态，一旦有效突破颈线位，其迎来的可能就是趋势上的扭转。

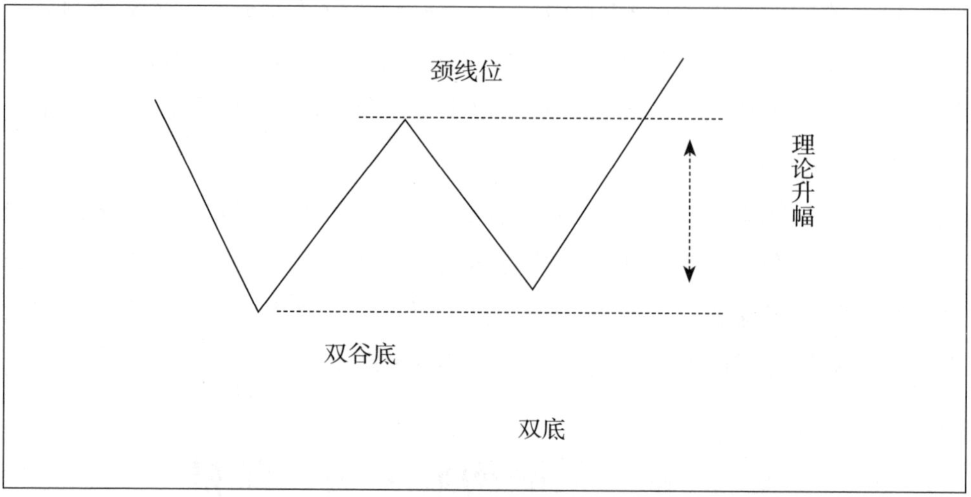

图 6-7

如图 6-8 所示，该股下跌周期将近两年，股价从四十多元跌至图中双底时的十几元，无论下跌时间周期还是跌幅，都符合趋势扭转的条件。在构筑双底的过程中，股价也是一波三折，锯齿形折返波动频繁。在其颈线位附近居然出现两个高点，主力煞费苦心地故意营造双头假象，来骗取低价筹码。之后股价突破颈线位，略经盘整后开启上升趋势。该股股价最终高点达到九十多元。

在该股构筑双底的过程中，可以先绘制一条重心线 1，这条线能够帮助观察股价波动中的主要倾向。当然，交易者还可以以特殊绘制法标示股价急速上涨阶段的变化。为保证图中画面清晰，这些重心线没有一一标示。

股价突破颈线位后继续上涨的过程中，可以绘制重心线 2 以及变轨后的重心线，这些重心线对于短线交易具有极为重要的提示作用，能够第一时间反映股价波动的偏离情况，及时让交易者发现股价涨势是仍旧保持在强势运行中，还是已经降低强度或者转向弱势。

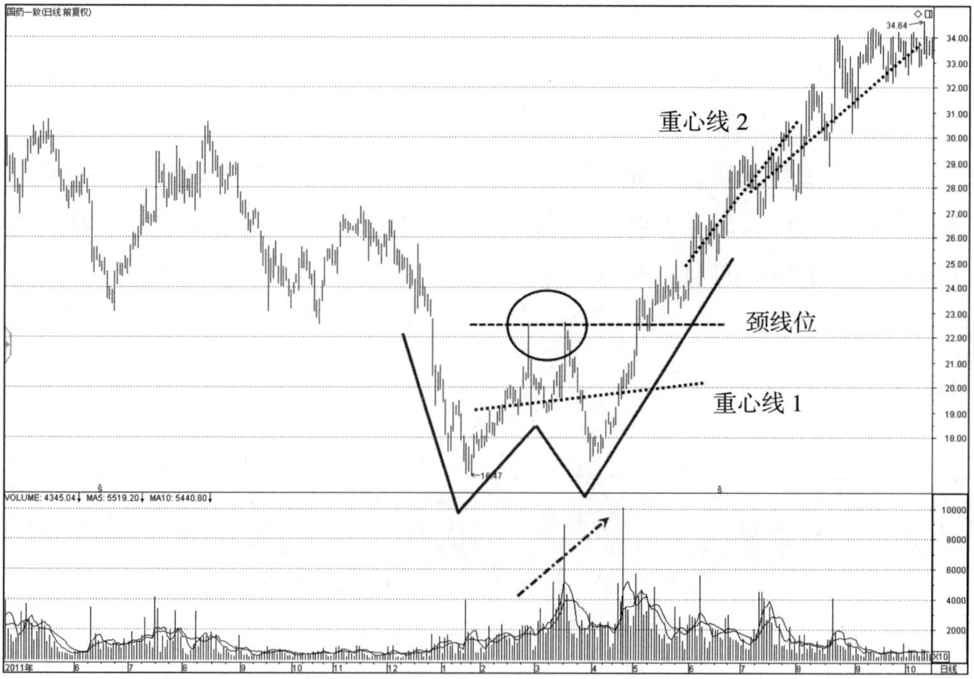

图 6-8

有一点是需要特别提醒的，即无论是顶部结构还是底部结构，首先要分析其性质是趋势扭转还是趋势延伸。例如，下跌趋势中途会出现多个次级的顶部或底部结构，这些结构由反弹引发，最终价格仍将回归趋势。

趋势延伸性质的顶底结构，其未来的涨跌幅度和时间周期，注定无法比拟趋势扭转性质的顶底结构，这一点是毋庸置疑的。实战中，具有趋势延伸性质的底部结构，很多都达不到理论上的涨跌幅度。

判断趋势扭转还是趋势延伸，可以尝试从双底构筑过程中成交量的变化来进行分析。

双底构筑过程中，其第一个低点（左侧底）的成交量通常不会有明显的变化或呈零散放量，但整体上还是处在下跌阶段的常量状态。

当价格开始弹升并构筑颈线位时，成交量呈现初步温和聚量，之后价格再次回落（右侧底）时，成交量随之缩小，但仍大于下跌阶段的常量。价格再次上升并突破颈线位时，这里的成交量应该是最大并呈现明显聚量的状态。

如图 6–8 所示。

整个双底构筑过程中，成交量是由低到高分布的。这种分布方式符合量价关系的同时，也能够显示出主力资金的回归路径。

实战中会遇到构筑双底失败的形态，也就是主力资金制造的多头陷阱，这些失败形态从成交量上就可以提前预估。如图 6–9 所示，该股在下跌趋势中构筑了一个失败的双底形态。

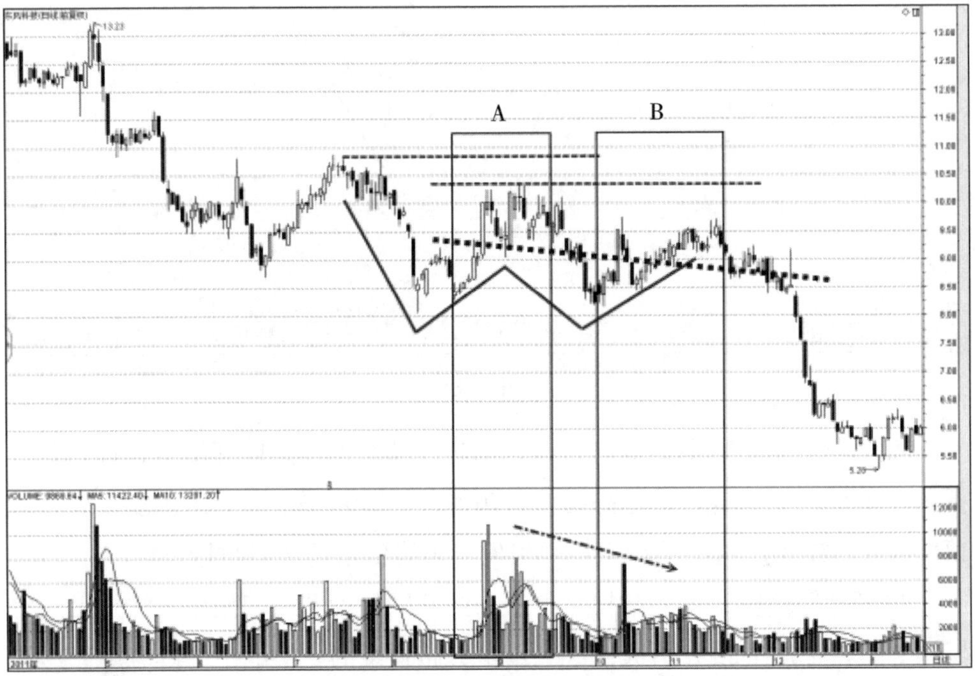

图 6–9

图中 A 点及之前的急跌，首先可以把它当成尖底构筑形态，A 点明显放量却不能突破尖底颈线位，随着股价再次下跌，这个尖底构筑失败。

图中 B 点股价下跌后再次上涨，这时候之前的 A 点就成了双底的颈线位，B 点股价两次尝试向上突破却迟迟不能成功，最终向下跌落，双底构筑失败。

双底走出失败形态，其实从 B 点和 A 点的成交量对比就可以提前预估。B 点不但股价难以企及颈线位，整体成交量也明显小于 A 点，这是一个极不正常的现象。

图中以 A 点升波和 B 点升波连线绘制出一条重心线，明显可以看出股价波动重心已经向下倾斜，这也是判断双底能否构筑成功的一个方法。

一个即将突破的形态没有成交量的聚集和支撑，大概有两种解释。

其一是上升趋势中的控盘庄股，这种类型的个股无需放量也能斩将夺关，原因是主力掌控了较大比例的流动筹码。

其二是这个即将突破的形态是用来骗人的，骗更多的资金相信形态即将突破。

图 6-9 中该股处于下跌趋势运行过程中，在跌势中构筑双底却没有量能的持续支撑，首先可以排除趋势扭转的可能；其次就是前面讲过的趋势延伸形态，跌势中做反弹底，很多连理论幅度都涨不到，更多的就是图中所显示的——走出底部构筑失败形态。换个容易理解的说法，即主力制造的多头陷阱或诱多。

第三节　三重底构成和买入时机

三重底是指价格下跌到一定低点后出现上升，随后价格又转而下跌，跌至前低点上下时再次回升，这次回升到前高点附近时又一次出现下跌，价格跌至前两次低点附近时，最强烈的升势开始，并突破前两次形成的高点平均值（颈线位），确认在颈线位之上得到支撑，则三重底成立。如图 6-10 所示。

三重底的理论涨幅测量为三次下跌低点平均值至两次上升高点平均值之间的距离。理论上认为，三重底成立后的基本涨幅可能不会小于这个距离。两次上升高点的平均值也被称为颈线位。实战中，三重底在形态构筑上具有多种多样的变形，远不如图例中那样容易辨别。

从形态构成上分析，三重底和双底图形定义很相似，只是多了一次回落和上升的过程。不要小看这个过程，多一次下跌和回升，意味着对交易者的心理又多了一次野蛮的蹂躏，很可能会成为压垮骆驼的最后那根稻草。

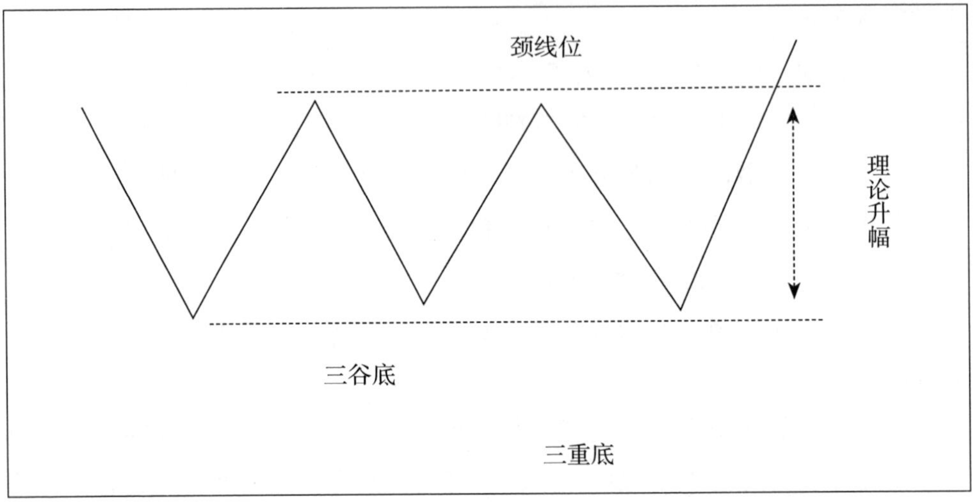

图 6-10

相同技术环境下，三重底比双底更为可靠，其蕴含的做多意义也更强烈，但对持仓者来说，所受的折磨也更多。

不少持仓者可能承受住了前两次价格的大幅波动，却会在最后一次下跌中抵抗不住心理承受极限的到来；有的还会在最后一次下跌完成后的价格回升途中清空仓位或反手做空。个中原因出在心理上：价格虽然回升，但持仓者的心理却并不能同步，空头的阴影仍旧厚重，心里有个声音一直在说“不借着反弹卖个好价，难道等着股价再跌回来”？

如图 6-11 所示，该股股价急跌过后出现反弹，反弹高点在尖底颈线位上，但股价未能继续升势。尖底构筑失败后，股价下跌但未创下新低就出现又一次的上涨，这为市场点燃了构筑双底的希望之火。

然而，市场普遍期望的，往往都不会变为现实，这也是博弈的精髓之处，主力多数深谙其道。

所以再一次下跌开始了，这次下跌是失望和恐惧相互汇聚的过程，多数人会选择在此时卖出离场。图 6-11 中小圆圈标示处可以看到一根极长下影的锤头线，这是该股启动上升行情前的最后一个低点。

这根长下影锤头线形成的低点必然是血淋淋的，长长的下影线可以看成是刺穿持仓者心理承受能力的尖刀。很有必要回顾一下当天的分时走势，也许可以从这种残酷走势中学到点什么。

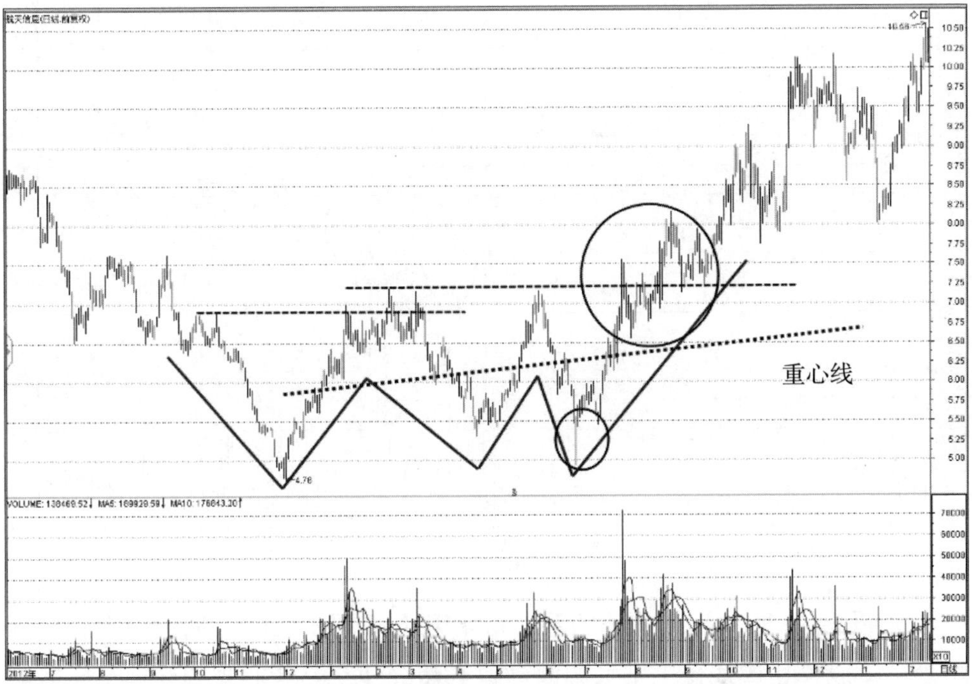

图 6–11

图 6–12 中的分时走势，就是这根长下影锤头线形成的整个过程。当天低开后股价略有回升，便在昨日收盘线下振荡。11 点左右股价开始跳水，午盘下跌超过 –5%。午后开盘股价继续下跌，图中可见，13:30 之前的这个阶段成交最为密集，股价一度跌逾 –8%。这就是典型的恐慌性抛盘，争相出逃的目的，就是回避股价近在咫尺的跌停板。

然而，大部分抛售筹码的人却发现，股价并没有按照大家推断的那样跌停，反而在波动中辗转回升。惊魂未定的卖出者打死也不愿、也不敢再把股票买回来，只能眼睁睁地看着股价从 –8% 一直回升到昨日收盘价。

图 6–12 中的分时走势，从细节上再现了三重底下跌阶段的恐慌场景。底部构筑过程中，不但下跌阶段让人心惊肉跳，回升阶段同样也会让人坐立不安。

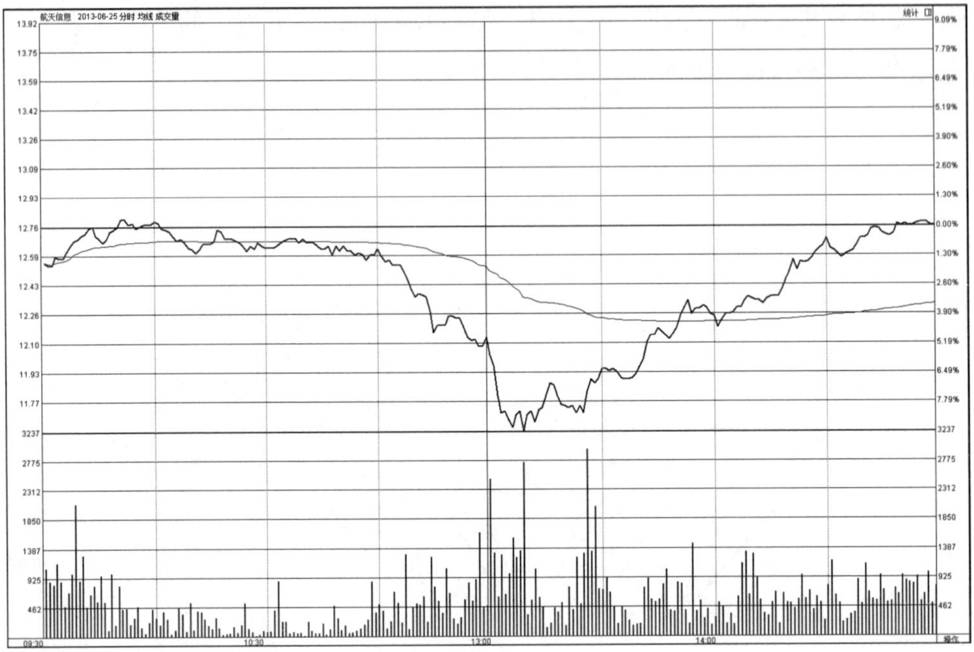

图 6-12

如图 6-11 所示，三重底的第三次上升突破颈线位时（见图中大圆圈标示处），股价在颈线位上下大幅波动，必然会使交易者心理颇受煎熬，能够持仓不动的恐怕只是少数。这也是少数人能够赚大钱的真正原因。

图 6-11 中大圆圈标示处，股价突破颈线位时的成交量，是构筑底部结构以来最集中、聚量最明显的地方，这种量价关系是突破的最佳形态。

如果在实战中遇到这种情况，不妨问自己几个问题：主力构筑这么复杂多变的形态，多处使出恐慌打压的手段，最后会在突破颈线位这种明显的价格关口时放量出逃吗？他逃得过散户吗？在颈线位并不确定突破成功与否时，作为散户是恐慌多一些还是狂热多一些？想明白这几个问题，主力想干嘛也就清楚了，也就不会在技术关口上被主力蒙骗了。

同时，还可以以重心线为重要的分析标的。如图 6-11 所示，以前两次的涨波绘制出一条重心线，当最后一次跌波向下大幅偏离重心线，可以通过绘制特殊重心线来观测急速下跌中的股价波动。

如图 6-13 所示，就是最后一次下跌波段的 K 线图。以特殊绘制法标示重心线 1，股价中途反弹后再次下跌，再绘制重心线 2。可以看到，长下影锤头线最后的收盘价正在重心线 1 上。如果实战中遇到这种情况，说明股价已经发出止跌信号，但是这个信号的强度并不高。

因为以特殊绘制法绘制的重心线，反映股价急跌状态下的波动，而处于急跌急涨中的股价，从博弈的角度来说，急跌会跌过头，急涨也会涨过头，很难维持理性的状态。所以，重心线 1 的提示信号强度不高。

当股价继续反弹并站上重心线 2 时，至少短线止跌信号已经具有相当强度。当股价经过之后的回落振荡后再次转为上涨时，再看图 6-13 中的重心线，已经基本可以判断出股价的这一次下跌只是一次大幅度偏离，大概率会回归到重心线上方，这就为短线和波段交易者发出了极佳的买入信号。

三重底理论结合重心线理论分析，可以相对全面地得出研判结论，为最终的交易增添一份保障。实战中，还会遇到多重底，即多于三重底的构造形式，但分析思路和方法与三重底并无太大区别。

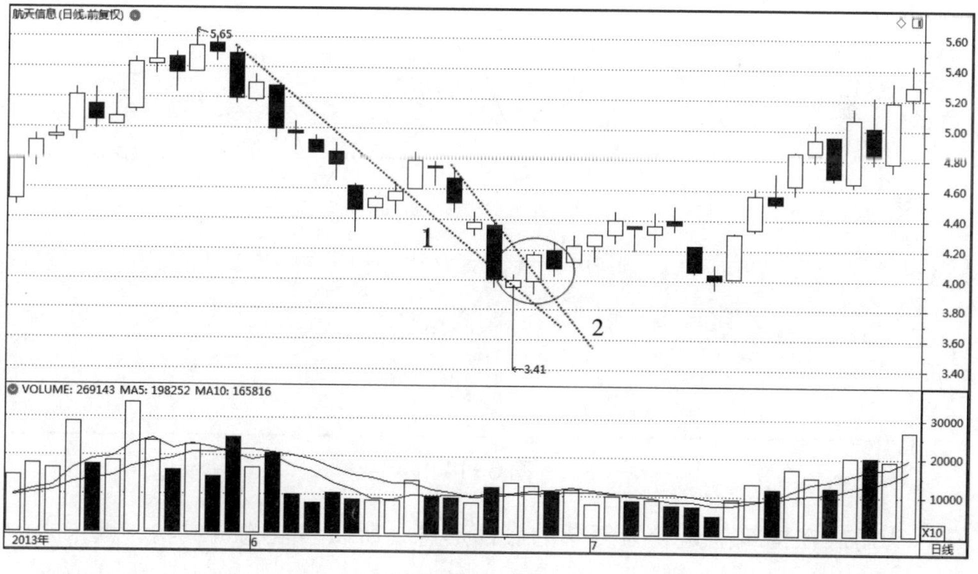

图 6-13

第四节　头肩底构成和买入时机

头肩底是指价格下跌到一定低点后出现上升，随后又转为下跌并跌破前低点创出价格新低，之后开始回升，至前高点附近时价格又一次出现下跌，但这次下跌并未刷新价格低点就开始回升，并突破前两次回升形成的高点平均值（颈线位），确认在颈线位之上得到支撑后，则头肩底成立。如图 6-14 所示。

头肩底的理论升幅，为两次回升高点平均值和头部低点之间的距离。理论上认为，头肩底成立后的基本升幅，不会小于这个距离。两次回升高点的平均值也被称为颈线位。

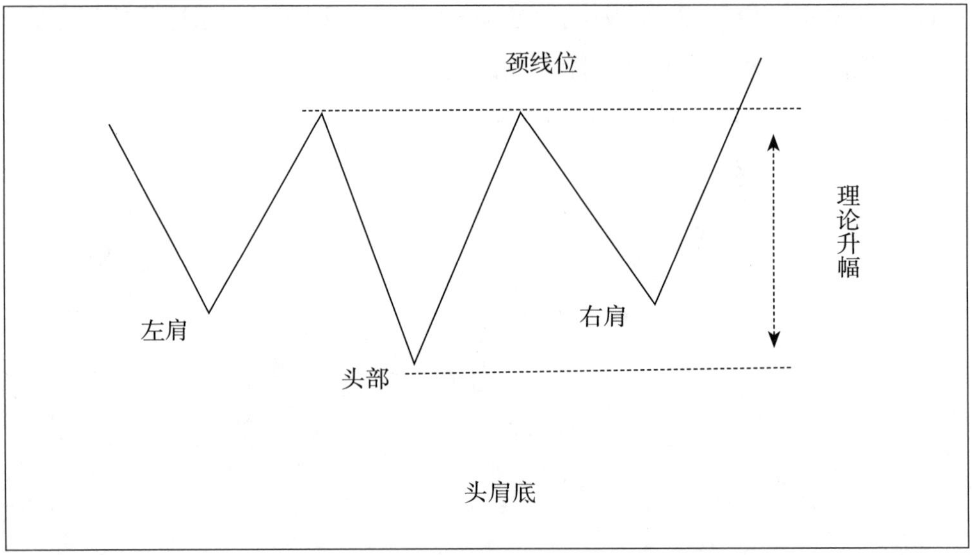

图 6-14

头肩底在构筑上是较为复杂的底部形态，所以一旦构筑成功，其未来的升幅往往都会超过理论幅度。个股头肩底形态的构筑，必然有不同的时长。不同构筑时长的头肩底，未来价格的表现会有较大的不同。

如图 6-15 所示，是一个构筑时间相对较短的头肩底形态。图中该股经过一波幅度较大的急速下跌后，完成头肩底形态的构筑，股价突破颈线位并达到了理论升幅之后，股价再次进入到振荡下跌的走势中。

图 6-16 所示是一个构筑时间较长的头肩底形态，这个形态的构筑极其复杂。图中可见，形态上形成一个复合型的头肩底：大头肩底套着小头肩底，股价在突破两层颈线位时，都出现了较大幅度的振荡。而该股成功构筑头肩底形态后，之后的升幅也非常惊人，远远超过头肩底的理论升幅。

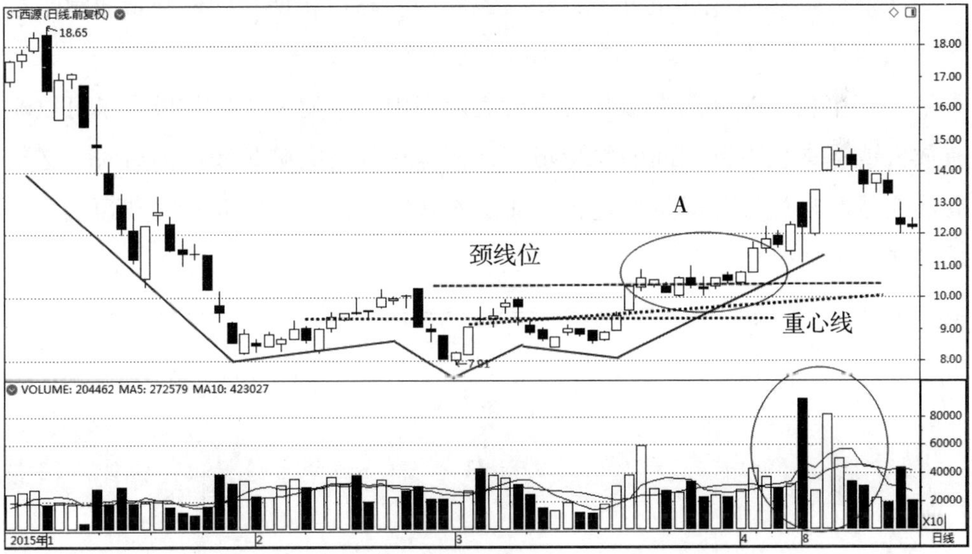

图 6-15

在头肩底的构筑过程中，交易者也可以绘制重心线来观测股价的波动倾向。如图 6-15 所示，以前两次的涨波绘制重心线，右肩构筑过程中，再绘制向上变轨的重心线。

分析股价向上偏离重心线后直接突破颈线位的情况，交易者也可以看出股价明显倾向于上涨，而且涨势强度较高。股价在颈线位附近盘整确认下方支撑时，应是较理想的介入点。

底部形态构筑过程中，振荡幅度越大，振荡次数越多，其未来的升幅通常越大。

从资金逃逸与回归的角度来说，价格在相对低位的凶狠振荡非常有益于主力资金收集筹码。在价格进入拉升期之前，打击持仓者的信心，不断垫高参与者的成本，会让主力今后的日子比较好过。

当一个底部形态获得突破之后，筹码往往具有一定的集中度，这时的振荡就不仅仅是为了提高筹码的集中度，还有其他方面的需要。比如，主力通过大幅振荡来降低自身成本，增加个股的活跃度，测试和消化上方压力盘等。脱离底部形态后，股价振荡次数会减少，升速才会加快。

头肩底形态的成交量分布，和其他底部形态很相似，即成交量通常是按照由低到高的方式分布。如图 6–16 中成交量的分布。

在一个构筑时间周期较长的头肩底形态中，左肩和头部的成交量可以略有放大或基本呈下跌期间的常量态势，但是在价格突破颈线位前后时，必须有成交量明显放量和聚量的过程。如图 6–15、图 6–16 中股价突破颈线位前后的成交量情况。

图 6–16

突破颈线位，对于个股来说是一个分水岭。如果之前走势沉闷，频繁折返，突破颈线位后，大多会一改之前的作风，股价走势变得异常活跃。对于主力来说，这是激活或改变市场认识的时机。能够吸引眼球的，无外乎是股价和量能的表现，所以通常不会放弃这方面的运作。

当股价在颈线位上下振荡时，如果成交量仍旧不温不火，处于前期常量态势，就要分析这是不是一个高控盘个股。是的话，就需要考虑会不会出现构筑形态上变形的问题，否则的话，就要注意可能出现形态上的假突破。

如图 6-17 所示，该股下跌过程中构筑了一个头肩底形态，A 点处股价两次尝试上攻挑战颈线位，但是不要说颈线位的 1 号高点，连 2 号高点都触之即溃，随后股价重归下跌趋势。

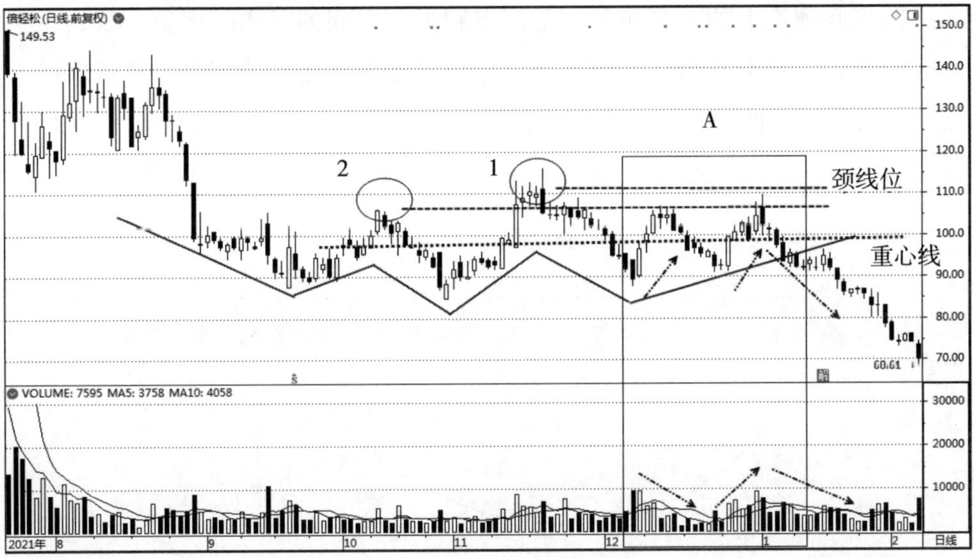

图 6-17

A 点股价第一次上涨挑战颈线位时，成交量在股价上涨时居然是不断缩小的，这种量价配合下，想要突破颈线位是在开玩笑。这里倒是持仓者不错的卖出点。

第二次上涨挑战颈线位时，成交量倒是配合放大，但是触及 2 号高点时，股价回落，成交量迅速萎缩，明显不具备突破重要技术关口的量价强度。交易者盘中发现这个技术细节时，不妨以减仓应对。

图中绘制了一条重心线，在整个头肩底构筑过程中，股价多数时间以这条重心线为中心波动，并没有明显的倾向性，也就说明该股股价上涨的强度并不高。看多的交易者即使想买入，也必须等待趋向明朗，比如突破颈线位。而这个案例中，看多的交易者没有买点，反而是持仓者可以发现较佳的卖点。

第五节　圆弧底构成和买入时机

圆弧底是指价格下跌过程和之后的上升过程，构成了一个弧顶在下的圆弧形状。如图 6-18 所示。

圆弧底理论上的升幅测量，是起点和弧顶之间的距离。理论上认为，圆弧底成立后的基本升幅，可能不会小于起点和弧顶之间的距离。圆弧底的起点，是指最后一波下跌开始时的价位，这个价位也被称为颈线位。

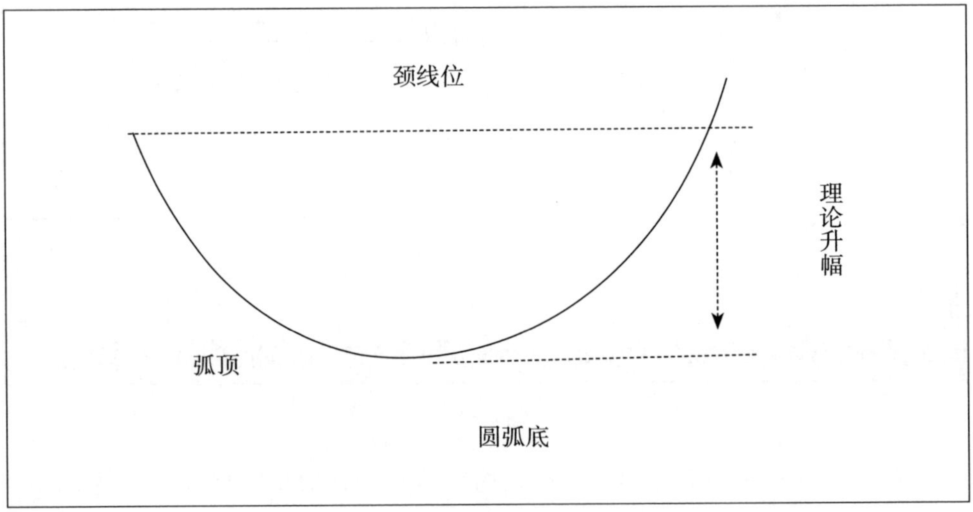

图 6-18

实战中的圆弧底大多不会是非常标准的半圆形，仅是在分析和观察其股价运行重心时，会发现呈弧顶在下的圆弧形状。圆弧底的构筑过程一波三折，弧顶区域的K线形态多为小阴小阳线，最低点也不一定就会出现在弧顶位置。

圆弧底的构筑过程中有一个“快——慢——快”的特点，即价格运行速度通常是两边弧线加速，而弧顶慢速运行，以振荡盘整为主。在圆弧底的起点到弧顶区域的下弧线部分，价格下跌速率较快；到达弧顶后，价格涨跌速率变慢，K线形体较小，价格重心主要为横向振荡；从弧顶到颈线位的上弧线部分，价格速率开始变快。

如图6-19所示，该股为上市新股，打开连续涨停板后构筑了一个时间周期较短的圆弧底，图中可见，在上下弧线部分股价都出现加速的态势。

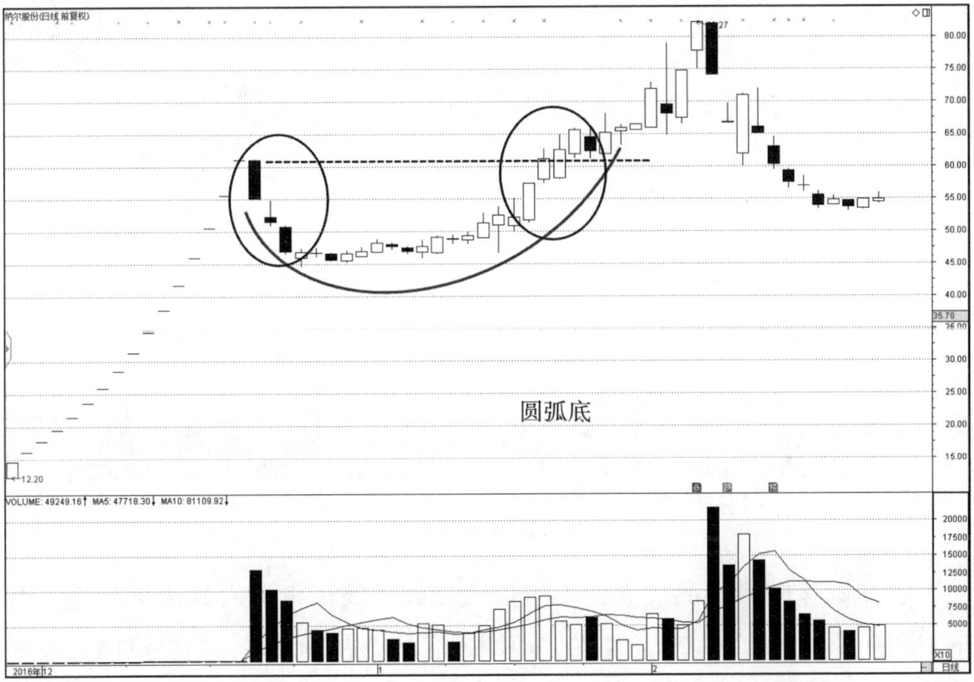

图6-19

实战中，股价处在下弧线加速下跌的阶段时，不要有任何猜底、赌底的交易行为，未能从跌势中平息下来的股价会将一切多头碾得粉碎；同样，股价呈上弧线加速上涨的态势时，也不可轻易选择做空卖出持仓，否则必然后悔不已。

如图 6-19 所示，这是一个构筑时间较短的圆弧底，其下跌和弧顶振荡时间都较短，持仓者可能相对容易承受。而一些构筑时间较长的圆弧底形态，则极其折磨人，也很少有人能够持仓坚持到上弧线加速阶段的到来。

如图 6-20 所示，该股构筑的圆弧底时间长达两年，过早在下弧线和弧顶区域介入的交易者肯定极为煎熬。一个中短线交易者在股价的反复揉搓中，很难守住仓位，即使在波动中艰难地反复做 T+0 操作，过长的做底时间也会使你开始怀疑该股是不是会有美好的未来。

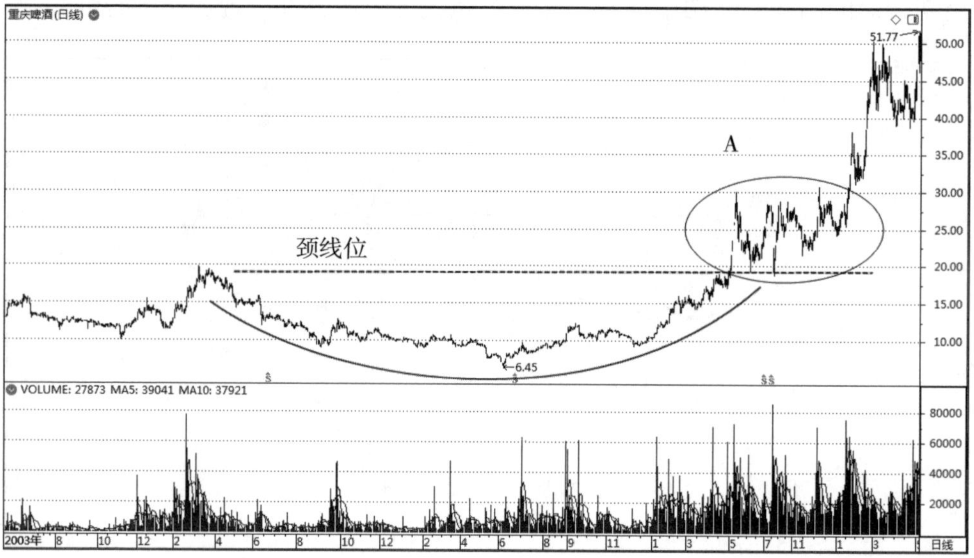

图 6-20

长期圆弧底形态的买点，不应依照突破颈线位再买入的传统理论。图 6-20 中，颈线位约在 20 元左右，而圆弧底低点在 6 元多，如果按照突破颈线位买入的理论，则明显错过了大幅的利润空间。即使在颈线位买入，交易者能不能承受住图中 A 点股价对颈线位大幅度折返的反复测试，也是一个疑问。

在这个案例中，颈线位买入只能是中途加入的交易者所选择的买入点，而不能是从下弧线就开始关注的交易者。死守理论等待颈线位突破再买入，必然错失大幅的利润。

那么，什么时候是长期圆弧底的较佳介入点呢？至少要等到弧顶盘整阶段，重心线或者下跌趋势线已经发出提示信号，这时再买入，往往可以避免漫长的等待过程。

如图 6–21 所示，这是图 6–20 中圆弧底弧顶阶段的 K 线走势。在这个阶段，A 点股价下跌后快速回归到重心线上方，这里应是适合短线交易者介入的买点。B 点股价突破下跌趋势线后，回落不破重心线即再度上涨，说明股价涨升强度已经出现明显改观，这里适合波段交易者介入。

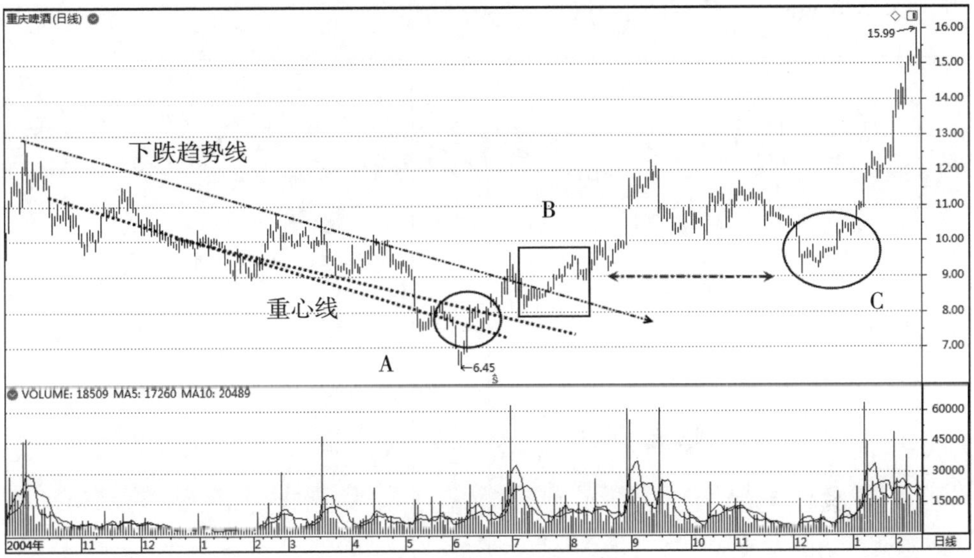

图 6–21

经过一波上涨后，C 点股价在折返中回落到前期 B 点突破下跌趋势线的价位附近，并不再继续下跌，这里应视为是对下跌趋势的回抽确认。C 点一旦出现放量上涨，交易者可以追涨操作。通过对圆弧底弧顶的细节分析，交易者完全不必死等颈线位突破再买入，甚至股价涨到颈线位以上时，可以做一波短线差价。

对于一些时间周期较短的圆弧底，颈线位突破有时也不一定是理想的介入点。

以图 6–19 为例，虽然该股突破颈线位后，股价的涨幅也达到了理论幅度，但其突破颈线位后，量能并未继续保持聚量，而是处于不稳定的状态中，显示股价冲高具有较大的投机性。这种投机性多出自市场某一阶段资金的集中追高效应，当热度消退后，股价会迅速回落。介入这类个股可选择在上弧线出现的初期，并做好止损的准备。

短期圆弧底在介入点选择上比较难，如图 6-19 中的个股，其后期的涨幅具有一定的偶然性，相近的走势可能另外一些股就不会有后面的涨幅。如图 6-22 所示，该股构筑中的圆弧底与图 6-19 中的较为相似，但其最终却走出了失败形态。

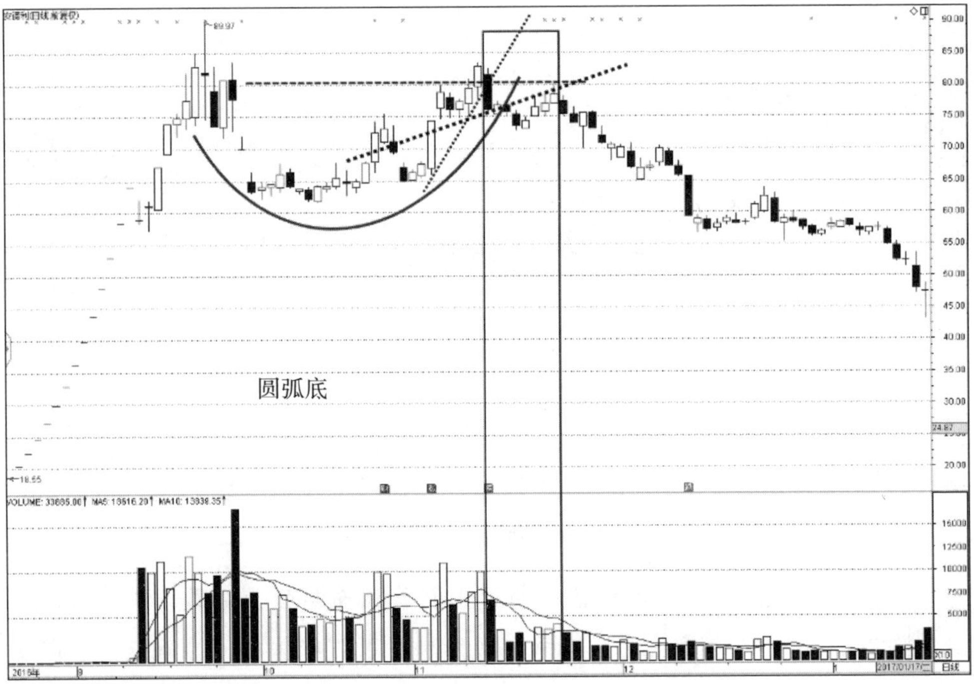

图 6-22

短期圆弧底在量能上有个极为重要的条件，即突破颈线位后成交量不能出现明显的萎缩态势。

如图 6-22 所示，该股股价突破颈线位后，成交量几乎是大幅萎缩，同时股价并不能稳定保持在颈线位上方，说明做多能量难以维持突破性向上攻击的继续展开，这种情况出现之后，量能如继续萎缩，则选择卖出是一个较为稳健的办法。图中股价跌破两条不同绘制法绘制的重心线，也能够为持仓者提示出股价倾向于下行的信号。

新股的操作往往是短炒资金蜂拥而来，而后乘风归去，过程短暂而迅猛，不但是散户难以把握，一些游资如果反应稍慢，也不乏被套斩仓者。如果你是一个超短线交易者并热衷于这种交易模式，那么介入前做好止损准备就是必须的。没有止损保护的参与，用不了多久就会告别这个市场；如果总是参与，也会在不久告别市场。

实战中还会有多种变形的底部形态共存，或难以辨别形态特征的底部构造形式，统称为混合底。混合底因构成形态上的驳杂，部分难以确定颈线位等技术因素，实战中应以价格运行重心作为判断底部构成的依据。

第七章

顶部趋势反转和运行重心实战研判

第一节　尖顶构成和卖出时机

股价不会一直上升，涨势终有尽头，就像树不会长到天上去，山再高也有峰顶。股价的峰顶和自然界的山峰一样千奇百怪，云雾缭绕，难以确认，发现顶部需要一系列技术因素综合论证。

尖顶是指在上升趋势中股价以陡峭的角度向上快速涨升，达到某一高点后，股价突然急转直下，以相似的速度和角度开始下跌。因股价由急升迅速转化为急跌，运行角度像倒置的英文字母 V，所以也称为倒 V 型顶。如图 7-1 所示。

尖顶理论上的跌幅测量，是尖顶起点和峰顶之间的距离。理论上认为，尖顶成立后的基本跌幅，可能不会小于尖顶起点和峰顶之间的距离。

尖顶的起点，是指最后一波急升开始时的价位，这个价位也被称为颈线位。当价格跌破颈线位而不能有效收复时，即认为价格顶部成立。经过长时间或者急速上涨之后，价格极易形成尖顶。

尖顶形态是不是一个长期的顶部形态？个人认为，尖顶是中短期顶部形态，不应为长时间周期的形态，主要在于尖顶起点的确认上。

如图 7-2 所示，图中尖顶的认定，起点（即颈线位）应为 B 点而不是 A 点。尖顶的构成中不应有明显的盘整形态出现。如以图中 A 点为起点，则 B 点为一个短期盘整形态，不符合尖顶的条件和要求。

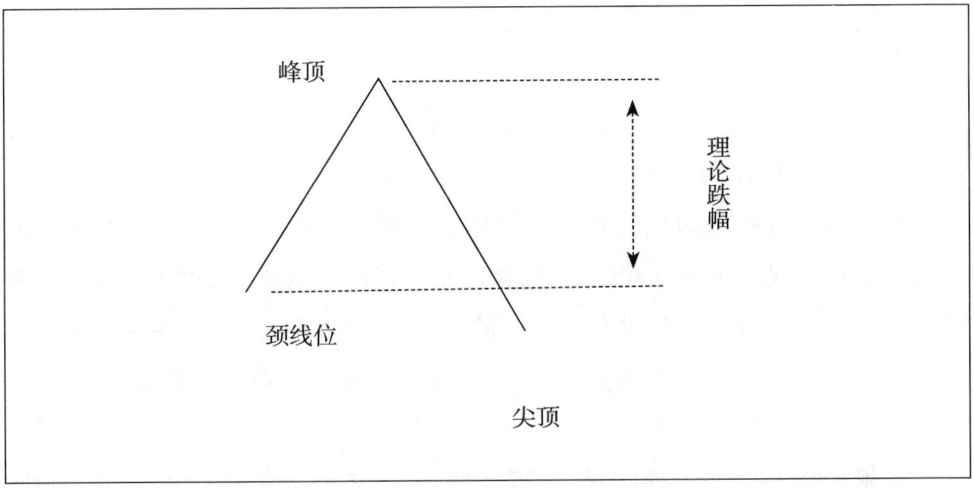

图 7–1

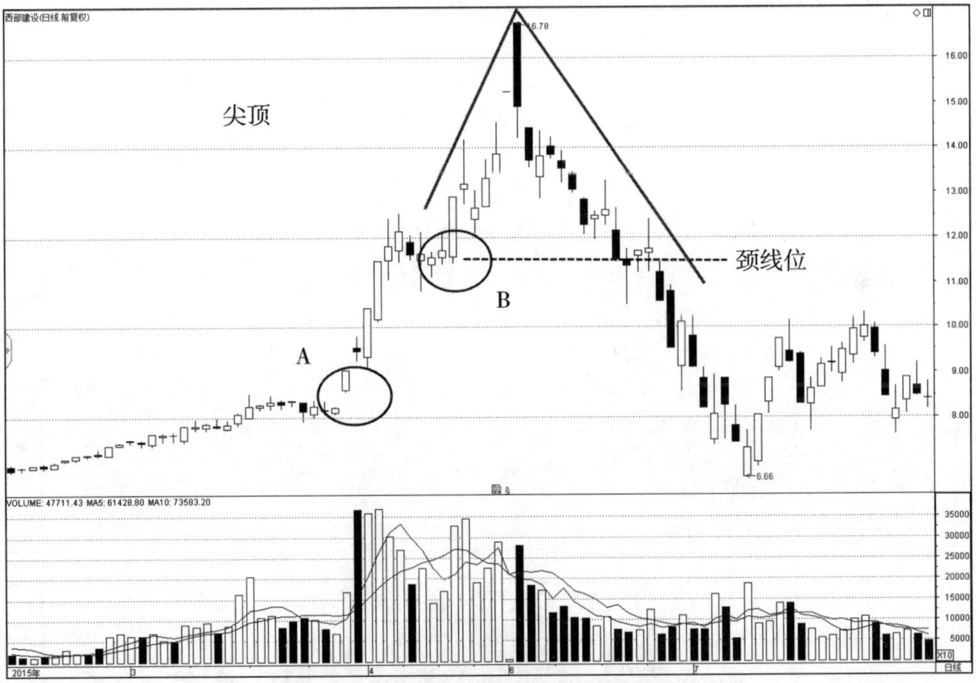

图 7–2

可能有人会认为，将中短期盘整形态忽略不计，尖顶就可以视为一个长时间周期的顶部形态。这是一个悖论，依此而言，尖顶将不复存在，因为一个毫无技术参考作用的形态，连谈论的价值都没有。

为什么这么说呢？

还是用案例说话。图 7–2 为个股走势，似乎缺乏说服力，下面以沪指为例，图 7–3 为沪指 2014 年—2016 年前后的图形。

如果采用忽略中短期盘整形态的做法，那么沪指 2015 年 6 月股灾时形成的尖顶，其起点（颈线位）应在图中 A 点，这个点位在 2000 点附近，而峰顶的点位为 5178 点，也就是说股灾的数轮大暴跌都未能完成尖顶的构筑，那么这个尖顶对当时交易者的参考意义何在？而且按照尖顶的理论跌幅计算，沪指将会跌向负值区。

如果选择 B 点为尖顶的起点（颈线位），这个点位在 3100 左右，和股灾第二轮结束的点位相差无几。股灾中伤痕累累的兄弟看到这个颈线位，可能会骂娘：“我都被整残了，你说尖顶才刚刚形成！”

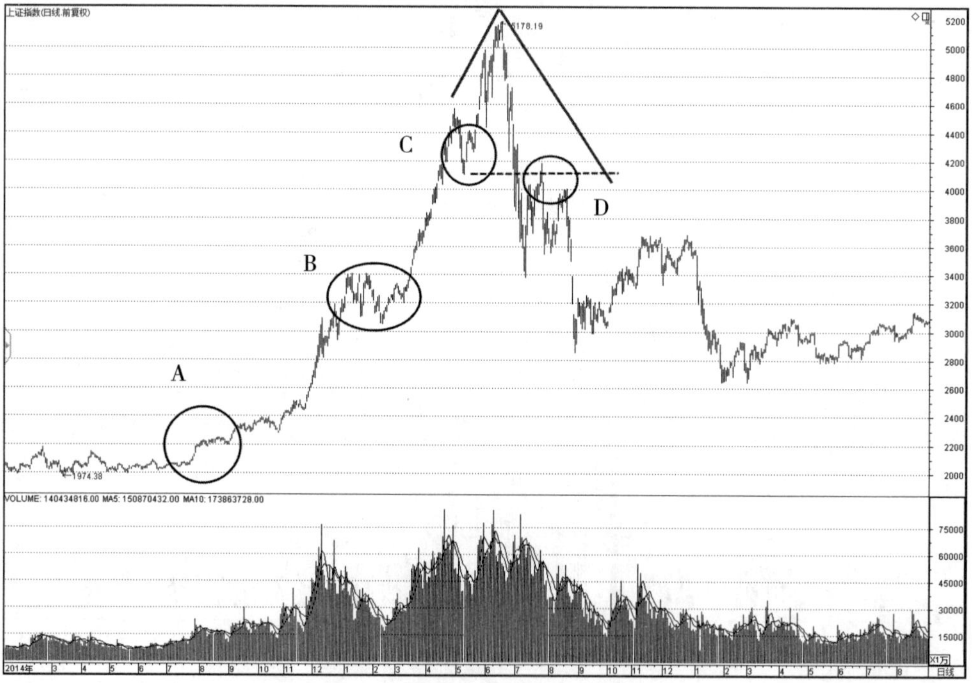

图 7–3

这样来认定尖顶确实很无厘头，这样的技术理论等同于废话，因为对实战毫无指导作用。

综上所述，尖顶是中短期顶部形态，不应为长时间周期的形态，同时尖顶的构成中不应有明显的中短期盘整形态。

如图 7–3 中的 C 点，应为尖顶的起点和颈线位。一个短期调整结束后出现的急速上升和急速下跌，跌破颈线位后短时间内不能成功收复，则尖顶成立。成交量上，股价在峰顶涨跌转换之时，大都有一个集中放量的现象。

尖顶形态具有迅捷性和凶悍性的特点，因而存在很大的交易风险。跌破颈线位后，部分会有反抽颈线位的反弹，这个反弹如果没在低点提前低吸的话，最好不要追涨。如图中 D 点，是股灾第一轮结束后对于尖顶颈线位的反抽，这个反抽上冲颈线位的时间极短，因此很难在追涨中获取较好的收益。

尖顶成立后，并不是都具有反抽颈线位的动作。对于尖顶成立后的个股，当满足理论跌幅时，可根据技术环境综合判断是否符合低吸的要求。

同样的顶部结构形态，所处的技术环境不一样，其下跌幅度必有较大区别。比如，一波较大级别反弹营造的顶部，其带来的下跌动力，要比上升趋势整体结束时出现的顶部弱上许多。

如图 7–4 所示，该股在长期大幅涨升后，于股价高位构筑尖顶成功。当股价跌破颈线位后，接下来是远远大于理论跌幅的绵绵数年的大跌走势。

近年来经常出现反弹性质的短期尖顶形态，即尖顶涨与跌的时间都相对较短，交易者如果稍有疏忽，就可能错过卖点，或者被套在高位上。虽然这种性质的尖顶，其下跌幅度要小于上述案例中的尖顶形态，但交易者绝不可大意。这种短期尖顶形态多出现在次新股的反弹走势中。

如图 7–5 所示，该股构筑尖顶的涨升阶段只有短短的 7 个交易日，下跌阶段时间稍长，但下跌角度也较为陡峭，交易者即使利用重心线也较难把握最佳卖点。对于类似的案例，交易者在寻找卖点时，应主要以变量形态来捕捉卖出时机。

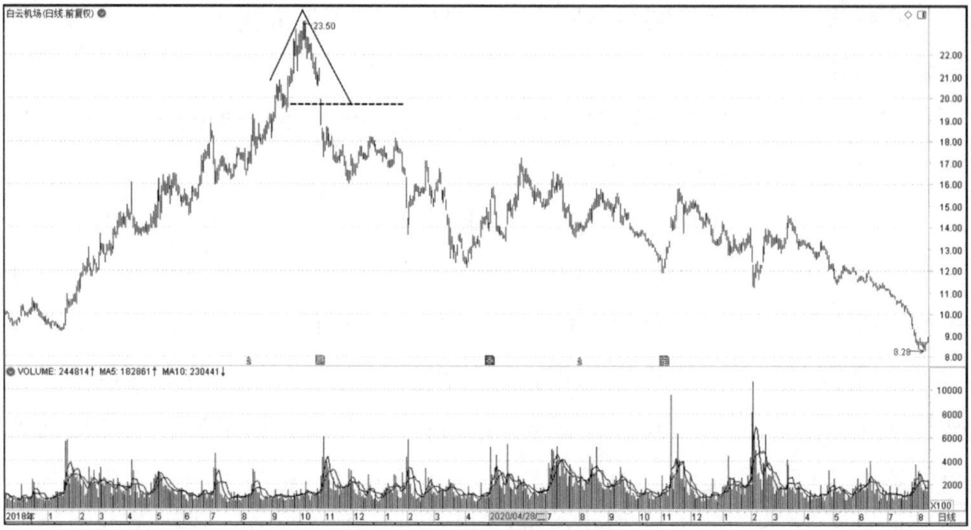

图 7-4

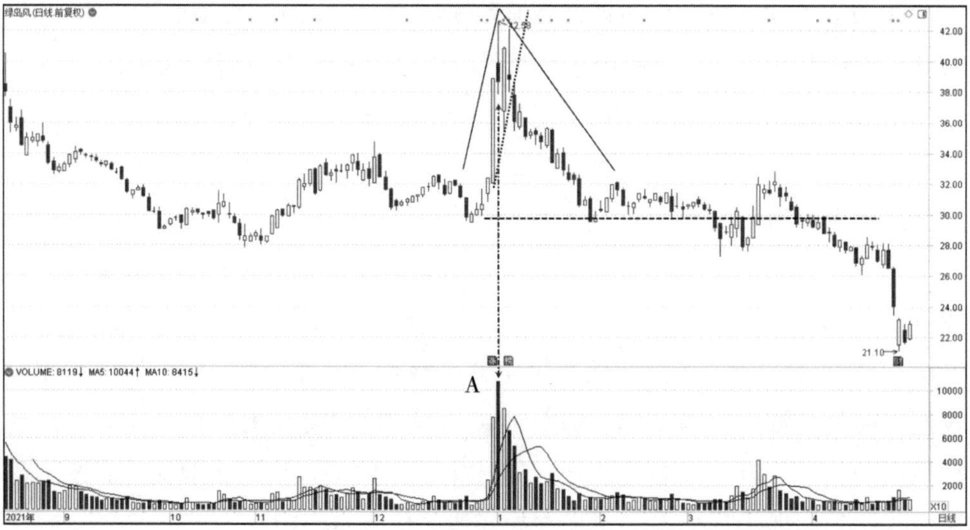

图 7-5

图中 A 点所示，是该股上市以来的最大成交量，当日走出长上影阴线，显示股价遭遇到卖盘的汹涌打击，股价难以承受上方的压制。

图 7-6 即为这根长上影阴线当日的分时走势，图中可见当日的成交量主

要集中在上午的交易时间里，持仓的交易者完全有时间判断出当日会出现变量形态，可以在股价再一次冲高时卖出所持有的仓位。

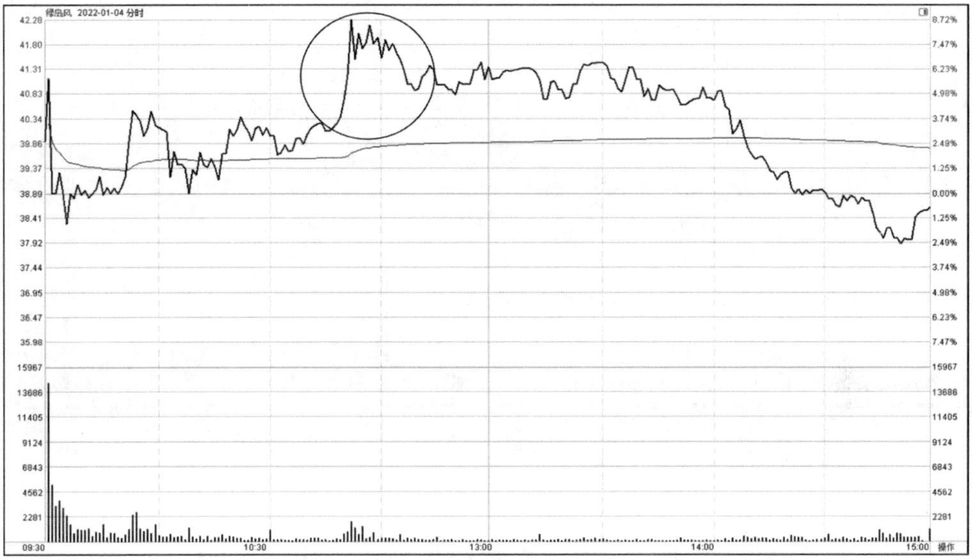

图 7-6

如果顶部结构出现在上升趋势的初中期，那么其只是趋势的中继形态，可能很多个股甚至连理论跌幅都达不到。如图 7-7 所示，A 点处该股出现一个尖顶形态，股价于颈线位附近盘整，虽然也曾跌破颈线位，但最终都能收复失地，最后股价仍旧回归到上涨趋势中。

交易者可以通过绘制上涨趋势线和重心线来具体分析股价的真实波动。图中可以看到，股价一度跌破颈线位，却在上涨趋势线上得到支撑，当日收出长下影阳线，之后股价开始转跌为涨。事实证明，这里仅是一个具有恐吓意义的空头陷阱。

在尖顶下跌时，重心线同向向下，但在颈线位股价盘整时，重心线变轨向上，股价的波动也从重心线向下转为向上并不再跌破重心线，这就反映出股价运行的倾向性。

综上所述，利用这些技术点不但可以判断出尖顶是真是假，还可以寻找到适宜的介入时机。

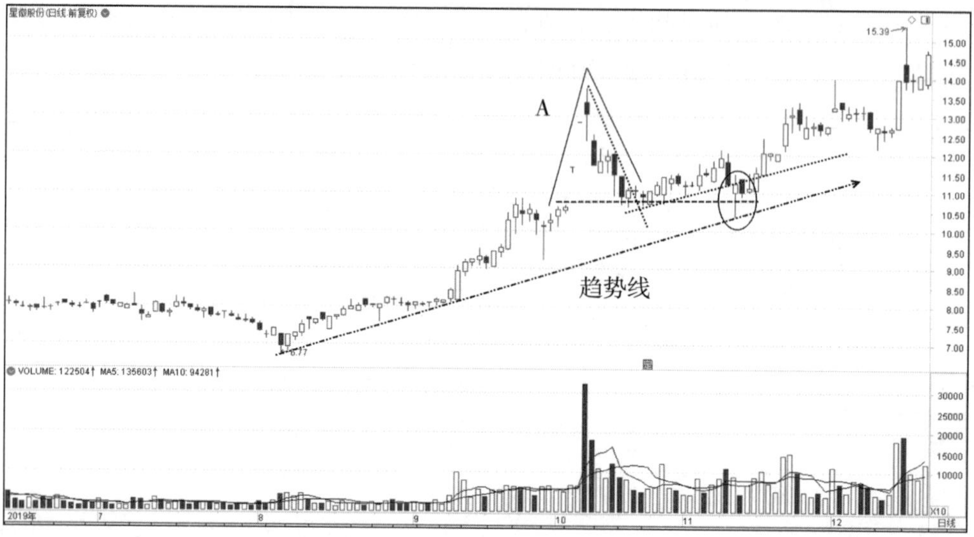

图 7-7

第二节　双顶构成和卖出时机

双顶是指价格上升到一定高点后出现回落，回落后价格又开始上涨，但这次上升达到前一高点上下时再次发生下跌，并跌破前回落低点（颈线位）且不能在短时间内成功收复，则双顶成立。双顶的形态与英文字母 M 较相似，故也被称为 M 顶。如图 7-8 所示。

双顶的理论跌幅，为回落低点和双峰顶之间的距离。理论上认为，双顶成立后的基本跌幅可能不会小于这个距离。双峰顶之间的回落低点也被称为颈线位，当价格跌破颈线位而不能有效收复时，即认为价格顶部成立。

双顶形态形成的技术环境和构筑时间，与其后的跌幅和下跌持续时间具有一定的关联。构筑时间较短、构筑过程简单的双顶形态，其跌幅和持续时间虽然不能与构筑复杂的双顶相比，但对于短线交易者来说，仍然不可等闲视之。

如图 7-9 所示，该股经过大跌之后，在反弹中形成一个相对简单的双顶形态。图中可见，双顶成立后，该股股价跌破颈线位，出现了一波快速下跌。这种类型的双顶，多数为下跌趋势的中继形态，交易者应以见高卖出为主。

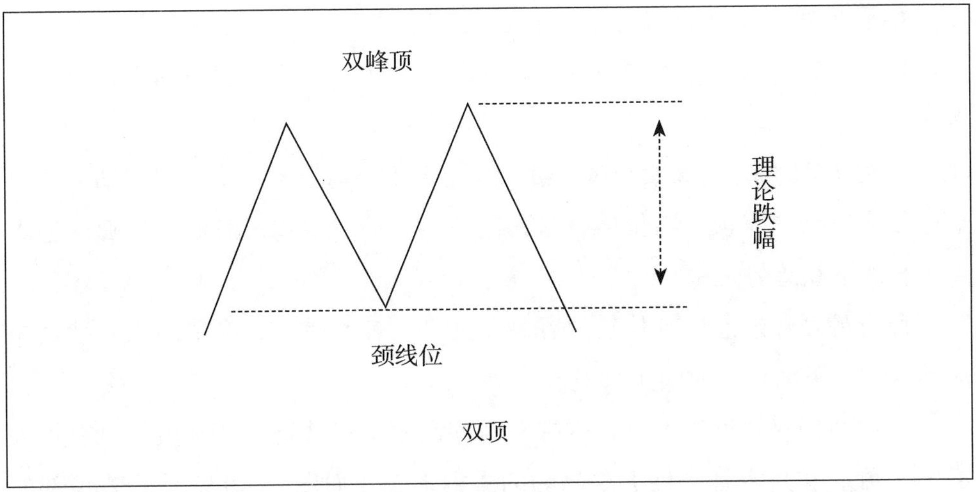
双峰顶
理论跌幅
颈线位
双顶

图 7-8

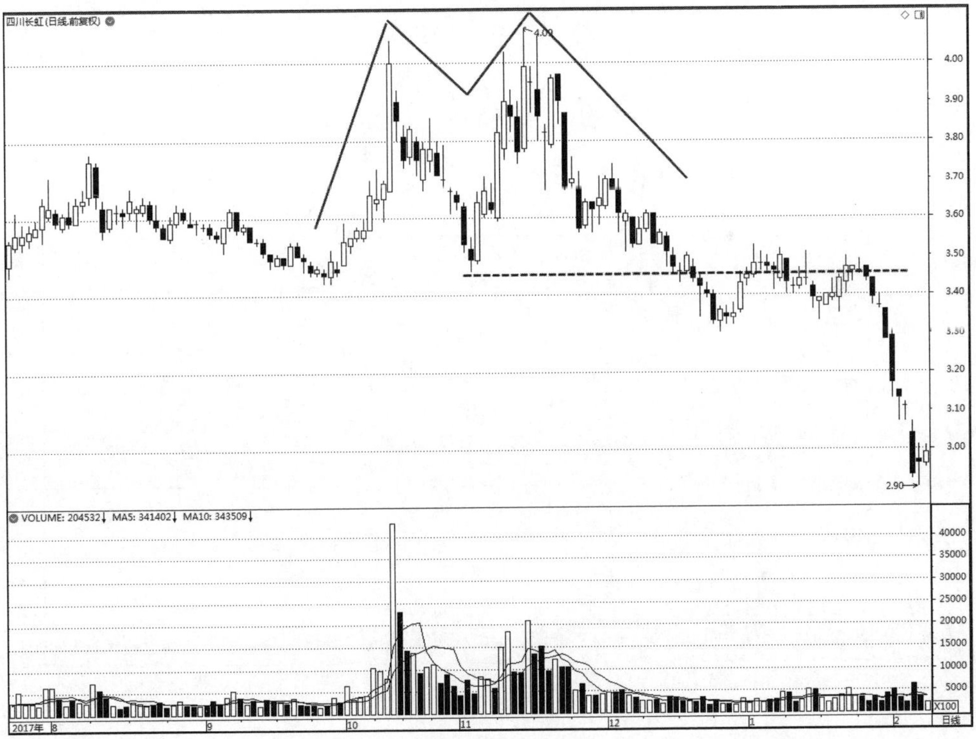
四川长虹(日线,前复权)
4.09
4.00
3.90
3.80
3.70
3.60
3.50
3.40
3.20
3.10
3.00
2.90
VOLUME: 204532↓ MA5: 341402↓ MA10: 343509↓
40000
35000
30000
25000
20000
15000
10000
5000
X100
2017年
8
9
10
11
12
1
2
日线

图 7-9

如果是在长期上升趋势发生转折的节点出现双顶，同时营造双顶的时间周期也较长的话，那么未来的跌幅将极为可观，下跌持续时间也将会较为漫长。

如图 7-10 所示，该股经过长期大幅上涨后，构筑了一个时间周期较长、形态较为复杂的双顶。当价格跌破颈线位后，该股双顶形态成立，随即进入到漫长的下跌趋势之中。

所有的顶部形态，其构筑过程越是复杂，耗时越久，未来的跌幅就会相应地越大，下跌持续时间也会越长。

上述两种双顶形态不仅在跌幅和时间因素上有区别，其性质上也有较大不同。图 7-9 其实是一种下跌趋势的中继形态，而图 7-10 则是趋势顶部的扭转形态，这也是二者后续跌幅和下跌持续时间不同的重要原因。

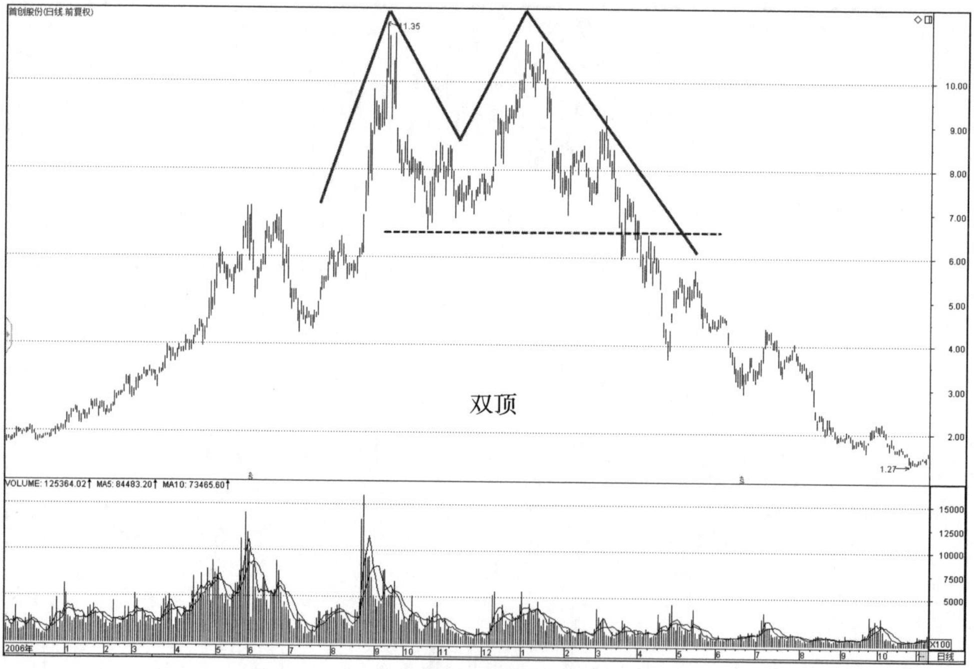

图 7-10

对于主力资金来说，从吸筹建仓到拉高出货的整个过程，必然有一个完整的计划。其仓位除底仓外，也是始终处于流动状态的，这样在整个运作过程中可以不停地降低成本，直至达到计划中的出货阶段。

一些资金量大的主力资金，出货并不像小资金那样，短时间内就可以完成兑现利润、抛清仓位的任务。通常来说，主力资金在拉高的过程中就会开始减仓，而顶部结构开始显现时，主力的出货任务应该基本完成。

当然，实战中，主力资金也会遇到各自不同的问题，导致出货并不那么顺利，所以个股才会出现形态各异的顶部结构。

以双顶形态而言，两个峰顶之间的成交量变化值得深入探讨，因为这对判断主力资金是否已经完成出货具有重要的作用。对于主力资金完成出货的个股，交易者必须选择止损离场，不能有过多的幻想。而对于尚未完成出货的个股，就不必那么急切地止损，依然可以等待更好的卖出时机。

一、左峰放量，右峰缩量

如图 7-11 所示，左侧峰顶形成（拉升）过程中，成交量连续创出新高，但是经过回落后再次构筑右侧峰顶时，这时的成交量已经明显处于量能消散的态势中。

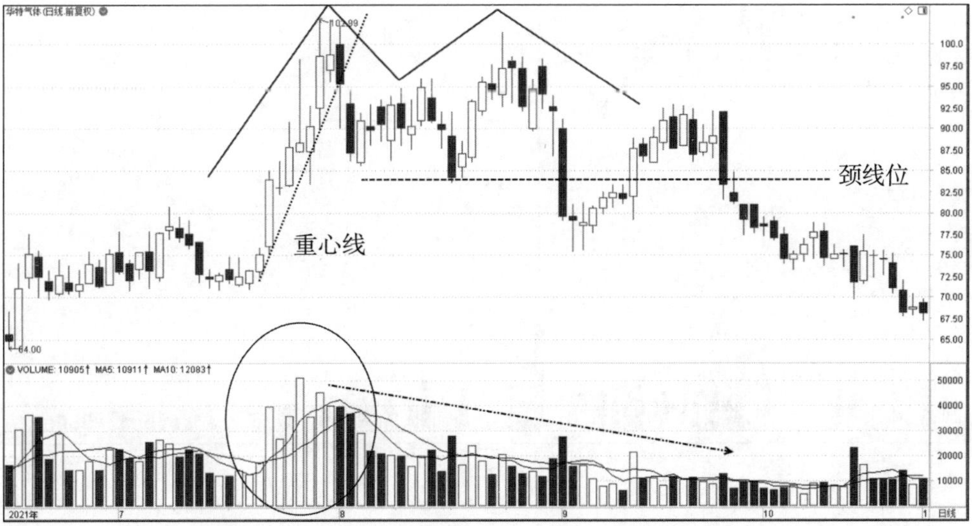

图 7-11

这个成交量的变化基本可以说明，主力在左侧峰顶形成过程中已经大幅降低仓位或完成了出货任务，右侧峰顶缺少主力资金的（对倒）参与，当然也就没有那么多成交量。

右侧峰顶在缺乏主力参与下之所以还能够减量拉高，主要因为以下两点。

一是被套的市场资金尚未形成股价见顶的共识，所以暂时没出现集中抛售。

二是仍有市场资金看好股价上涨，继续买入，可以说右侧峰顶基本是市场资金自己做出来的。

对于这种技术形态，交易者可以关注特殊法绘制的重心线，一旦被股价跌破而不能迅速收复，就说明股价的快速拉升即将结束，应当及时卖出。

实战中，左侧放巨量，右侧缩量的双顶形态，其右侧峰顶股价是否创出新高，并不影响双顶的成立。如图 7–12 所示，股价构筑左侧峰顶时放量，回落后构筑右侧峰顶时，成交量整体处于量能消散的态势。虽然股价在右侧峰顶创出新高，但最终还是难逃见顶回落的命运。

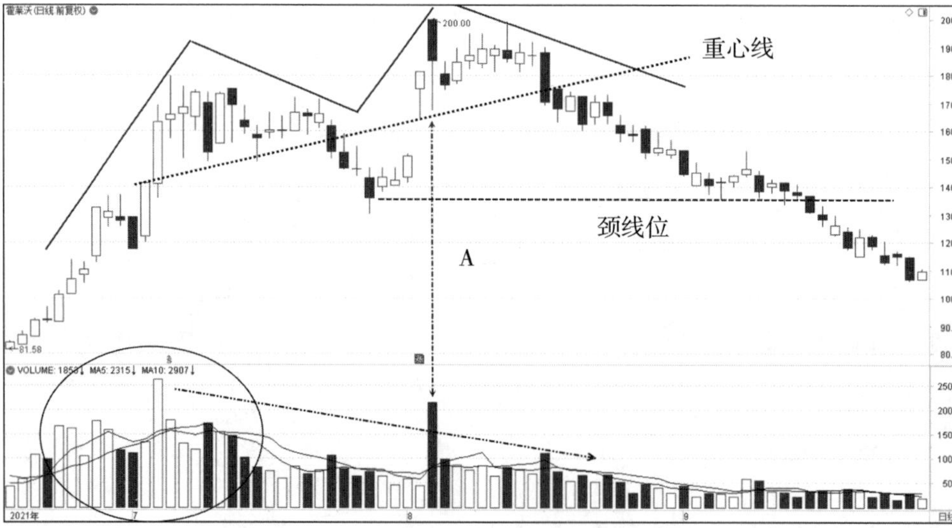

图 7–12

在这个案例中，有个现象具有极大的迷惑性。即图中 A 点，右侧峰顶股价创出新高，成交量呈变量形态放大。如果交易者纠结于当日成交量放大这一点，看不到一段时间以来整体量能的萎缩，那么可能会被蛊惑，并认为股价将继续上涨。但是，学过变量形态理论的交易者都知道，A 点至少也是一个短线卖点。

即使交易者不相信变量的出现会使股价突变，那么当股价突然跌破重心线而不能收复时，也应该能够意识到双顶即将构筑成功，不必等到股价下一步跌破颈线位时才恍然大悟吧？

二、右峰放量和双峰放量

双峰放量或右峰放量，这种成交量表现可能是主力资金遇到了问题，导致前期出货并不理想。左侧峰顶形成过程中没能完成预定的减仓任务，只能通过右侧峰顶继续拉高减仓。这种情况下的双顶形态，右侧峰顶多数会创出价格新高。双顶形态中的这两种放量形式，会使部分交易者一头雾水，主力为什么创出价格新高后，却从此不见了踪影？

1. 右峰放量

如图 7–13 所示，左侧峰顶构筑过程中，成交量处于常量态势，而右侧峰顶的构筑有明显的不同：直线拉升，放量明显，之后迅速回落跌破颈线位。

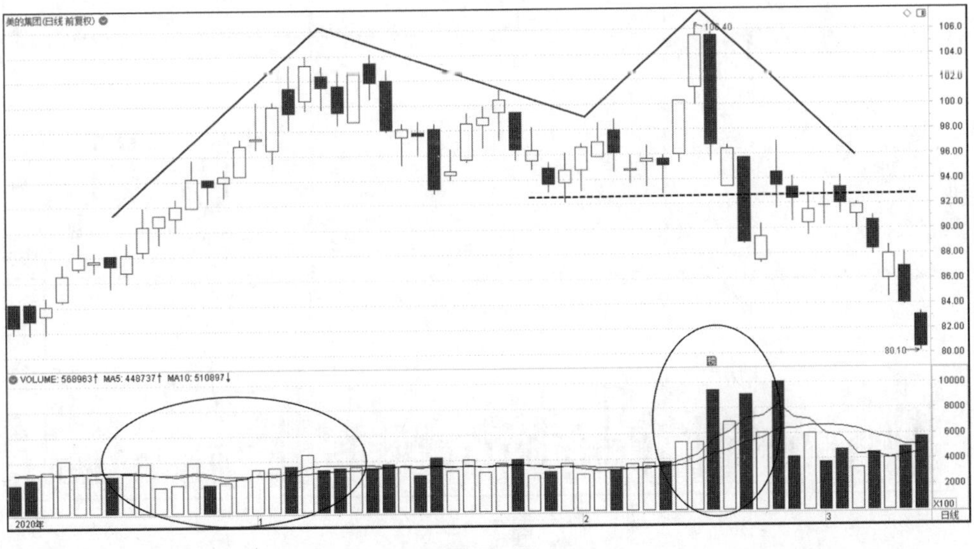

图 7–13

股价跌破颈线位后，成交量也逐渐萎缩，说明这个右侧峰顶是主力资金不得已而为之的拉高行为，完成最后的减仓后，成交量自然就会减少。

2. 双峰放量

如图 7-14 所示，该股在构筑双顶的过程中，两个峰顶都有放量的情况。这种类型与右峰放量很相似，都是主力资金为完成减仓计划而为之。对于这种个股，当股价在右侧峰顶开始回落并跌破重心线时，交易者应注意减仓。

其实案例中的两个峰顶都出现了单日大成交量的情况，左侧 A 点是明显的变量形态，交易者完全可以卖在相对高点上。右侧 B 点的大成交量，虽然不是变量形态，但结合当日长上影 K 线的表现，交易者也应该有所警觉。

成交量对于卖点的提示具有先天优势，量价关系匹配与否，比其他指标发出的信号都会领先一步。有兴趣的读者可以参阅《成交量核心技术》。

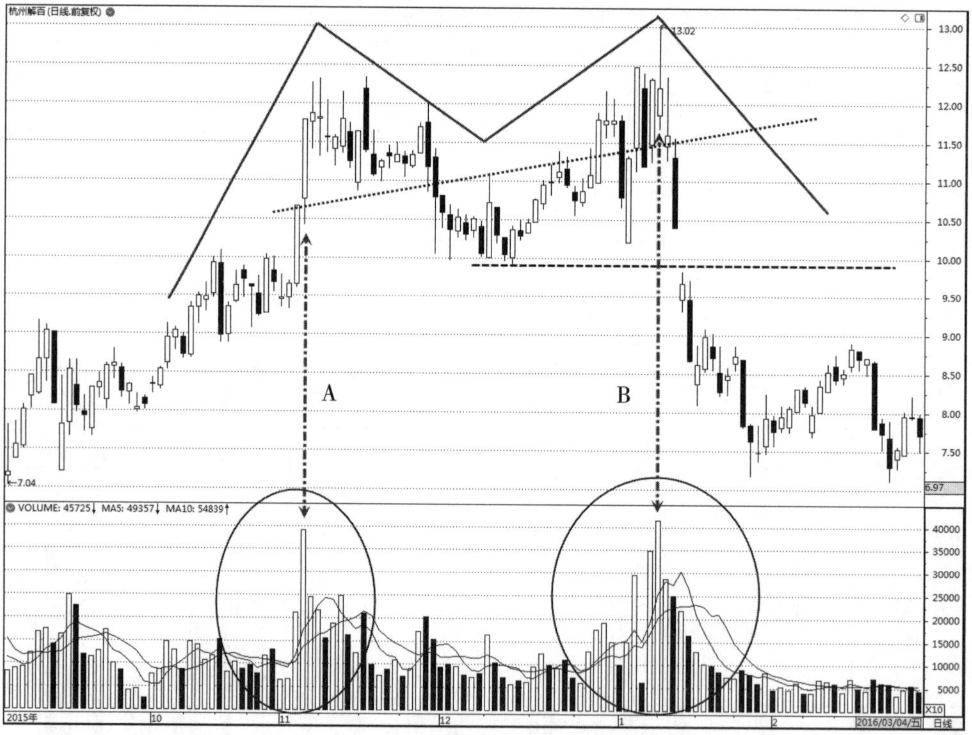

图 7-14

第三节　三重顶构成和卖出时机

三重顶是指价格上升到一定高点后出现回落，回落后价格又开始上涨，上升达到前高点上下时再次发生下跌，跌至前低点附近价格又一次开始上升，这次上升到达前两次高点附近价位时，价格下跌并跌破前两次形成的低点（颈线位），且不能在短时间内成功收复，则三重顶成立。如图 7-15 所示。

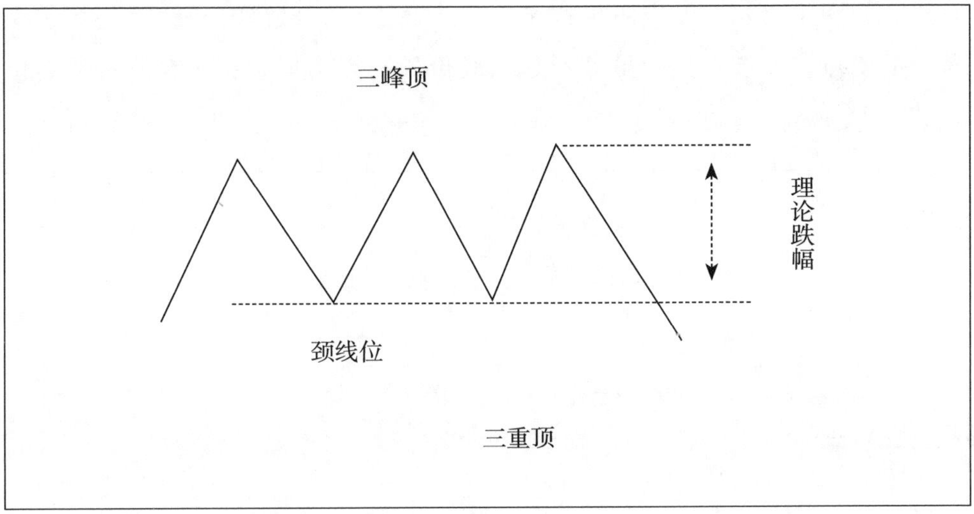

图 7-15

三重顶的理论跌幅，为两次回落低点平均值（两次回落低点不一定完全相同，可取其平均值）和三峰顶高点平均值之间的距离。理论上认为，三重顶成立后的基本跌幅，可能不会小于这个距离。三峰顶之间的回落低点平均值也被称为颈线位，当价格跌破颈线位而不能有效收复时，即认为价格顶部成立。

三重顶比双顶多了一次上升的过程，也就多消耗了一次多方能量，多套牢了一部分追涨资金，由此可见，三重顶比双顶结构要更复杂，未来对多方也更具杀伤力。三重顶如三座大山压在多头身上，多头想再次翻身，需要相当长的时间和过程来消化三重顶带来的巨大压力。

所有的形态分析都是相对而言的，还需要参照技术环境的制约因素，不同阶段、不同价位出现相同、相似的图形，其技术意义多有较大的区别。

如图 7-16 所示，该股经过长期大幅上涨后，构筑了一个形态较为复杂的三重顶。股价跌破颈线位后，C 点虽然出现一个较有力度的反抽，但最终还是未能挽回步入下跌趋势的命运。该股股价之后的跌幅和下跌持续时间都超出人们的想象。

对于图 7-16 中的三重顶，交易者可以利用趋势线、重心线来把握卖出时机。如图中所示，A 点股价构筑第一个高点时，跌破趋势线就是短线交易者的卖点。A 点卖出，虽然不是在股价最高点，但是至少在股价的高位区域。

图 7-16

之后，股价高位振荡构筑三重顶，交易者可以绘制一条重心线。当 B 点股价波动中跌破重心线下行，这时候虽然未曾跌破颈线位，但三重顶的构筑接近尾声，大体形态呼之欲出，交易者至少也应该减仓应对。

通常来说，在长期大幅上涨的股价高位，一旦出现类似案例中的盘整振荡时，不管是什么形态的顶部，交易者都应高度戒备，切勿被套在股价高位大顶上，因为这个阶段被套，可能几年甚至更长时间都难以解套。

C 点跌破颈线位也是一个相对较佳的卖点，虽然之后股价出现了一个强力的反抽，反抽高点一度接近重心线。案例中出现的这个反抽，当然也是一个极好的卖点，但并不是所有个股跌破颈线位都有强力反抽，交易者切不可刻舟求剑，延误了卖出时机。

实战中，对于这种结构复杂的大型三重顶并不难识别，难其实是难在交易者的心理上。很多持仓者从内心抵触或不愿意承认股价大顶已经形成，更不愿意脱离股价原有的上涨节奏，但是股价从不以市场意愿为运行方向。与股价运行规律相对抗，结果必然不会太好。

如图 7-17 所示，该股股价经过大跌之后，在反弹行情中构筑三重顶形态，这是一种下跌中继形态。其后的下跌幅度和下跌持续时间，都要远小于图 7-16 的个股。但是交易者仍需要根据自己的持仓或者介入成本，及时确定交易策略，不能也不必承受多余的折磨。具体的卖点分析与图 7-16 类似，不再详解。

三重顶不像尖顶那样对顶部具有强烈的、明显的提示和警示效果。在三重顶构筑过程中，股价来回折返的走势能够起到极大的迷惑作用，可能交易者并不会认为顶部已经到来，甚至认为这是一个极其正常的振荡盘整，还有人全然不顾个股已有的偌大涨幅，认为股价正在构筑一个双底。

认识上的错误，或者心理上的抵触，会让交易者选择持仓等待或积极进场，从而失去最佳的做空或卖出时机。

和尖顶、双顶相比，出现三重顶形态，至少说明主力前期减仓过程并不顺畅，未能顺利完成减仓和出货任务。

前面说过，顶部形态构筑得越复杂，其后的跌幅相对越大，用时越长。这既是对某一种顶部形态而言，也适合不同的顶部形态。

图 7-17

比如，同样是双顶，一个短期内构筑的简单的双顶形态，其跌幅多数比中长期内构筑复杂的双顶要小得多；如果同样是短期内构筑的简单双顶和三重顶之间进行对比，那么这个三重顶无疑比双顶要复杂（多了一次上攻的过程），所以后期跌幅一般要大于同等构筑程度的双顶，除非这个三重顶本身就是一个空头陷阱。

从技术原理上来说，顶部结构构筑的复杂程度，和主力想要达到的出货比例息息相关。顶部形态构筑得越是复杂，主力出货量越大；也说明前期出于某种原因，其未能较好地完成大部分仓位的减持，所以只能通过中长期顶部构筑来完成相关减仓。

短期内构筑的相对简单的顶部结构也存在多种可能性，以尖顶这种最为简洁明了的顶部形态为例，尖顶形态大多说明主力按照计划、分阶段顺利地完成了减仓任务，这种情况下尖顶的峰顶几乎是市场资金以追高的惯性冲击而来。另一种可能性是出于某种突发的状况，主力或游资根本未能完成减仓任务。比如，2015 年股灾爆发，指数和很多个股大多以尖顶形式下跌，很多主力根本来不及出货，他们也只能徒唤奈何！

第四节　头肩顶构成和卖出时机

头肩顶和三重顶十分相似，区别在于头肩顶的第二次上涨明显超出第一次上涨的高点，第三次上涨则明显低于第二次的高点，于是形成了一个类似人体头和双肩的图形，故名头肩顶。如图 7-18 所示。

头肩顶的理论跌幅为两次回落低点平均值和头部高点之间的距离。理论上认为，头肩顶成立后的基本跌幅可能不会小于这个距离。两次回落低点的平均值也被称为颈线位，当价格跌破颈线位而不能有效收复时，即认为价格顶部成立。

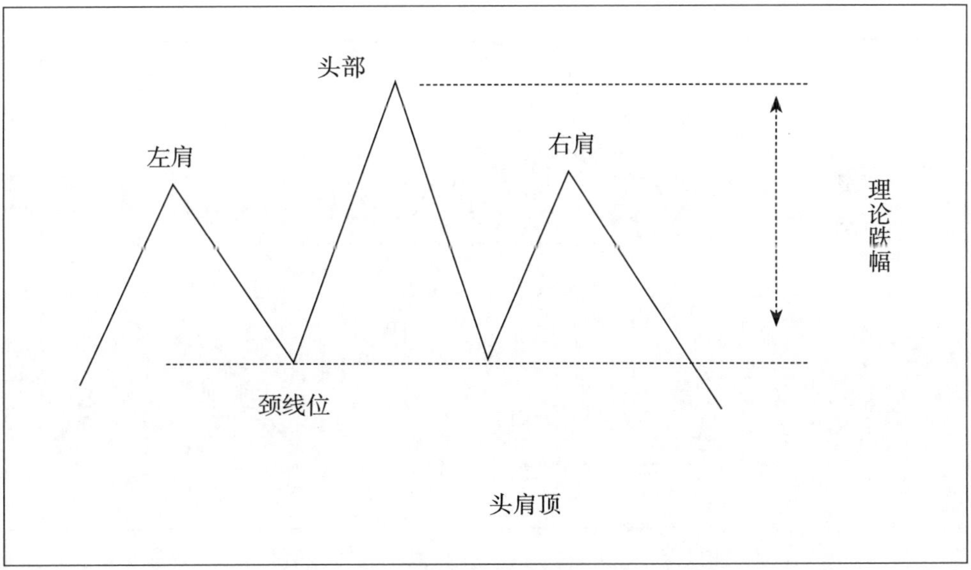

图 7-18

前面一再讲过，顶部形态构筑得越复杂，其后的跌幅相对越大，用时越长，而头肩顶就是这样一个构筑较为复杂的顶部形态。

如图 7–19 所示，在长时间大幅度涨升之后，该股构筑了一个复杂的头肩顶形态，当股价跌穿颈线位后，随即进入下跌趋势。虽然在下跌途中该股出现了一个强力反弹并一度收复颈线位，但股价的短期波动终究难以抵御趋势的力量，最终还是回归下跌趋势之中。

当头肩顶形态的构筑初具雏形时，交易者至少应保持足够的警惕。在市场前景不明朗的情况下，宁愿相信这个形态可能带来巨大风险，也不要自作聪明地认为这是主力洗盘或刻意制造的空头陷阱。因为交易市场上，钱是赚不完的，但可以亏完。

图 7–19 中，左肩构筑完成后，在头部构筑过程中，交易者可以利用重心线标示股价波动，一旦发现股价有向下波动倾向，应当及时卖出了结。在大型顶部形态构筑过程中，最好不要心存侥幸，比如认为个股或许会转危为安、扭转颓势等，这种愿望式交易往往会使交易者错失卖出时机。图中分别标示了不同绘制法绘制的重心线，可以保证交易者在股价相对高位区域卖出。

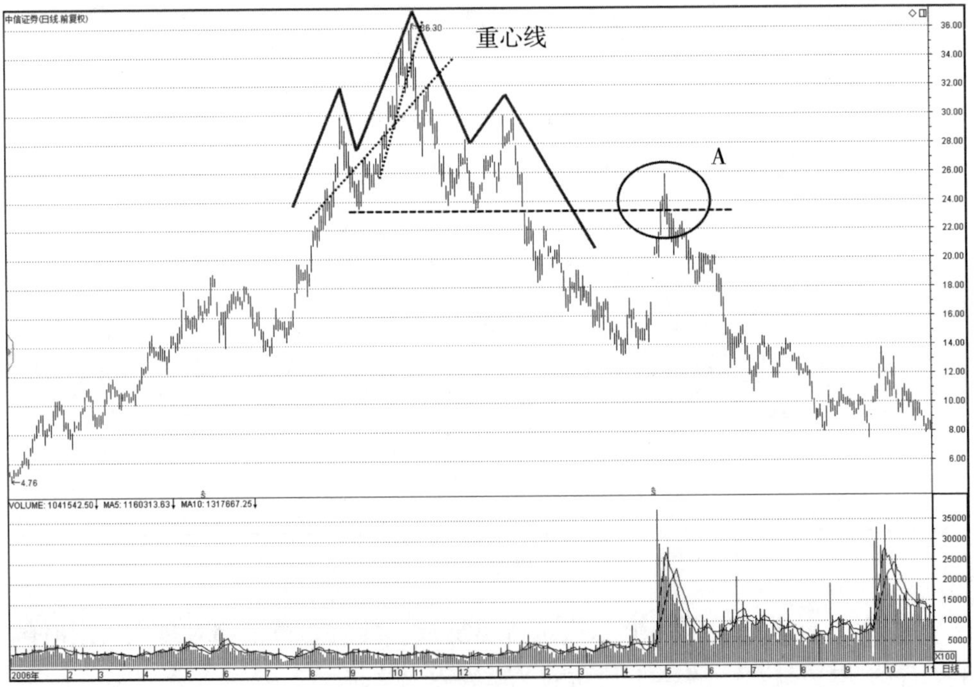

图 7–19

实战中，有些个股跌破颈线位后，会出现一个反抽颈线位的动作。出现反抽的原因很多，比如，主力资金出货仍未完成，被套资金不愿束手就擒，于是强力反击。也可能是不甘寂寞的市场资金进场搏反弹等。对于这种类型的反弹，短线交易技术欠缺、没有严格止损纪律的交易者，最好避免介入。如图 7-19 中 A 点所示，这个反抽很有可能属于主力资金的行为，因为下方的成交量非常密集，其他市场资金很难愿意投入如此大的成本来博一个跌势中途的反弹。

头肩顶形态一旦确立，其蕴含的杀伤力极大，原因无外乎以下两点。

（1）头肩顶形态构筑的复杂性超过前面讲过的几种顶部形态，越是复杂的顶部形态，后期跌势越严重。即便是相对较短时间内构筑成功的头肩顶形态，其对多方的杀伤力也往往较大。

如图 7-20 所示，该股构筑头肩顶形态时长较短，形态也相对简单，但跌幅却非常惊人。从最高点的 74 元附近一直跌至 17 元左右，跌势才慢慢平复。所以，当交易者在实战中发现个股有构筑头肩顶的迹象时，应及时寻找高点卖出筹码，回避风险。

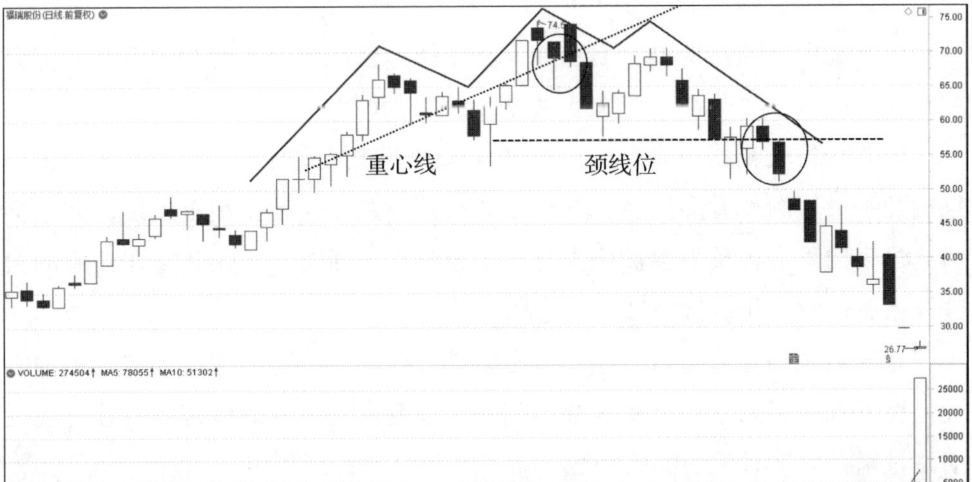

图 7-20

图中以左肩涨势和头部涨势绘制重心线。实战中头部涨势尚在运行时，绘制的重心线可能与图 7-20 中标示的稍有偏差，但不会有过大的差距，不会影响最终判断。

当股价在头部高点跌破重心线时，交易者应当减仓。虽然此时股价下跌也许不会过深，像左肩的回落一样，只是一个偏离重心线的动作，但是交易者如果考虑到顶部形态的杀伤力，就应当谨慎对待。

头部高点的回落在颈线位上止跌并开始反弹，但这个反弹明显较弱。在股价高位，不论何种顶部形态的构筑，一旦反弹的持续性出现问题，交易者不可迟疑或犹豫不决，因为顶部形态一旦确立，下跌将会极为迅猛。

图 7-20 中最后一个较好的减仓点，就是股价跌破颈线位时。此时再犹豫的话，面临的将是股价一日千里式的快速下跌。

（2）头肩顶形态在形成或者说构筑过程中，具有极强的迷惑性。顶部形态的迷惑性越强，意味着套牢的资金越多。随着主力资金的出逃，这些套牢盘会形成极重的压力带，股价在中短期内不会有足够的能量来予以化解。

为什么说头肩顶形态具有极强的迷惑性呢？

不妨从形态构成上进行分析。头肩顶的左肩在形成之初会被认为是尖顶，当价格脱离尖顶的预期再次上涨并大幅刷新价格高点时，所有的看空者都会被打脸，市场必然由恐慌杀跌迅速转向狂热追涨。

因为价格大幅刷新高点，没有多少人敢于选择此时再度看空，所以市场氛围几乎一边倒地看多做多。头肩顶的头部下跌在这种氛围里出现，并不会引起过多的恐慌，反而会被认为是“千金难买牛回头”。尤其是在左肩的上涨开始后，做多几乎就是唯一的选择。

当头肩顶的左肩下跌开始，甚至跌破颈线位后，仍旧会有人在做多的心理惯性下继续买入。只有在跌幅达到一定程度后，巨亏的痛苦才会让人慢慢清醒过来。但这时一切都已经晚了。

实战中，有时还会遇到一些并不“标准”的头肩顶，如图 7-21 所示，该股的左肩构筑出两个高点，让交易者误以为是双顶。但随后股价再创新高，打破了双顶形态，重新为市场树立了股价继续上涨的信心。

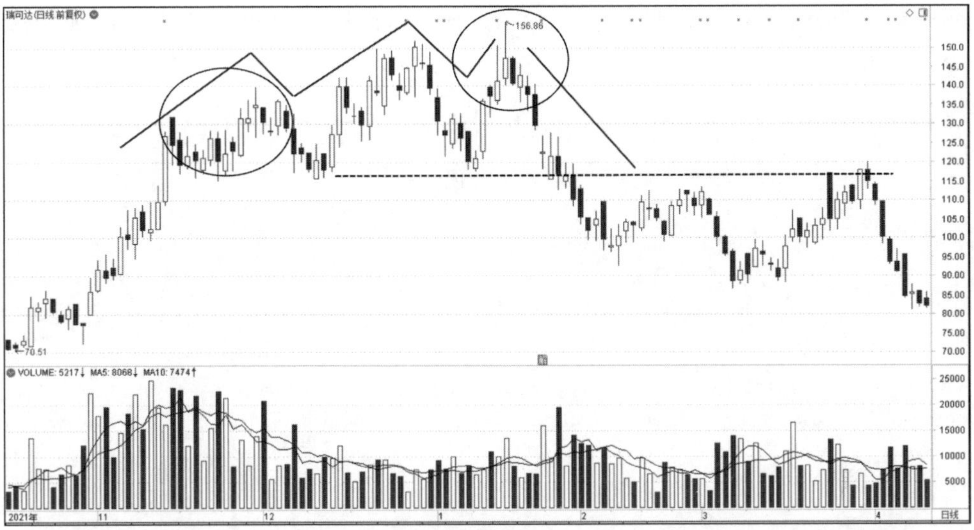

图 7-21

股价从头部高点回落，让交易者开始猜疑构筑头肩顶形态，但是股价右肩起涨后居然创出新高，无疑会让市场资金再一次认为该股将突破头肩顶形态继续升势。然而，股价创出右肩高点后，却转入下跌并跌破颈线位，宣告头肩顶成立。

这个案例中，右肩股价创出新高最能迷惑人，也正因为这一点，让很多交易者失去卖出的良机。如果仔细分析右肩最高点，只是上影线创出新高，收盘后的股价实体仍低于头部高点。

实战中，不管是上影线还是实体出现这种情况，都不妨碍判断该股的顶部形态，即使不是一个绝对标准的头肩顶，也会是混合顶等顶部形态，都预示着股价下跌风险即将来临。

第五节　混合顶构成和卖出时机

所谓混合顶，是指以弧形顶为主的多种顶部形态共存或难以辨别形态特征的顶部构造形态，如图 7-22 所示。混合顶形态，因其构成形态上的驳杂，部分难以确定颈线位等技术因素，实战中应以价格运行重心作为判断顶部构成的依据。

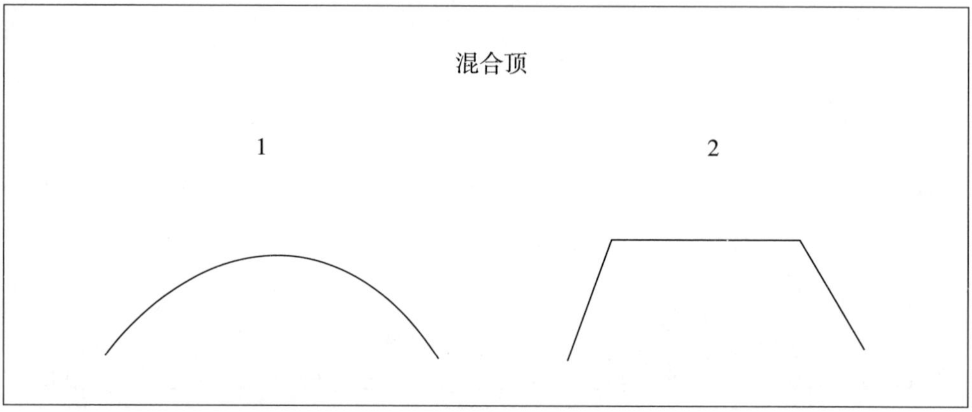

图 7-22

图 7-22 中的 1 号图形为传统理论里的圆弧顶，是指价格上升和之后下跌的角度，构成一个弧顶在上的圆弧形状。圆弧顶在实战中并不常见，远不如圆弧底出现得频繁。

如图 7-23 所示，这是一个最接近 1 号图形的圆弧顶形态。在这个形态中可以发现，其中似乎也具有尖顶的特点（图中标示处），甚至也具有箱形的特点，但就股价整体运行重心情况来看，还是呈现出圆弧状的运行轨迹。

混合顶的构筑比较复杂难辨，有的时候即使分析出可能是一个混合顶形态，也很难确定卖点，这时候就需要加入一些技术分析来协助判别形态的运行阶段，从中选择较佳的卖点。

将图 7-23 中的圆弧顶放大，下面来具体分析一下如何判断形态和确定卖点的问题。

图 7-24 就是放大后的圆弧顶形态，图中绘制了一条重心线。在圆弧顶构筑过程中，股价还是以这条重心线为中心波动运行的。一直到了 A 点，形态开始出现明显的变化。A 点是整个形态最为关键的区域，也是确认圆弧顶形态成立的最后时刻。

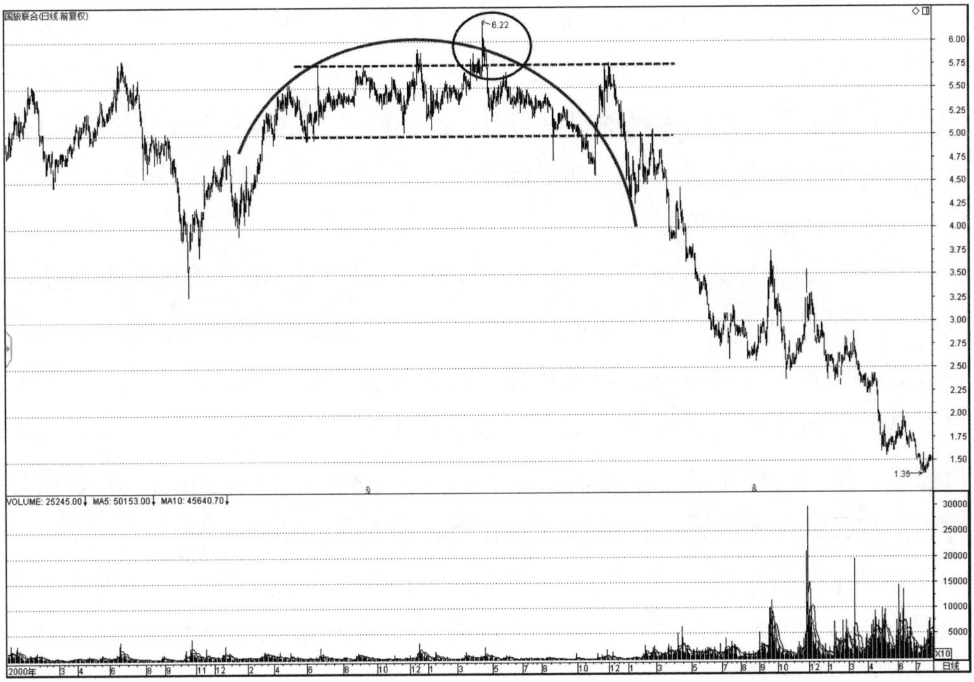
国旅联合(日线 前复权)
6.22
1.35
VOLUME: 25245.00↓ MA5: 50153.00↓ MA10: 45640.70↓

图 7-23

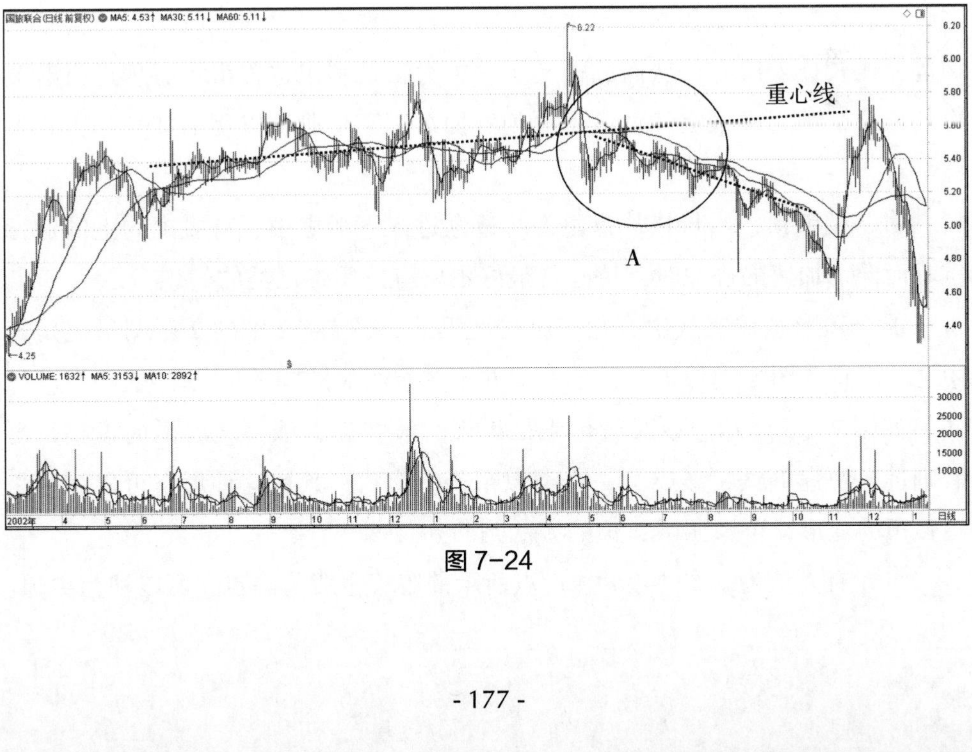
国旅联合(日线 前复权) MA5: 4.53↑ MA30: 5.11↓ MA60: 5.11↓
6.22
重心线
A
4.25
VOLUME: 1632↑ MA5: 3153↓ MA10: 2892↑

图 7-24

A 点股价跌破了重心线，其实在这个案例中的弧顶区域，股价已经多次跌破过重心线，这也是观测股价波动的重点。问题的关键是，跌破重心线后能不能迅速收复。A 点的表现明显与前几次不同，即股价向上反抽重心线后，未能继续向上拓展升势，反而缓缓向下运行并形成重心线向下变轨。这就是一个极度危险的卖出信号。

在这张图中加入了 5 日、30 日、60 日三条均线，用来协助判断股价趋向变化。在弧顶区域，这三条周期不同的均线聚拢后相互盘绕，横向运行，均线之间原本具有的厚度空间被挤压，逐渐呈黏合状，这是股价高位盘整的显著特征，也是股价运行方向不明、将要选择运行方向的特征。在这种技术形态下，至少说明不适合交易者买入。同样，来到 A 点，三条均线开始明显转为下行，意味着股价已经选择了最后的运行方向。

在技术分析中，当多种技术工具同时发出相似的技术信号，即为技术分析中的共振。共振一旦出现，判断结论的准确性都相当高。具体到该案例来说，A 点应是交易者最后的卖出时机。

圆弧顶形态中，价格运行趋向从缓涨到走平再到逐渐下跌、加速下跌，这种顶部构造方式就如同以温水煮青蛙，持仓者会误以为该股运行节奏较为稳健，比较让人放心，从而放松警惕。主力正是利用这种市场心理进行有节奏的减仓，当完成预定计划后不再刻意护盘，于是股价以逐渐加速的方式展开下跌。

对于圆弧顶，当价格从盘整态势逐渐进入下滑之中，有脱离向上的运行重心而向下加速的迹象时，持仓者最好不要有抢反弹之类的幻想。

混合顶形态在实战中有很多种变化形式，图 7-22 中的 2 号图形也是其中之一。这个图形类似于圆弧顶，但并不具有明显的圆弧运行轨迹。

如图 7-25 所示，该股股价先是出现一波快速上涨，之后横向盘整，再后则进入快速下跌，形成了一个类似帽子的形状。其实这种形态可以认为是圆弧顶的变形，可参照圆弧顶的方法判断。

可能有人认为，图 7-25 中 A 点所示的第一个股价高点，可以视为尖顶。

但是如果认定为尖顶的话，那么等股价跌破颈线位，利润将大幅流失。

对于这类图形，还是依据股价运行重心向下偏移为原则，至少在锁定利润上更为理想。如图中所示，A点急速上涨阶段，可以利用特殊绘制法的重心线来标示股价波动，在股价发生向下跌破重心线或重心线变轨时，应是短线交易者的卖点。

波段交易者可以在弧顶区域绘制重心线，当股价跌破重心线而没有迅速收复的可能时，及时卖出。实战中，交易者还可以加入均线、成交量等技术工具进行综合研判，这样得出的结论更为准确。

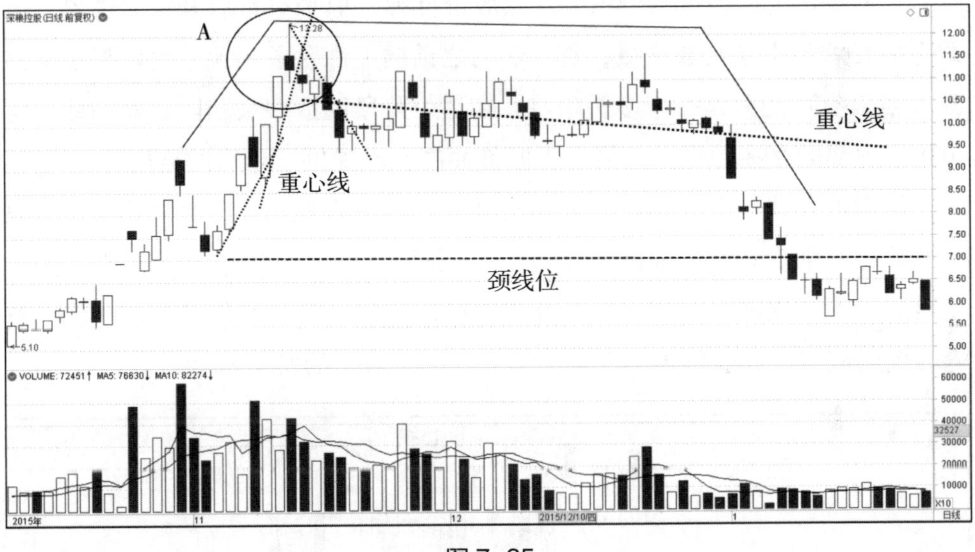

图7-25

混合顶的变化形式极多，不可能一一举例讲解。当顶部形态共存或难以辨别形态特征时，应该可以想到遇见的可能就是某一种类型的混合顶。

实战中，一些构筑时间短暂、不具有典型顶部特征的形态，也需要交易者高度注意。这些看起来结构简单、时长较短的形态，往往被交易者忽略，或者不认为是一种顶部形态，却会让交易者因大意而错失及时卖出的机会。

如图7-26所示，该股构筑混合顶仅仅用了十几个交易日，很容易让人误以为股价只是一个盘整振荡的过程。实战中，当股价有过一段较大的涨幅后，于股价高位再次冲高后随即开始盘整时，就要注意分析股价是否有构筑短期顶部的可能。

图中股价向上跳空高开高走，但是接下来几个交易日股价高点却都在大致相近的价位上，说明股价已有滞涨的迹象。绘制重心线可以发现，股价波动从陡峭向上转为缓慢向上，再到向下变轨，及至几乎横向运行。股价的波动已经明显显示出下行的倾向。对于不同交易风格的交易者来说，这期间应以卖出或者准备卖出为主要交易策略。

案例中，股价跌至颈线位一线时，振荡盘整了相对较长时间，可以将之视为对颈线位支撑力度的测试。A 点股价反弹，似乎有重启升势的迹象，但无论是 K 线形态还是成交量，都无法与之前的上涨阶段相比，也就提示交易者 A 点极有可能只是一个多头陷阱。在这个阶段制造多头陷阱，既佐证了至少短期顶部的存在，也为交易者借股价冲高卖出提供了难得的良机。

该股的颈线位下方存在一个向上跳空缺口。通常来说，不回补缺口，说明股价涨升强度较高。如图 7-26 所示，股价从高点回落，于 A 点制造多头陷阱后，不但跌破颈线位，还回补了缺口，充分证明了股价目前的弱势。持仓者此时应该放弃股价再续升势的幻想，抓住最后的卖出机会。

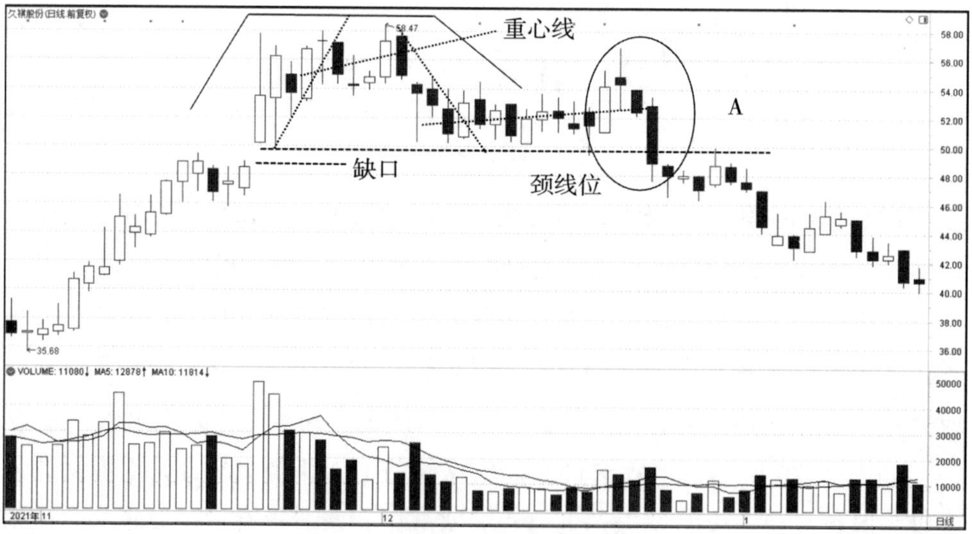

图 7-26

第八章

分析股价涨跌的关键

第一节　股价涨跌强度——决定交易的焦点

股价无论是处于上涨还是下跌过程中，都能体现出其相应的强度。所谓强度，并不是仅指大阳线或大阴线，这两种股价极端表现形式，毋庸置疑很强势，但并不必然就代表股价具有很大的强度。价格强度，和价格的涨跌幅度以及量能大小，并不具有正比例关系。

比如，某股以巨量成交报收大阳线，但是次日股价却不涨反跌，前一交易日的强势已经荡然无存。没有持续性的强势上涨或下跌，不能证明价格强度的存在。

价格强度从来都不是某一交易日涨得有多好，跌得有多猛。能够很明显表示出来的强势上涨或下跌，价格强度都很难予以判别。原因在于，资金的疯狂追逐或者主力的操纵手法，会让强度隐藏在其中难以辨别。

那么，价格强度究竟是什么？如何识别？

价格强度的本质，是主力资金对于价格潜移默化、不露痕迹的影响，这也是尚未显露头角的潜力个股的共同特征。价格强度是交易者选择潜力个股的重要技术标准之一。

实战中，如图 8-1 所示的个股，A 点处技术形态岌岌可危，似乎一波大跌即将喷涌而出，交易者往往会选择卖出观望。该股好像徘徊在悬崖边缘，虽然惊险连连出现，却始终并未出现大跌。百转千回之后，在大多数人都不看好的情况下，该股却峰回路转，走出一波靓丽的上涨。

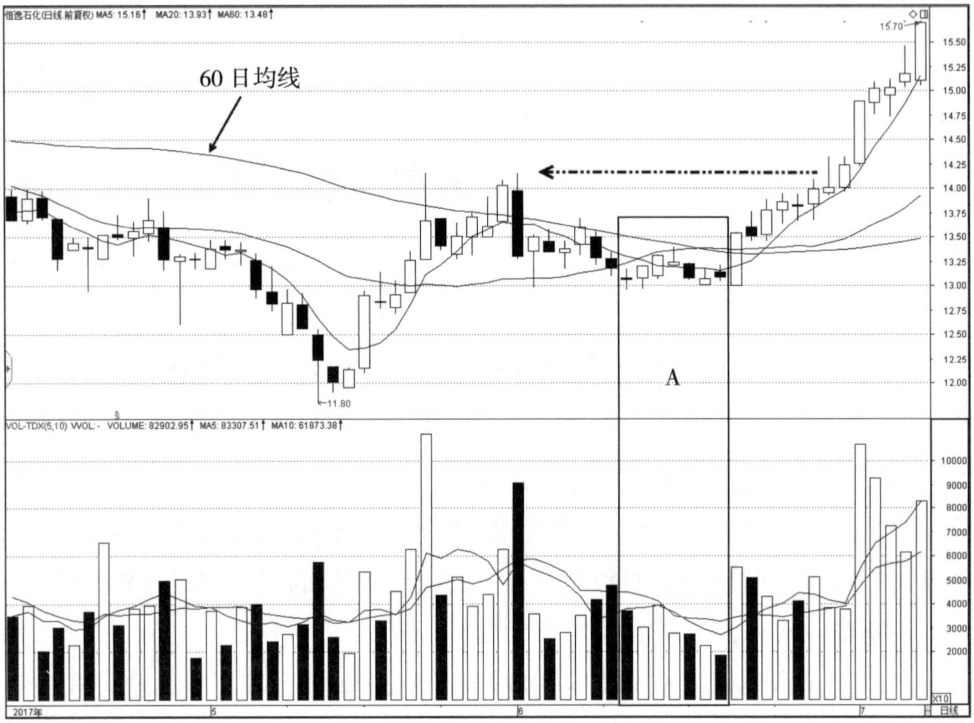

图 8-1

一、当跌不跌，反转上涨——谓之强

当图 8-1 中的个股股价突破 60 日均线，成交量也从量能消散形态转化为变量形态，预示价格出现重大变化，这里就是价格强度的显现。之后成交保持新常量，股价再次突破反弹高点，则是强度的延续和增加。这一系列形态，都提示出做多交易点已经出现。

说到“当跌不跌”，必须把这个技术点讲透彻，否则可能会给交易者的实战带来不利的影响。

“当跌不跌”，必须注重技术环境分析。对于经过大幅上涨的个股，“当跌不跌”可能并不适用。同时，对于“当跌不跌”，却也不能反转为涨，抑或是处于下跌途中无强度弱弹的个股，也不适用。

如图 8-2 所示，A 点也出现“当跌不跌”，随后的弱弹虽然突破前高，但无论是股价还是量能，都没有明显超越前高，显示增量资金并不踊跃，可能只是盘中存量资金所为。B 点的情况更为明显，之后股价反弹也更为弱势。

这种情况下的“当跌不跌”，并不能显示出股价的强度，更多的技术迹象显示，只是下跌途中股价的振荡和折返形态。其实这个案例仅通过均线系统也可以辨别其中的弱势，和图 8-1 有着极大的区别。均线相关技术，请参阅《均线核心技术》（中国宇航出版社出版）。

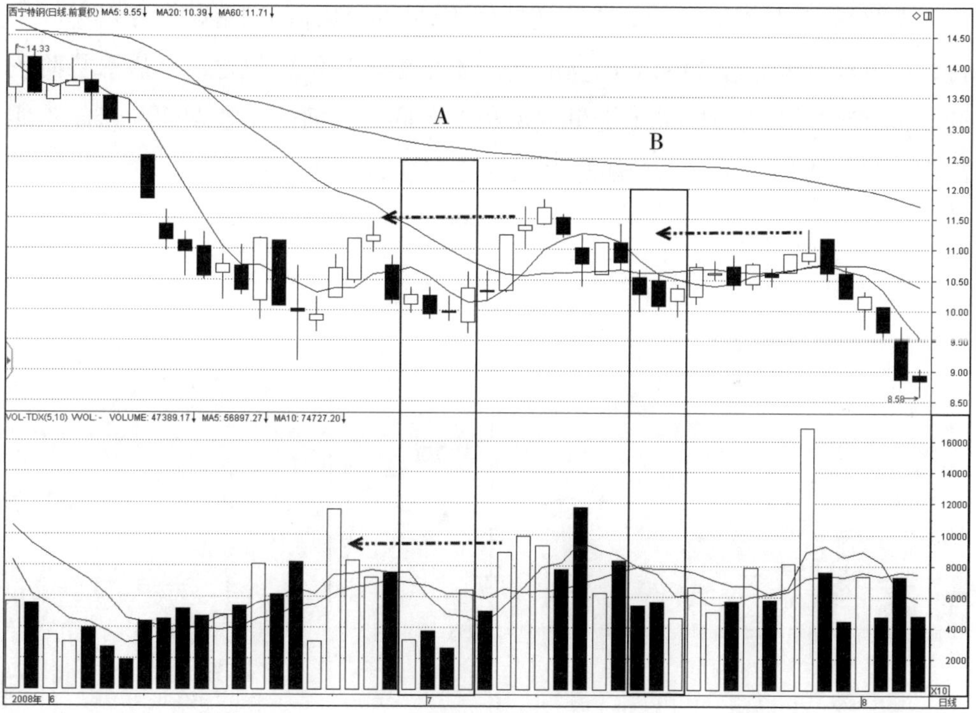

图 8-2

具有上涨强度的个股并非不会出现下跌，甚至正是通过其在下跌中的表现，才能够判断出其上涨强度的大小。

同样，具有下跌强度的个股，也并不是不会出现反弹，正是分析其在反弹中的表现，才能判断出其下跌强度的大小。

二、看折返辨强度

价格的涨与跌构成了折返。折返是价格的波动形式，是多空角力的表现。涨势中的折返，也称为回落调整；跌势中的折返则为反弹。

无论是K线图还是分时图，排除直接涨停或跌停的个股，都存在着折返。通过分析股价的折返，个股上涨或下跌中的强度自然就会浮现出来。

在K线图上，涨势中的回落调整（折返）时间短、幅度小，说明做多力量处于优势地位，这种优势地位表现为股价强度，将很快促使股价结束回落，重归上涨。

如图8-3中A点所示，K线实体较小，同时整体的回落幅度相对温和，持续时间也较短。这种回落调整的量能要呈消散形态，但之前之后涨势阶段的量能，要能明显的增量（变量或聚量）；同时，回落调整期间的量能不能出现变量，否则股价强度分析也会因此出现变数。

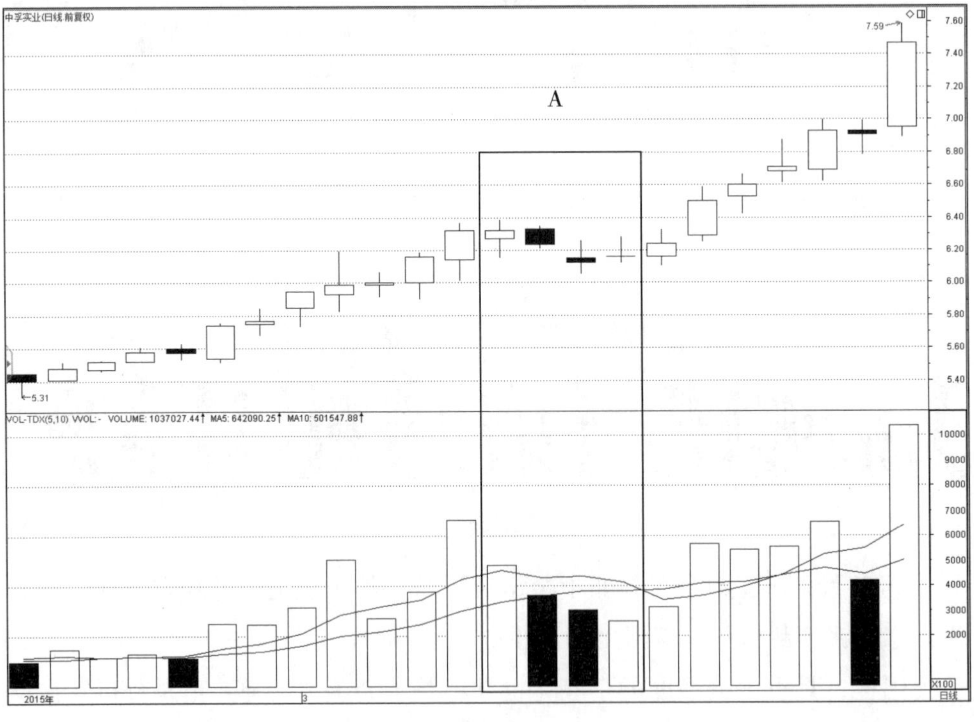

图 8-3

在分时走势图上，现价线在上涨途中折返的持续时间、幅度明显少于上涨的时间、幅度，意味着股价的涨升强度较高，说明做多力量处于优势地位，这种优势地位延续到之后交易日的概率较大；同时意味着盘口存在的压力相对较轻，股价之后极有可能进入到快速拉升阶段。

如图 8-4 所示，该股早盘出现了两次折返，这两次折返的持续时间、幅度，都逊于上涨的时间与幅度。在分时走势图上，折返期间的量能要求和 K 线图中一样，量能应缩减而不能出现变量，之前之后的量能要出现明显的增量。

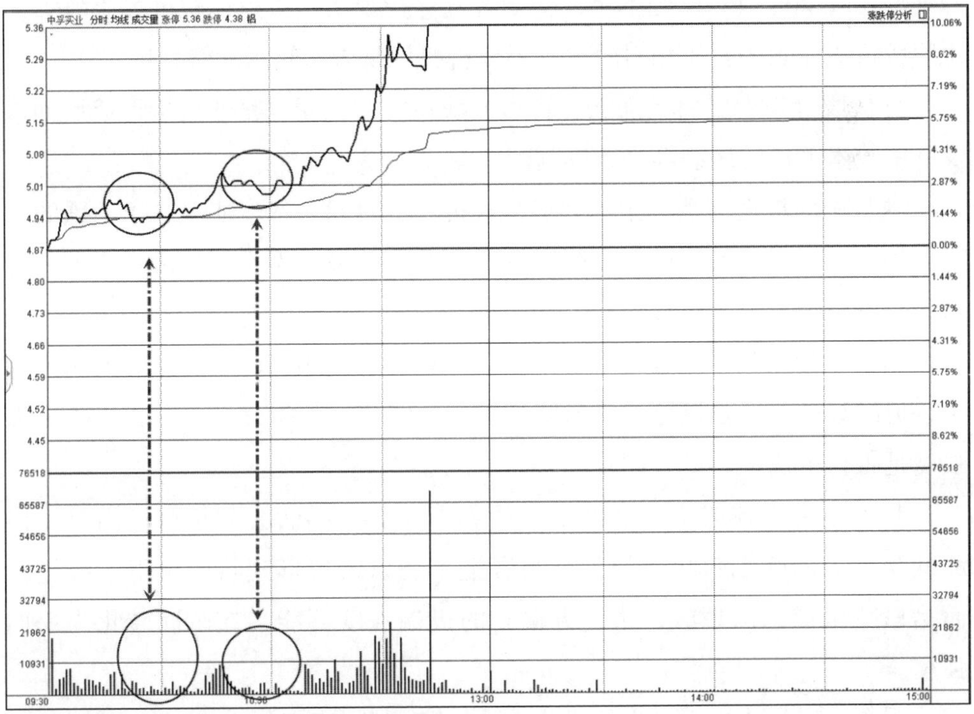

图 8-4

小幅上涨中发生的频繁折返，说明股价正处于确认强度存在与否的过程中，结果可能是转入带有强度的上涨，也可能转入弱势盘整或下跌。

出现频繁折返，是各方资金逃逸与回归的过程。有人认为目前股价还会继续下跌，也有人认为可以入场博反弹，市场资金并未达成共识。在你来我往的博弈中，哪一方能够占据优势地位，则是盘中观察的重点。

交易者还需要注意一种现象，即小幅上涨中虽然折返较少，但整体升势明显羸弱，这时的“折返较少”并不是涨升强度较高的含义，而是代表交易清淡。

无论是 K 线图还是分时图，如果价格折返的时间、幅度与上涨的时间、幅度大致相当，说明虽然处于涨势中，但继续涨势的强度已经有所降低。这个时候交易者应避免追涨操作，个别品种在操作上可以进行低吸。

如果价格折返的时间、幅度多于上涨的时间、幅度，说明股价目前的涨升强度正在降低或者已经不足，交易者应保持观望。折返的幅度如果较大，说明股价遭受到的打压相对较重，要分析股价是否已转为跌势强度。

分析股价是否已由上涨强度转为下跌强度，主要也是通过折返或反抽以及一些技术关口的压制等来予以判断。

跌势中的折返与涨势中很近似，即折返的时间、幅度明显少于下跌的时间、幅度，意味着股价的下跌强度较高。在下跌强度没有任何改变之前，交易者应避免参与做多交易。

当折返的时间、幅度与下跌的时间、幅度大致相当，说明虽然处于跌势中，但继续跌势的强度已经有所降低。但此时仍应保持谨慎，分析股价上涨强度是否会出现。

受到主力操控或资金高度密集的攻击，股价必然会在短时间内显示出涨跌强度上的极端转化。但是，当资金不能以密集形式将股价继续推进，而是以变量形态出现时，某一方向上的极端强度可能会在瞬间转化为反向强度。

因资金密集攻击而出现的股价急跌急涨，其强度变化具有不稳定的特性，除非密集的资金能够持续出现，否则这种股价强度并不能成为参与盘中交易的依据。

如图 8-5 所示，该股股价出现一个快速涨升的过程。至 A 点时，股价确认突破相关均线并继续上涨，显示出股价具有较高的强度，这个过程中伴以密集成交。B 点股价达到本次涨升的最高点，之后股价迅速回落。

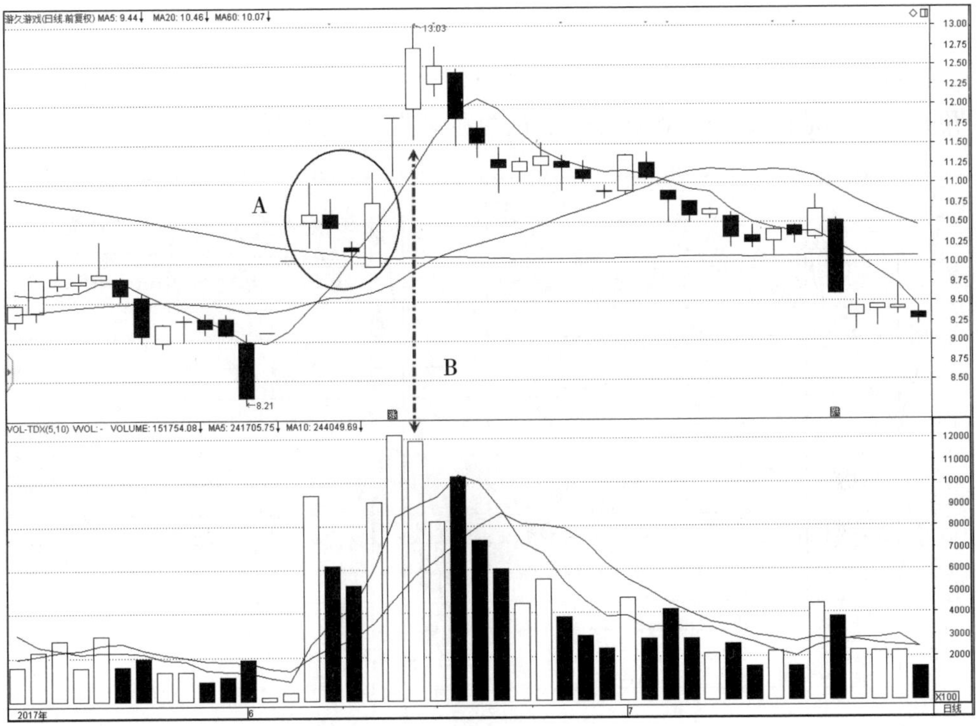

图 8-5

在这个案例中，B 点之后股价的上涨强度是如何发生转化的呢？

图中 B 点是股价最高点，从这一点开始股价发生转折，同时也是量能转折的开始，B 点无疑是一个关键的量价分析点。

图 8-6 的分时图，即为图 8-5 中 B 点当日的分时走势。

从图 8-6 中可以看到，该股当日股价虽然整体升幅达到 7% 以上，但真正处于涨升的时间并不多，升幅主要由两个短时间的迅速拉升构成，其余的大部分时间里，股价多处于振荡回落的态势中。

图 8-6 中的分时走势可以告诉大家两个关键点。

其一，该股上涨的压力并不大，股价强度理应可以继续保持。原因是，盘中两次急速拉升的幅度都超过 4% 以上，早盘的急拉甚至超过 6%，但之后的回落相对较缓，量能在回落中并未出现变量等，这就显示上方并无密集的大卖单打压。换个角度理解，如果盘中主导资金想封涨停板的话，难度应该不大。

其二，承接上述分析，该股涨升压制不大，但是却并没有干净利落地封涨停板，而是将全天大部分时间都花费在振荡中，原因何在？

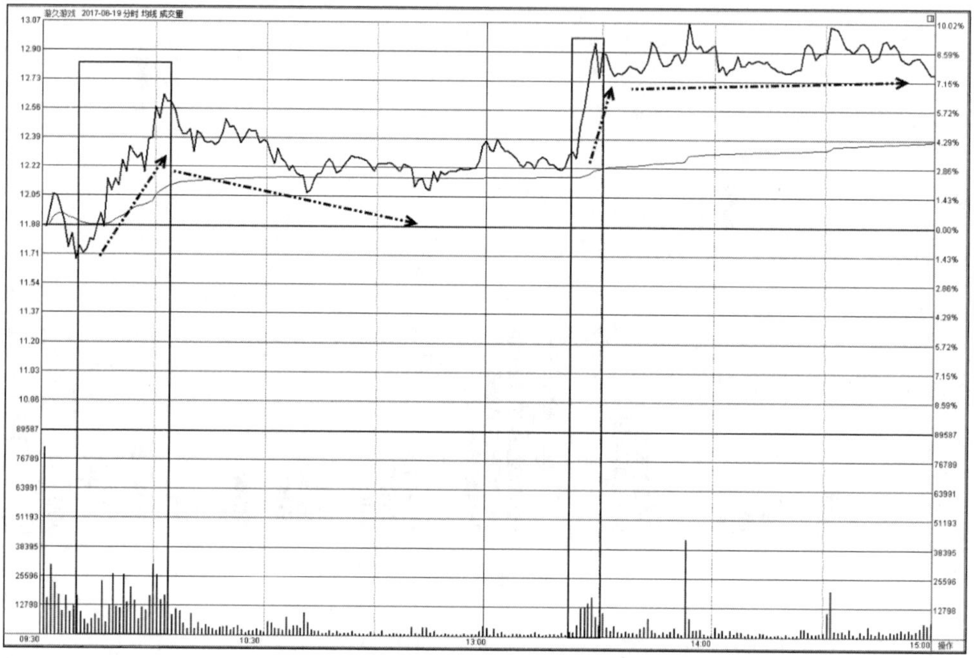

图 8-6

如果说主力资金意在震仓洗盘的话，那么这种幅度平缓、为时较长的折返过程，不但吓不走人，相反还会吸引更多的人加入进来。尤其是午盘过后第二次急拉，无疑会吸引到很多关注的目光。

强度明显，能大涨而不涨，排除掉震仓洗盘的可能，那么只能是主力资金在阶段性减仓或出货。从主力资金阶段性减仓或出货的角度来看待这个分时走势，一切都迎刃而解。利用短时间的对倒急拉做高股价，在这个过程中满足跟风追高资金的需求，然后不急不慢地利用拉高的空间来减持筹码。

可以说，案例中拉高之后的两次长时间折返，就是主力资金减仓所致。也正是主力资金的减仓或出货，才导致该股上涨强度迅速转化为下跌强度。

分析强度变化，还可以通过观察盘口的方式实现。例如，某股盘中涨到

9.60 元，之后出现折返，虽然折返幅度、时间都不多，但回升后股价一直不能突破 9.60 元，或者虽然穿越这个价位，但很快就回落到 9.60 元之下。这就是上涨强度不足，或是将要转化为反向强度的信号。

实战中，一些个股还会利用对倒或交易中的时间差来迷惑交易者，造成某股强度较高的假象。例如，利用尾盘最后几分钟迅速拉升股价到 9.60 元上方，看起来似乎强度依旧在，但下一交易日股价却会突然低开低走。

三、分析支撑与压制就是分析股价强度

1. 重心线

绘制重心线，主要是反映股价的波动情况，对股价的支撑与压制并没有过多的体现，但是在实战中往往会发现，重心线发生变轨的节点上，股价与重心线之间确实会出现支撑与压制的现象。这种在特定时点上出现的支撑与压制关系，对于交易者判断股价运行的倾向性至关重要。

如图 8–7 所示，这幅图中省去了一些不重要的重心线，目的是尽可能地保持画面不过于凌乱，有利于讲解分析。

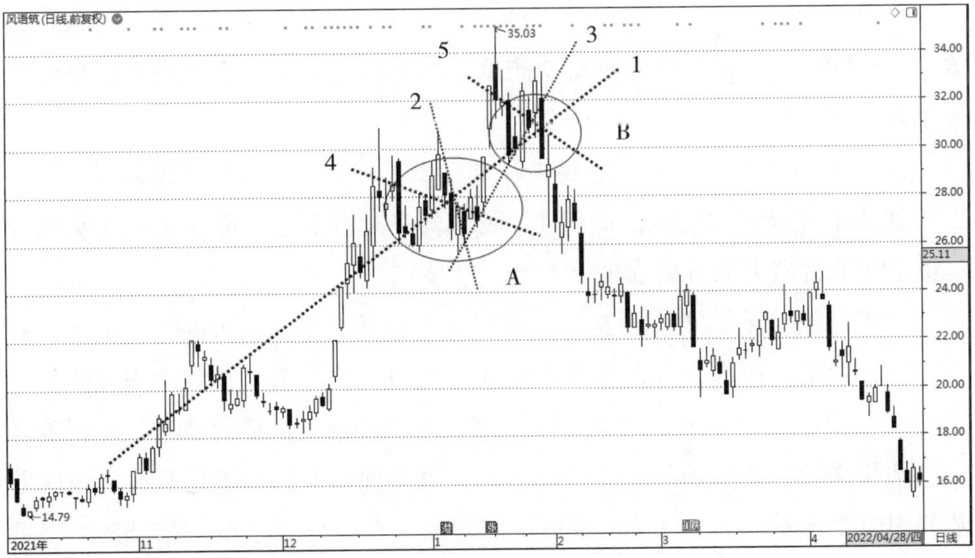

图 8–7

图中以两波升势为参照点绘制出重心线 1，这条重心线贯穿整个涨势行情的始终，反映了股价波动的基本情况。图中 A 点，股价冲高回落发生折返振荡，股价折返的低点没有远离重心线 1，也说明这里的回落是股价的正常波动。

可能有人会有疑问，案例中是可以看到股价最终走势的，如果是实战，A 点跌破重心线时，如何判断股价不是一个向下的转折？

实战中，交易者可以再以特殊绘制法绘制重心线 2，来标示股价的这波快速下跌。特殊绘制法是用于绘制股价急速上涨或下跌等极端变化的，所以其灵敏度较好，但稳定性不如普通绘制法。

相对于向上运行的重心线 1 来说，重心线 2 是一个向下的变轨，这个变轨是有可能带来股价向下转折的。实战中，不要回避任何可能性，除非技术分析结论能够将之排除。

图中可以看到，股价很快止跌反弹，这时可以再绘制重心线 3。重心线 3 相对重心线 2 是一个向上的变轨，重心线 3 非常关键，因为股价由此向上，显示出这里存在一定的支撑。

A 点股价的波动到这里已经有两个下跌波，可以再绘制一条下行的重心线 4，这条重心线的作用主要是观测重心线 3 的支撑是否真实有效。毕竟特殊绘制法绘制的重心线，有时候会缺乏稳定性。

图中 A 点可以看到，重心线 4 和重心线 3 相交处，股价出现阴线，但是次日就开始大幅向上突破重心线 1。股价弱势时看支撑，而这里的走势已经能够证明股价向上涨升的强度。

也就是说，重心线 3 的支撑，在股价上穿重心线 4、回落时不跌穿重心线 3 时，就可以初步认定，不必等到次日大阳线的出现。次日大阳线收复了重心线 1，不是告诉我们下方有没有支撑，而是告诉我们股价涨升存在强度。

股价多数时候以重心线为核心波动，当出现偏上或偏下运行时，意味着涨势中强度不断增加或跌势中强度不断增加。在整个 A 点的回落调整中，股价其实向下的幅度很小，而且很快就回升到重心线 1 上方，显示出股价运行的倾向性。

B 点是股价见顶回落的位置，以两个跌波绘制出重心线 5，这条线和重心线 4 有很多相似之处，但股价的表现迥异。这个点位股价已经跌破重心线 1，根本不可能绘制出向上变轨的重心线，只能以特殊法绘制向下的重心线，这也是股价加速下跌的表现，同时也预示着股价下跌强度不断增加。

股价运行是动态的，并不会一直围绕静态的重心线运行。如图 8–8 所示，股价围绕重心线进行相对平衡波动必然只能持续一段时间，其余时间内股价或偏上波动，或偏下波动。

股价偏上运行时，重心线对股价形成的支撑越是明显，说明股价涨升强度越大。比如跌破重心线后回升、跌至重心线回升、未跌到重心线就回升，这三种情形都能说明重心线的支撑，但最后一种反映的股价涨升强度最高。

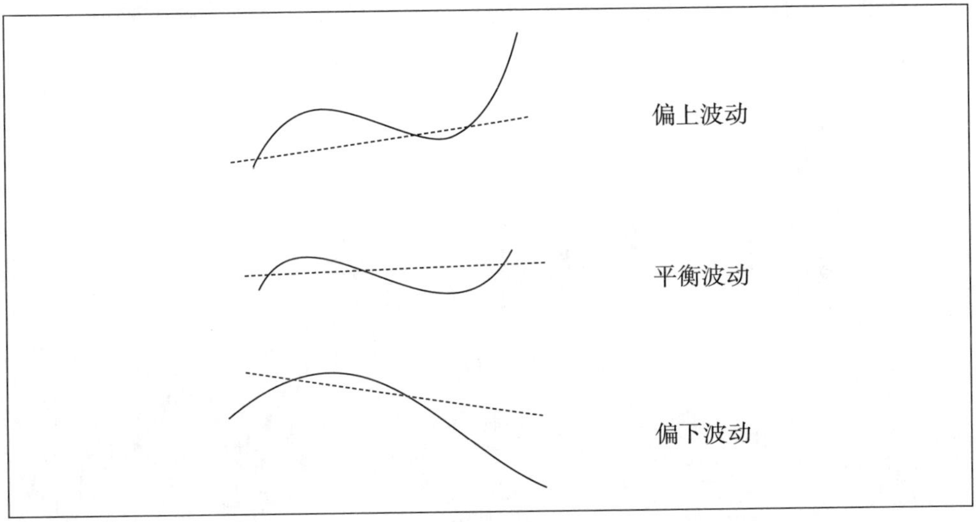

图 8–8

有支撑就会存在压制。支撑与压制是相互转化、相互依存的。当股价在重心线偏下位置波动时，重心线反映的是压制存在与否。

股价偏下运行时，重心线对股价形成的压制较为明显，大致也分为三种情况：涨破重心线后再回落、涨至重心线回落、未涨到重心线就回落，这三种情形都能说明重心线的压制，但最后一种反映的股价下跌强度最高。

如图 8-9 所示，该股下跌途中形成重心线，A 点处股价的一波反弹中，一度向上穿越重心线，但略经盘整后很快就继续回落，A 点就是重心线对股价的压制。显示股价到了 A 点就面临重重压力，很难继续向上拓展波动空间。既然股价难以向上拓展波动，就只能维持横向振荡或者继续向下波动。

将 A 点的反弹绘制一条向上的特殊重心线，股价很快就跌穿这条线，说明这条重心线不具有支撑作用，没有支撑也就难以体现涨升强度。同时，在重心线上遭遇明显压制时股价转跌，说明下跌强度已经逐渐显现。

股价经过一波急跌后，B 点再次出现反弹，图中绘制了一下一上两条变轨的特殊重心线，股价在向上的重心线上显示出一定的支撑，但是这个支撑由特殊重心线提供，所以具有一定的不稳定性。果不其然，股价涨到下行的普通重心线下方处就踟蹰不前，随即跌破特殊重心线，显示出股价下跌已经具有较大的强度。虽然这一刻股价尚未开始大跌，但交易者应该提前做出决策。

图 8-9

2. 趋势线

简单地从形态表象上说，当价格在趋势线之上运行，理论上可以认为价格得到趋势的支撑。当然，这是一种形态或理论上的描述方式，它涵盖了大部分的支撑外在形态，但并不是全部。

（1）如何认定趋势是否对价格具有支撑。

股价运行方向与趋势方向一致向上，即同向运行时，支撑稳定存在。如图 8–10 中 1 号图例。

趋势向上，股价由下向上运行时，支撑产生于股价突破趋势线并继续上行时。如图 8–10 中 2 号图例。这种情况反映的是趋势对于股价产生的向上引力作用。

趋势向上，股价下跌至趋势线附近转为上涨，这是一种较为典型的测试支撑的方式。如图 8–10 中 3 号图例。

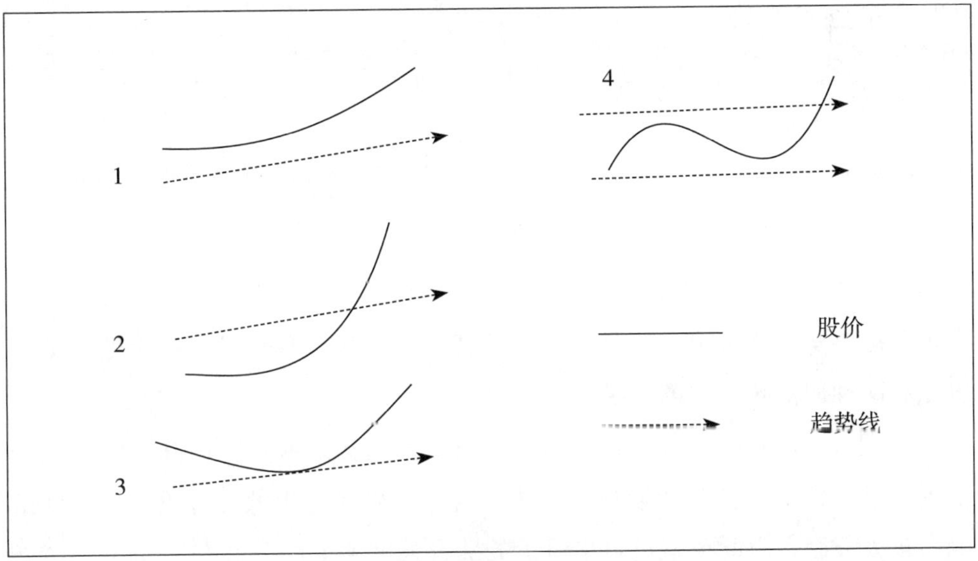

图 8–10

上涨趋势运行过程中，股价会出现无数次幅度不等的回落，真正能够对趋势带来逆转性影响的非常少，多数都会在趋势线上下止跌回升。如图 8–11 中，该股从底部起涨后形成上涨趋势线，至 A 点股价回落到上涨趋势线之上便止跌回升，这也是趋势线具有支撑的一种表现方式。

与重心线支撑反映股价强度的情况一样：跌破趋势线后再回升、跌至趋势线回升、未跌到趋势线就回升，这三种情形反映的股价涨升强度是逐次增强的。为什么会这样呢？主要是由主力的控盘程度和个股形态所处的技术环境决定的。

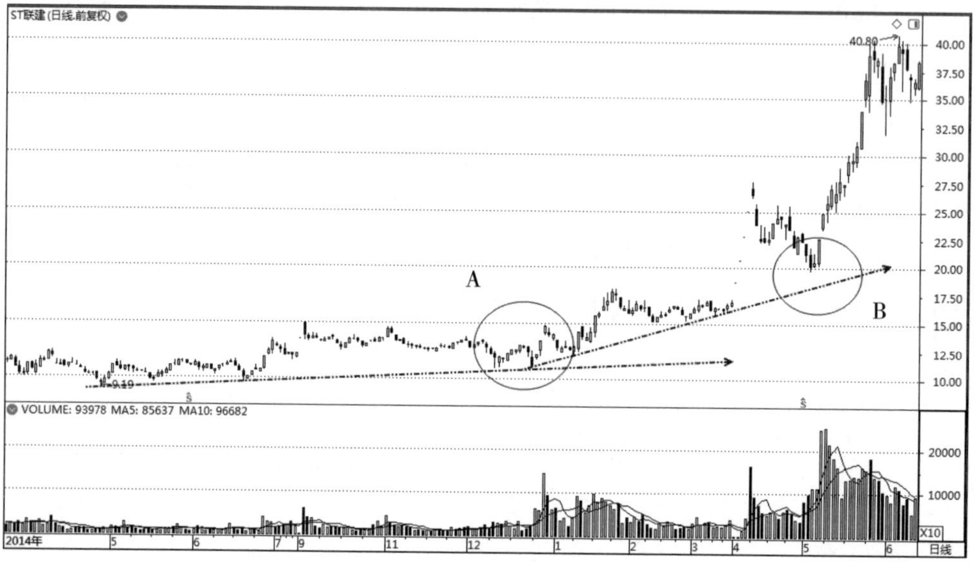

图 8-11

一般来说，处于底部构筑阶段、洗盘阶段或主力控盘较弱的个股，容易出现跌破趋势线再回升；而处于拉升阶段或主力控盘程度较高的个股，多会出现后两种回落趋势线的情况。

如图 8-11 中的 B 点，股价回落并未触及趋势线就止跌回升，随即展开了主升浪。到了 B 点这个阶段，主力资金不会轻易让出低价筹码，所以回落也会较为节制，由此也就显示出股价的涨升强度来了。

上涨趋势中的支撑与股价强度相对容易辨别，横盘振荡的箱形就不是那么容易了。

趋势为箱型横向振荡，股价于箱体内折返振荡，通常认为箱体的下边线具有支撑。但支撑的真正确认，需要股价向上脱离箱体。如图 8-10 中 4 号图例。

大多数人会认为，一个箱型横向小幅度的波动是安全的，没有明显的向上或向下的方向，反而给予市场充分发挥想象的空间。

市场资金多数并不愿意深究实际走势与自身的主观愿望是否一致，而只需要有一个可供想象的空间和看上去暂时安全的环境，至于后市出错怎么办，市场资金往往会将这个问题推向自己并不能坚决执行的止损。

有时候主力资金会借用市场资金普遍具有的这种心理，来完成自己的任务并尽可能烘托出市场资金希望看到的技术环境。

图 8–12 中，A 点股价处于箱型盘整波动的状态中。现在来看这张静态的图形，当然满眼都是不利于做多的技术因素。但是身处动态行情中时，可能不少交易者的看法会大不相同。

图 8–12

A 点股价不时会有中阳线甚至大阳线出现，即使股价跌破下边线也会很快回收，A 点动态即时行情乍一看似乎下边线支撑力度还蛮强。不少市场资金会选择在这里进场做多，因为 A 点横向盘整波动能够满足买入就涨的期望，同时股价在一定空间内的波动也能给予市场资金可以摸着边际的安全感。

并不是所有的市场资金都预料不到后市可能会下跌，但他们会认为自己能够在下跌时及时减掉仓位。箱型盘整波动中的支撑就是这样形成的，市场心理会跟随股价的波动来自设支撑或压制，而这种支撑或压制反过来会给其带来更大的迷惑性。

箱型盘整波动中的支撑，其实处于并不确定的状态，尤其是股价高位振荡盘整。其一方面取决于主力资金的选择，另一方面则要看市场资金是后续乏力还是汇聚成洪流。即使处在一个真正的底部构筑阶段，在振荡中股价反复捶底，横向运行中的支撑位不会是一个点，而是一个区域。

支撑的出现，并不意味着股价接下来就会飙升，支撑告诉我们的，有时候其实是在某一价位上持仓者的惜售。持仓者的惜售会令价格“跌不动”，但只有买入量大幅增加，才能决定股价的涨升强度。

（2）趋势的压制。

当股价在趋势线之下运行，股价运行方向整体上与趋势运行方向一致，即使波动中有反弹出现，在未能有效突破趋势线之前，皆可认为二者同向运行，趋势压制稳定存在。

在股价开始下跌或下跌过程中，会出现多次不同级别的确认压制存在的过程。股价攻击压制位，攻而不破再度下跌，或者突破之后不涨反跌，就确认了压制的存在。不同时间周期的压制，对于股价具有不同级别上的技术含义。

压制的出现，并不意味着价格接下来就一定会大跌。压制的存在，说明在某一价位上会引发持仓者抛售，但这种抛售行为并不一定都具有持续性。遇到压制，价格可能会出现回落、滞涨甚至是突破。

趋势向下而股价向上运行时，压制产生于股价扭转向下时。股价与趋势同时横向运行时，股价脱离横盘向下运行，说明股价下跌强度开始爆发。

如图 8-13 所示，该股下跌中形成第一条下跌趋势线，之后股价在趋势线下运行，说明趋势对于股价的压制稳定存在。

图中 A 点，股价向上突破趋势线 1，但是股价并未能由此展开有强度的上涨，反而在前期高点附近出现折返后回落，逐渐构筑出一个箱型横盘振荡的形态。

之后股价又一次反弹，仍旧止步于箱体上边线，显示上方压制沉重。至图中 B 点时，股价一度触及下边线，但并未继续下跌，而是弱势反弹。在这种技术环境下，股价如果不能出现强力反弹，那么大概率会像案例中所示的那样，跌破箱体下边线并展开急速下跌。

图 8-13

支撑与压制总是处于转化之中，支撑可在一定条件下转化为压制，压制也可在一定条件下转化为支撑。

支撑与压制的互相转化具有多种形式，其一为直接转化，即由压制状态直接转化为支撑状态，或反之；其二，转化具有一个有效性测试区域。

无论哪一种转化，都会在技术上形成突破。突破是一个双向的概念，既包括向上的突破，也包括向下的突破。突破的判定标准，传统理论认为要具备 3% 以上的空间和 3 个交易日。

从实战和不同突破级别的角度来看，突破成功与否的判定标准应该是：价格从被压制态势发生突破之后，必须具备之后的运行受到支撑这个条件；而价格从得到支撑态势发生突破之后，必须具备之后的运行受到压制这个条件。

其实突破成功与否的判定标准，也就是支撑或压制的确认过程，只不过支撑和压制的确认会在运行过程中多次出现，而突破只是在二者发生转化时，需要通过确认过程来鉴定。

第二节　潜伏与追涨

行情处在不同阶段，主力资金的操作方式多有不同，交易者也应以不同的技术方法予以应对。比如，在明确的跌势行情中，如果交易者仍不改短线追涨的交易方式，在跌势中过多参与股价的弱反弹，那么很快就会累积成大幅亏损。而在明确的涨势行情中，如果交易者畏首畏尾，不敢大胆出击，而是保守地等待股价大幅回落，就可能会错过一波涨势行情。

一、低吸潜伏

下跌趋势中，较为适合的交易方式应是寻找波段低点低吸潜伏。低吸技术的本质，其实就是等待和寻觅市场或主力露出破绽时悄然买入，然后潜伏等待。如果说追涨需要交易者具备一定程度的果敢，那么低吸则需要交易者具有稳定而强大的心脏。

人总会犯错。在股票运作的整个过程中，无论是多么高明的主力，也不可避免地会露出破绽，何况有些破绽是不得不露、势在必露。发现潜藏的主力，只要一些细节就可以做到。可参见《主力行为分析核心技术》（中国宇航出版社出版）一书。

寻找波段低点低吸潜伏，技术上的难度并不大，难在逆市交易的心理掌控上。心理一旦失衡，所有正确的理论和行为都会灰飞烟灭。实战应用中的心理要素主要包括以下几点。

1. 耐心等待时机到来

猎豹是世界上奔跑速度最快的动物，但猎豹不会随意发起攻击，因为那样做不一定会有收获，而且自己的体能很快就会消耗殆尽。猎豹最善于等待时机，一旦发现目标，就不会轻易放弃，往往一击必杀。

等待时机，也是积蓄动能的时候。一旦时机成熟了，市场会加倍偿还你等待所付出的耐心和承受的煎熬。比如，个股在下跌途中出现横向振荡，如果交易者不能耐心等待局势的进一步演化和明朗，而是急于介入，那么当股价向下挖坑跳水时，很有可能会因恐惧而选择止损操作。倘若交易者拥有足够的耐心并善于等待时机的到来，那么股价的急跌就意味着低吸机会来临。

2. 寻觅市场或主力犯错和露出的破绽

不但主力会犯错，市场有时也会。当市场上大多数参与者都被恐慌情绪或者过度乐观情绪蛊惑，做出一致的决定和行动时，市场必然会犯下大错。这个时候就是清醒的交易者最佳的出击时机。

图 8-14 为 2007 年 6 月 5 日沪指大盘的分时走势图。在连续下跌 4 天尤其是前一交易日大跌 -8% 的前提下，当天大盘又一度暴跌超过 -6%，市场的恐慌气氛达到了极限。

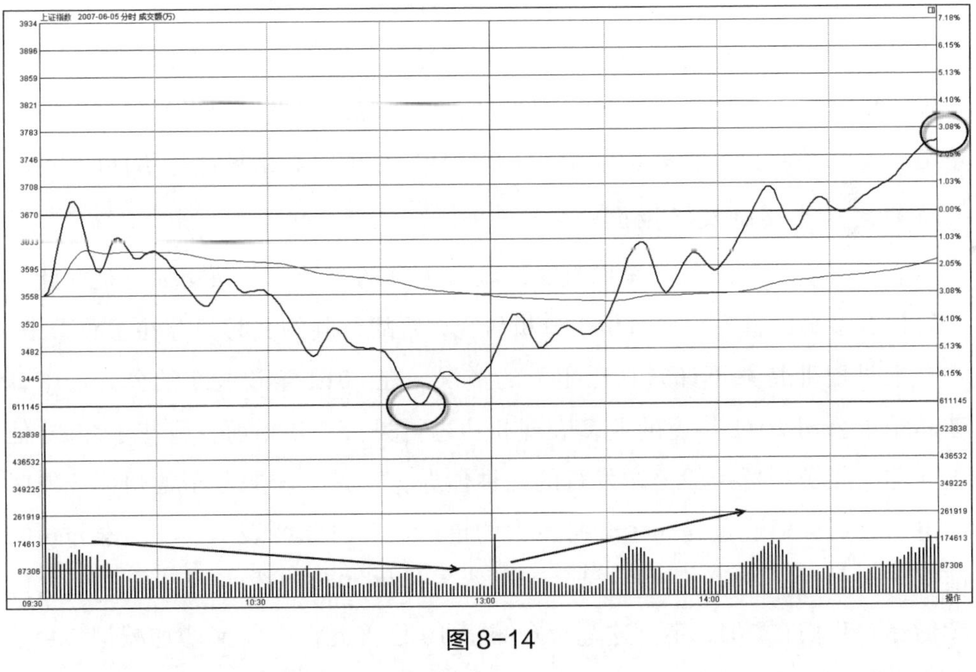

图 8-14

这时候即便是仓位被套，交易者也不能盲目跟风杀跌，而应该控制情绪，冷静分析。无论何种事件造成的大盘连续大幅暴跌，都只说明一个问题，即市场上大多数参与者都在恐慌情绪的支配下大肆抛售筹码，也就是说市场正在犯错，而且这个错误正在继续扩大。

当这个现象已经连续出现了4天，第5天仍在持续，但当日每一波次下跌时的成交呈缩减趋向时，说明跟风杀跌的筹码正在减少，指数可能正处于惯性下跌的过程中。盘口出现这种情况，意味着市场在错误的方向上继续狂奔的动力已经削弱。

这就是市场所犯的错误之一。交易者的任务就是克服自身所受的不良心态的影响，寻找和发现这类错误，然后耐心等待时机的到来。

3. 确认目标后重拳出击

静静漂浮在水面的巨鳄，会耐心观察猎物的动向，等待进攻的机会。没有任何捕猎的机会时，它会一直等待，等待猎物犯下致命的错误。当猎物兴奋地跳进水塘，不知危险为何物时，它会迅猛而凶悍地出手，并且不会仅仅撕下一两块肉就满足，它要的是饱餐一顿的机会。

当交易者经过深思熟虑、反复分析研究后，发现获利机会时，千万不要畏缩不前，畏首畏尾。当你对一笔交易有把握时，要重拳出击！仅仅做对还不够，还要尽可能多地获取利益，只有这样，才能收获市场回报给你的重礼。

4. 发现失误时及时撤出

世上没有百分之百安全而且又能收获大利的交易，股票交易更是如此。不管你有多高的智商，多么精于分析研究，百战百胜的交易只存在于故事中。

股神巴菲特并不讳言自己犯下的错误。在2012年致股东的公开信中，他总结了公司2011年度的业绩表现和功过得失："几年前，我花了约20亿美元购买能源期货控股公司发行的几种债券，这是一家服务于德州部分地区的电力公司，但这也是一个非常巨大的错误。"巴菲特表示："这家公司的前景与天然气价格联系在一起，而天然气价格在我们购买债券后不久就持续低迷。我们在2010年对这笔投资减记10亿美元，去年又增加减记3.9亿美元。"

二、追涨

追涨，仅用于股价目前的上涨能够确认启动升势的个股，而不是所有正在上涨的股票都可以追。追涨，追的是股票上涨的连续性。

能帮助大家区分哪些股票可以追涨，哪些不可以追涨的，是起涨结构分析。起涨结构是确定一只股票是否具有追涨价值的关键因素，具备起涨结构或者说起涨结构刚刚构筑完成的股票，才是追涨的目标。追涨并不是买入那些目前涨得非常好的股票，毕竟能够给交易者带来利润的是买入之后涨得好的股票，而不是买入之时或之前涨得好的股票。

起涨结构内在构筑模式通常是三段式，即初起阶段、确认阶段、起涨阶段。很多个股在确认阶段会走出失败形态，股价随之进入下跌或振荡。还有一些个股在起涨阶段会出现假突破或挖坑等复杂走势。个别极端强势的股票只存在一段——直接拉升至涨停并连续涨停，这种极端形式存在但不常见。从资金攻击层次和级别的角度来说，其实这种极端强势也存在起涨结构，只不过其结构在短时间内被提升至高层次和大级别上，脱离了短线交易的技术分析范畴。

低吸与追涨的详细内容可以参阅《短线追涨与低吸技术》（中国宇航出版社出版）。

第三节 实战中成交量的循环模式

成交量分析是股票技术分析中绝对无法回避的重要组成部分。学习和理解成交量的相关知识，能让交易者更好地把握趋势与重心分析。限于篇幅，书中关于成交量的内容相对较少，本节将弥补这个缺憾。

在进入正式讲解之前，先解释一下与成交量相关的名词。

常量，是指某一时间段成交量的平均值。常量并不完全等同于地量，对此要有明确的认识。常量并非静态的，而是动态的。随着行情的不断发展，某一时期的聚量、变量等形态，会逐渐转化为新的常量，所以常量的值并不恒定，而是处于不断变化之中。

变量，顾名思义，是指成交量出现重大变化，或是可能引发价格出现重大变化的量能形态。变量是成交量的一种突变形式，既指成交量激增，也包括成交量骤减。实战中比较常见的类型，多为成交量突然增大。

聚量，是指成交量由小到大逐渐增加和集聚的形态。聚量是动态概念，随着行情的发展会转化为常量或变量，也会随着价格的连续飙升或急跌出现更大级别的聚量。

量能消散，是指成交量由高到低逐渐缩减的一种量能形态。

量能消散经常在聚量攻击或变量之后出现，也就是一波价量高涨之后的回落调整过程中。作为一种调整性质的量能形态，出现量能消散，说明涨势至少暂告一段落，行情正处于回落调整之中。

世上没有不散的宴席，股票市场上也没有永远高涨的成交量。成交量聚与散的过程，显示的是资金从热情高涨的买入，到意兴阑珊退出的过程。

无论是哪一种成交量形态，都不可能永久持续存在，在股价不停息的波动中，成交量会在多种形态之间转化和循环。量能的这种转化和循环过程，会为交易者提供不少交易机会和赢利点。

成交量的转化和循环，与股价的涨跌息息相关，但成交量并不能决定股价的涨跌，只能起到确认或助推的作用。相反，股价的涨跌对成交量具有积极的引领作用。

例如，股价盘整或下跌，成交量处于量能消散或者常量形态；当股价转入上涨，成交量也会发生相应的变化，或以变量配合股价的急拉，或以聚量配合股价的稳定上涨等。

如果股价转入上涨时，成交量并无明显变化，也就说明股价并未起到引领作用，那么多数情况下股价的这次上涨难以持久或上涨幅度有限（控盘庄股除外）。

在分析量能转化和循环时，对于价格是否存在引领作用，也是需要观测的一个部分，它至少能让大家发现哪些价格的涨跌只是主力资金以诱多为目的的虚假拉升。

一、底部转化模式

股价由跌势转入筑底再转入到升势的过程中，成交量形态的变化无外乎以下几种。

1. 量能消散—常量—聚量

这是最为常见的一种成交量形态转化模式。如图 8-15 所示，A 点股价下跌，成交量处于量能消散形态；B 点股价见底回升，成交量处于相对稳定的常量形态；C 点股价明显上涨，成交量处于聚量形态。

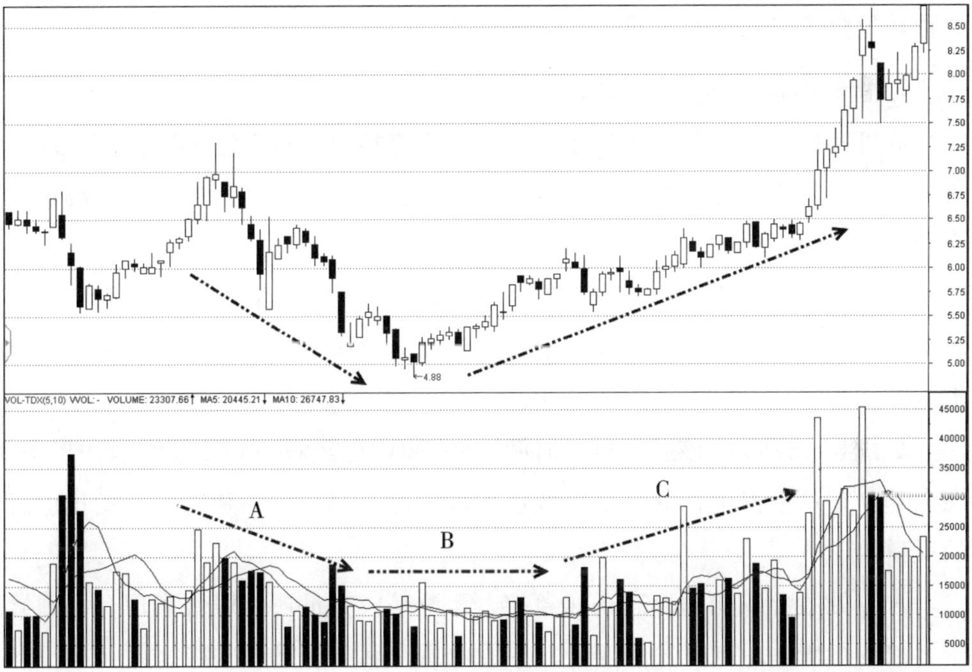

图 8-15

对于类似图中的案例，在 A 点股价同步下跌的量能消散阶段，不会出现稳定的赢利机会，盲目捕捉日间波动是不明智的。过于频繁的短线交易还会把心态搞坏，可谓得不偿失。

在 B 点的常量阶段，除非能从均线系统等技术环境分析上得到重要的交易线索，否则依然不可莽撞介入。C 点量能出现积极变化，辅以相应的技术环境分析，可以寻找到适宜的交易机会。

底部成交量转化模式中，聚量形态只是一种基本形态，并非必然形态。有些情况下，主力资金反而会利用这种形态进行诱多操作。鉴别真伪，还在于技术环境分析。

图 8–15 是一个波段性底部的成交量转化情况，如果是在价格的长期大型底部，可能在构筑上更为复杂多变，但所有成交量转化模式的原理是相通的，只不过在转化的过程上，不同形态的维持时间有长短之别。同时，在大型底部的构筑中，成交量形态转化也多存在循环往复，很少见到以简单的某一种转化模式完成长期大型底部构筑的。

2. 量能消散—常量—变量

底部筹码收集比较理想的主力，有些会直接以变量形态迅速拉高价格，这样既可避免低位筹码流失，也可垫高跟风资金的成本，避免低价筹码过多而影响到日后的运作。

某些被套的主力资金，也会利用变量形态，突然打破之前一直下跌的趋势或趋向，营造一波强势上涨行情，迷惑和吸引做多资金入场，借势降低成本或减低仓位。

如图 8–16 所示，该股经过长时间下跌，图中已经看不到量能消散的形态，在大部分下跌过程中，成交量以低水平常量形态存在，间杂以少数变量形态的反弹。

A 点处股价以变量形态迅速急拉，无论是成交量还是股价表现，都迥异于之前的行情。A 点突发性变量，在股价急升后并未迅速骤减，而是在反弹的高点转化为高水平的新常量。这一点非常关键，对于鉴别该股最终走向具有决定性意义。

如果是意在扭转趋势的个股，那么在这种变量急拉后，虽然也会出现量能消散形态下的股价回落，但是股价二次起涨时，聚量或变量形态会再度出现，且成交量的密集程度不会低于 A 点过多。这种情况下出现的赢利点，将会是趋势性的。

图 8-16

如果仅是一个降低成本或减低仓位为目的强弹，那么在变量急拉后，即使不出现成交量骤减，而是如图中 A 点那样呈高水平的新常量，但是经过量能消散后，股价起涨却难以引领出高密集度的聚量或变量形态，那么主力资金的意图也就可见一斑。这种情况下出现的赢利点比较难以把握，仅适于短线交易者。

在时间持续较长的底部成交量转化模式中，运行到中后期时，往往量能消散形态已经不可见，而多出现常量—聚量或常量—变量的转化模式。

在阶段性或短期底部构筑过程中，可能会出现量能消散—变量或量能消散—聚量的转化模式。这些都是上述转化模式的简化，其基本原理是相同的。

二、升势中的循环

从趋势转折向上，到轰轰烈烈一轮大幅上涨行情，成交量转化很少会以单一模式贯彻始终，而是不断处于往复循环中。

如图 8-17 所示，A 点处该股以变量开启升势，B 点处聚量出现确认升势继续。实战中，也有以聚量开启升势的。

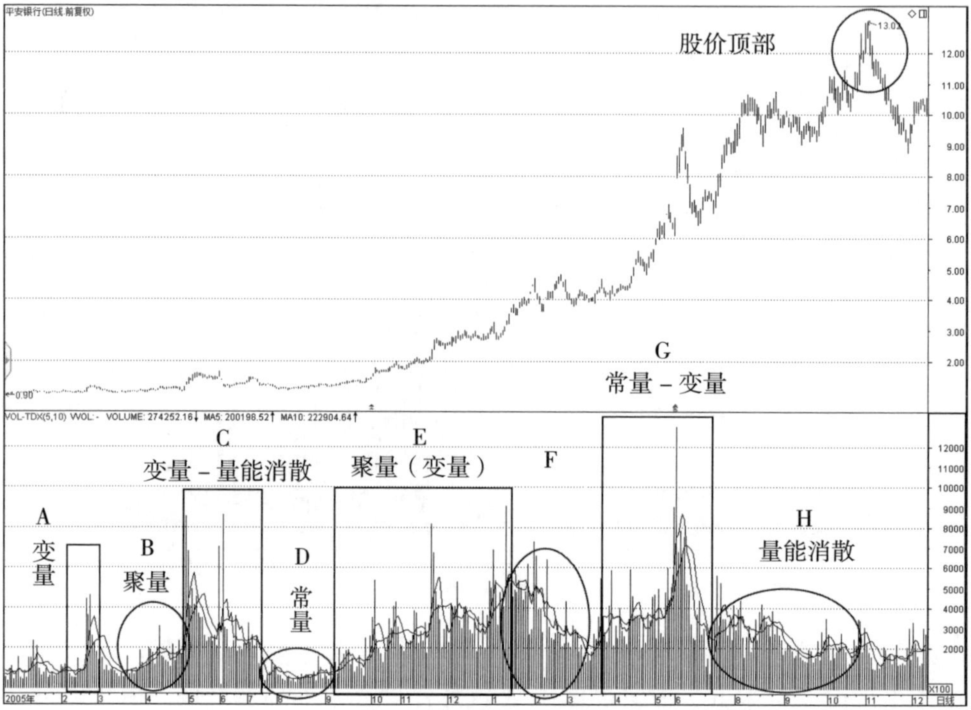

图 8-17

C 点再现变量急拉，后出现量能消散间杂以变量，显示这里是该股升势以来一个重要的调整高点。

D 点的常量，说明成交量消散已趋结束，量能出现平衡。这种情况下，未来量能的再度增加，就是需要交易者重点关注的赢利点。

E 点聚量攻击再度出现，间杂以变量形态，显示这个阶段的上涨强度已经相比前期大幅增加。多次变量在成交量整体形态上形成的聚量，往往具有较强势的攻击力。

F 点量能消散也再度出现，意味着一个有强度的上涨又到了循环的节点。

G 点承接 F 点量能消散的是较高水平的新常量，显示此时对该股“情有独钟”的资金数量已经和D点时不可同日而语。这也是股价横盘难以大幅回调的主要原因。

越聚越多的资金，必然会有一个爆发点出现。G点又一次出现变量急拉，股价急冲急下，成交量暴增骤减，股价的阶段性高点显现。

很多个股走到类似G点时，往往就会出现价格顶部，由此发生重大的趋势转折。而案例中个股的股价却并未走到尽头，随后又多次刷新股价高点。

H点成交量整体呈量能消散形态，由此和股价形成大幅背离走势。从成交量的角度分析，G点出现变量，虽不是股价的顶，却是量能的顶。

实战中出现类似于G点和H点的量价关系时，大部分个股都是在构筑顶部，唯一需要区别对待的，就是目标个股是否已经成为高控盘庄股。

高控盘庄股在缩量的情况下，不会轻易跌破重要的技术关口，其股价运行重心也不会长时间扭转向下，除非遭遇意外利空打击，或其本身出现问题。

升势中成交量形态的转化和循环并无定式，几乎可以说每只个股都会有不同的循环方式。但是当明晰这些转化和循环的真正含义时，无论哪一种方式，都会告诉交易者价格的真实趋向。

三、顶部转化模式

多数情况下，股价形成顶部或阶段性高点时，都会存在一个量能爆发的阶段，这也符合主力资金的操作轨迹与意图。毕竟人弃我取、人争我予，才是股票博弈的精髓。就像司马迁老先生所说，“贵出如粪土，贱取如珠玉”。

1. 聚量、变量—量能消散

当资金蜂拥而至，争夺某一只股票的筹码，如果所有争夺者轻易就能得偿所愿时，那么目标个股即使不出现终极大顶，也必然面临阶段性高点。这就是顶部转化模式的原理所在。

如图8-18所示，A点的成交量呈聚量形态并间杂以变量，显示资金攻击处于极其火热的程度。但随之而来的就是B点的股价回落，成交呈量能消散形态。这是一个满足筹码争夺者的过程，也是主力资金完成阶段性派发任务后的必然走势。

很多个股走到图中 A 点时，就已经见到阶段性高点，并由此开启股价回落之路。但也有部分个股如案例中一样，出现 C 点的变量急拉。

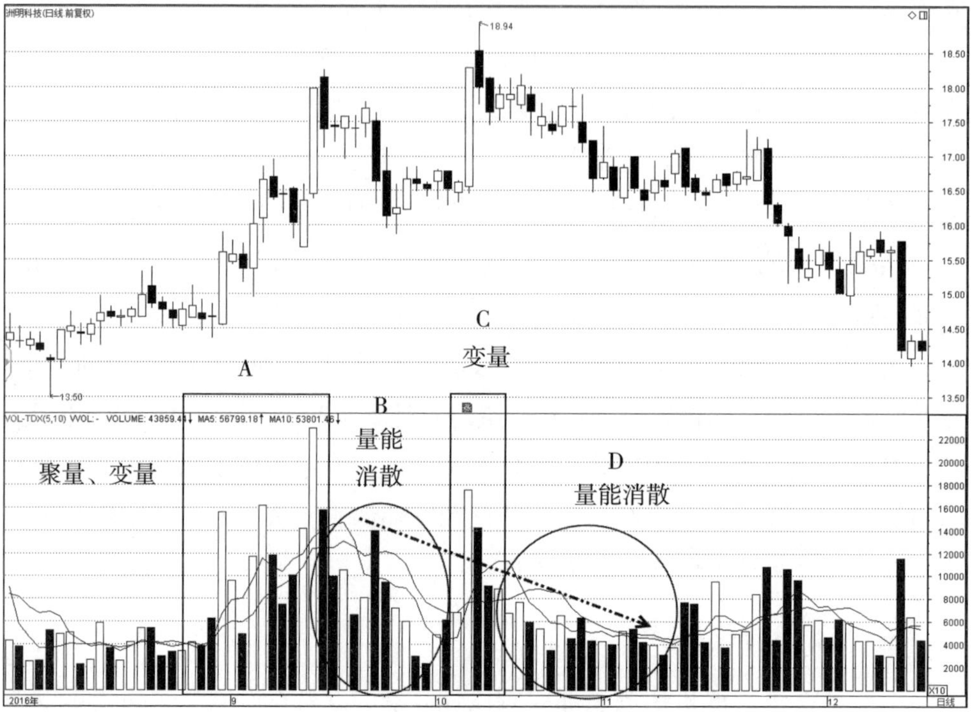

图 8-18

C 点的出现，会给交易者带来极大的迷惑性。因为股价不但刷新了高点，而且有较大的成交量配合，表面看是量价配合的经典形态。

但是，从变量形态的理论特性上却可以提前预判出，C 点大概率是一个引发股价重大变化的节点。之后 D 点的量能消散形态对此进行了充分的印证。

其实单从成交量形态上分析，也可以发现一些端倪。如果将 C 点的变量予以忽略，那么从 B 点开始直到 D 点，量能消散形态其实一直处于延续的态势。

量能消散形态中突兀出现的 C 点变量，其突增骤减的形态本身，也会提示不少危险信息。

在聚量、变量—量能消散这个模式上，也存在着模式的简化，比如变量—量能消散—变量，或变量—量能消散等。

2. 常量、变量—量能消散

在上一个模式中，以聚量和变量等成交量明显集中的形态构筑价格顶部。在实战中，还会出现常量间杂变量的顶部形态。

如图 8-19 所示，A 点股价调整，成交呈常量。B 点出现变量，之后 C 点的成交量并未骤减，仅缩至常量形态，这时股价出现冲高回落。D 点股价再次冲高，成交量现变量。E 点成交量呈量能消散，股价也开始见顶回落。

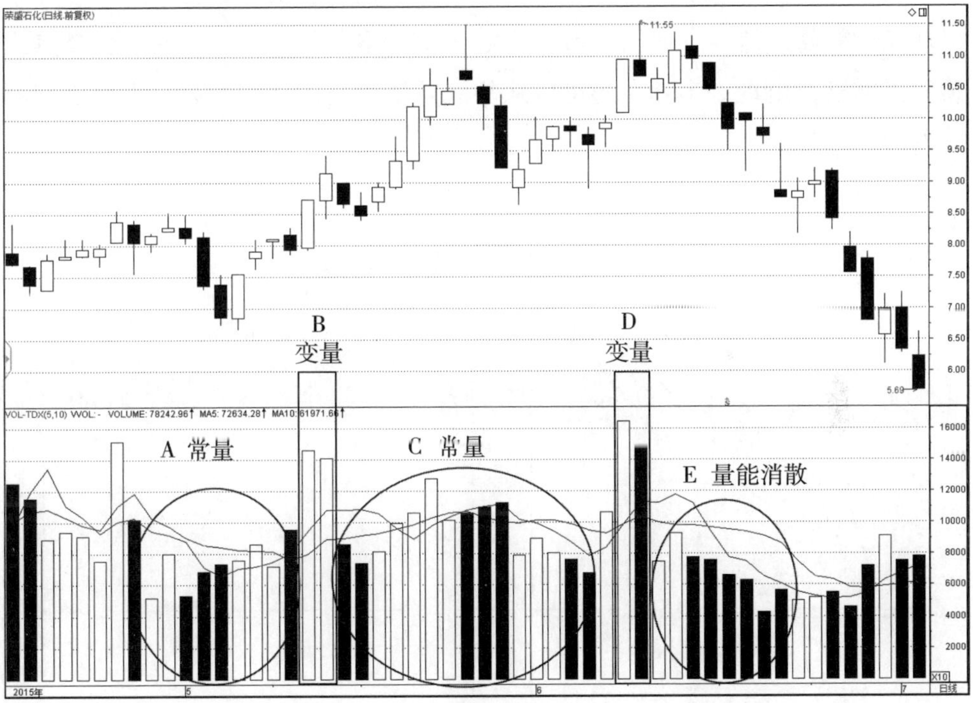

图 8-19

在图 8-19 的案例中，成交量大部分时间保持相对稳定的态势，并未如图 8-18 中那样出现成交量明显集中的情况，但股价也依然在此见顶回落。

常量见顶的案例实战中并不多见，多出现于阶段性高点，或者突然遭遇利空打击的个股上。通常这种形态下的回落，后市仍会有再次冲顶的机会。

顶部转化模式中，变量几乎是不可或缺的；而变量的值越是高涨，形成顶部或阶段性高点的可能性越大。

当然，某些试图走上控盘庄股之路的个股，在其阶段性高点或顶部，并不一定会有明显的变量出现。如图 8–20 所示，B 点出现股价高点，而成交量仍处于量能消散的形态中，只有不明显的单日变量。

图 8–20 中的个股就是一个向控盘庄股转变的类型。A 点的密集成交区满足了主力对筹码的最后需求，这也是该股经过前期大幅涨升后，能够再次从 A 点起步继续升势的底蕴所在。

对于类似的个股，当其脱离股价运行重心向下转折时，尽管成交量并未出现变量等高危信号（如图中 B 点），大家也必须明白，一个阶段性高点或顶部可能已经出现。当然，还可以从均线系统等技术环境的多个方面来判断高点的性质。

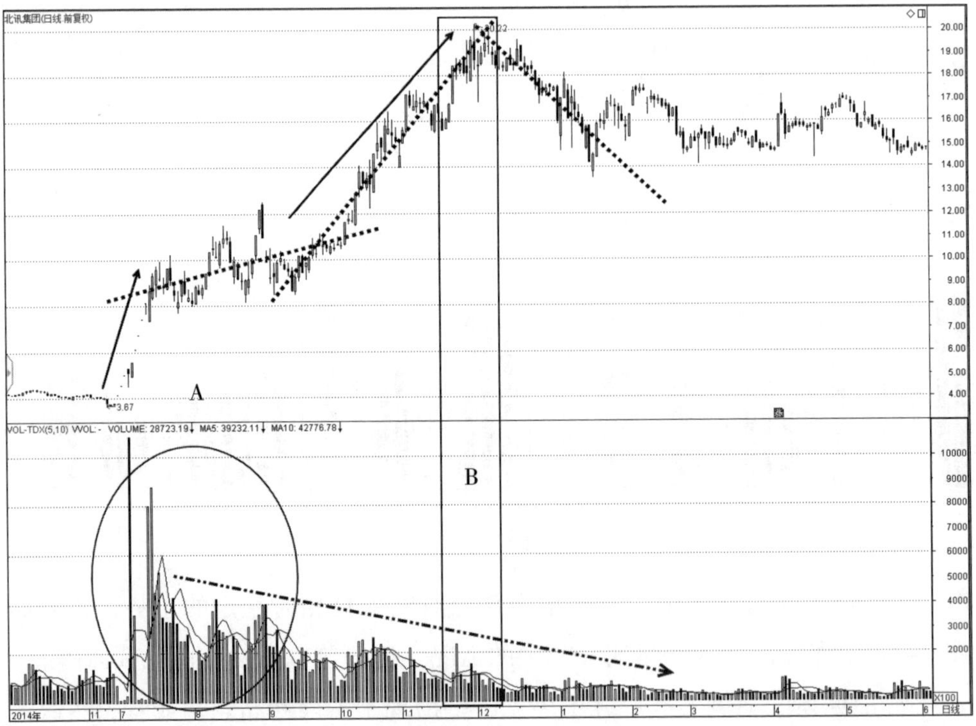

图 8–20

“准”控盘庄股经过类似图 8-20 中的拉升后，多数会有一个长时间的箱体振荡过程，成交量往往处于低水平的常量形态（如图中B点之后的形态），这是庄股“修炼”的必由之路。

箱体振荡过程中，多方面因素的出现，都可能使个股走出失败形态，而成功度过这一煎熬期的个股，才会成为真正的控盘庄股。

四、跌势中的循环

跌势中成交量形态的转化和循环，每只个股都不会完全相同，尤其是长期大型下跌趋势中更是如此。有的个股可能相对简单明了，易于辨识，有的个股则各种形态纠缠在一起，极其复杂难辨。

如图 8-21 所示，A 点处该股以变量见顶，随后出现量能消散形态展开跌势。B 点时，股价跌势中出现反弹，同时辅以变量，说明这里仅是一个短线性质的弹升，对跌势不会带来根本性的改变。

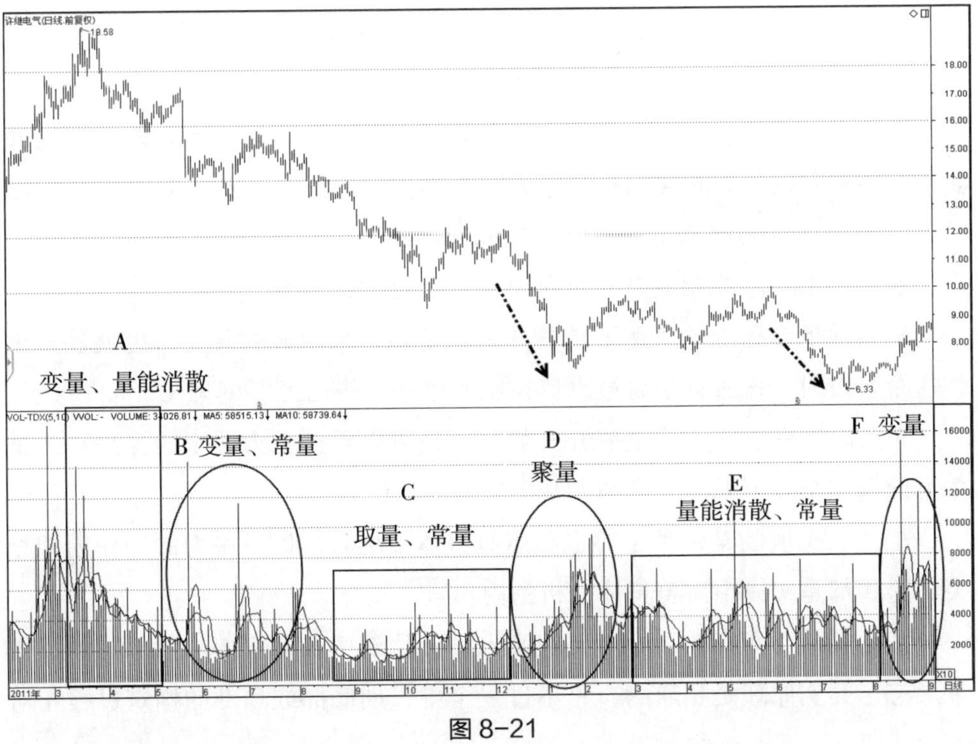

图 8-21

B 点的变量出现后，成交量整体没有继续缩减，显示量能已经从消散的形态中走出来，转化到常量的形态中。

C 点，成交量出现聚量，但这个聚量形态整体数值偏小，难以和顶部密集区相比较，说明攻击层次较低，相应的股价也呈现跌势中的折返走势。随后这个聚量转化为常量，可以视为 B 点以来常量形态的延续。

D 点，成交量再次形成聚量，这个聚量形态的整体数值已经接近顶部密集区，说明 D 点的聚量形态相比 C 点已经升级，其性质上将会有较大的变化。

D 点聚量的形成过程值得用心审视，这是在一波股价急速下跌中形成的聚量形态，即随着股价的不断下跌，越来越多的筹码选择抛售离场，也就是说恐慌性主导了下跌的整个过程。

当恐慌性杀跌的成交量能够比拟顶部密集区时，那么这个“杀”出来的股价低点，至少也会是一个阶段性的底部低点。

E 点承接 D 点的聚量，出现量能消散形态，但这个消散形态很快就转化为常量，这里的常量数值已经与 C 点时有较大的改变。结合同期股价走势，可以初步认定有资金正在构筑价格底部。

之所以说图 8–21 的案例较为复杂难辨，是因为在整个主要跌势和筑底阶段，该股量能形态相互纠缠，且无明显的做多迹象。

比如，D 点的聚量是在急跌中形成的，甚至在 E 点常量形态中，还再一次出现急速下跌。该股主力的凶悍程度，由此可见一斑。

E 点常量形态下的急速下跌，并未给量能带来明显的改变，也就显示出到这个阶段时，该股盘中易被恐慌控制的浮动筹码已经所剩无几。

F 点以高密集度的变量展开升势，一是可以看出主力属于凶悍型，二是主力前期建仓并不充分，借用变量形态边拉边吸筹。

当然，个股的某一种走势也和当时整体市场氛围以及主力的操作周期相关，这些都是实战中需要具体分析的内容。

股价构筑中短期阶段性低点或高点，和构筑中长期底部或顶部时的成交量形态，其实原理是相通的，只不过一个中长期底部或顶部的构筑过程相对复杂、耗时也较长，在形态转化中往往存在着一个或多个循环。在讲解底部或顶部模式引用案例时，也包括阶段性低点或高点，并非仅指股票的长期大型底部或顶部。

第四节　均线实战攻守技术

均线，又称移动平均线，是指对最近某个时间段内的收盘价进行平均，将这些值以曲线的形式连接，即构成了均线。

移动平均线的基本原理是，随着市场成本的变化，价格也将体现这种变化，而成本的变化可能会导致价格运行趋势的延续或逆转。均线的沉浮俯仰代表着一段时间内市场平均持仓成本的消长盈虧。

均线不能决定价格的运行，但是通过均线分析，可以发现价格运行的奥秘。

在股价不停的变化之中，均线如同流动的水，从来都不曾静止过。不同时间周期的均线分别代表不同的介入成本，这些均线在或急或缓的运行中，总会在某一刻撞击持仓者的赢与亏、兴奋与沮丧。

当某条均线在某一时间段负载着多数人的平均成本时，这条均线的技术意义就非同寻常了，价格跌破这条均线意味着大多数人都亏损，价格涨过这条均线意味着大多数人都赚钱。

均线是最能清晰反映价格运行趋向或趋势的技术指标。无论价格是呈上涨、下跌或横向振荡的趋向或趋势，均线系统总能较及时准确地予以体现，并提供出相应的支撑或压制来测试价格运行的真实意图，而大家也能够从均线的提示中得到重要的交易参考。

一、厚度不封强势在

“挽弓当挽强，用箭当用长。”短线交易中以强势股为主要的选择对象，而强势股并不意味着不会跌，学会辨别其中哪些下跌是机会，哪些是风险，是短线交易的基础技能。

不少短线交易者喜欢追涨强势股，却往往会追在短线高点上，一旦强势股回调便仓皇止损，而止损后却又发现该股已峰回路转，扶摇直上。

其实强势股也存在低吸的机会，但这个机会出现时，多数人却不敢买。强势股的回调多采用日间振荡或空间换时间的方式，这种方式必然如惊涛骇浪，让人避之惟恐不及。难得的低吸机会却偏偏隐藏在其中。

操作强势股，可关注 5 日均线、10 日均线之间的厚度变化。通常来说，能称得上强势股的，必然以大角度保持上涨，脱线是常见形态。如图 8-22 中 A 点之前。这种状态下，一旦连续性涨停板打开，当天不能再封住，也就是强势个股展开回调的时候到了。

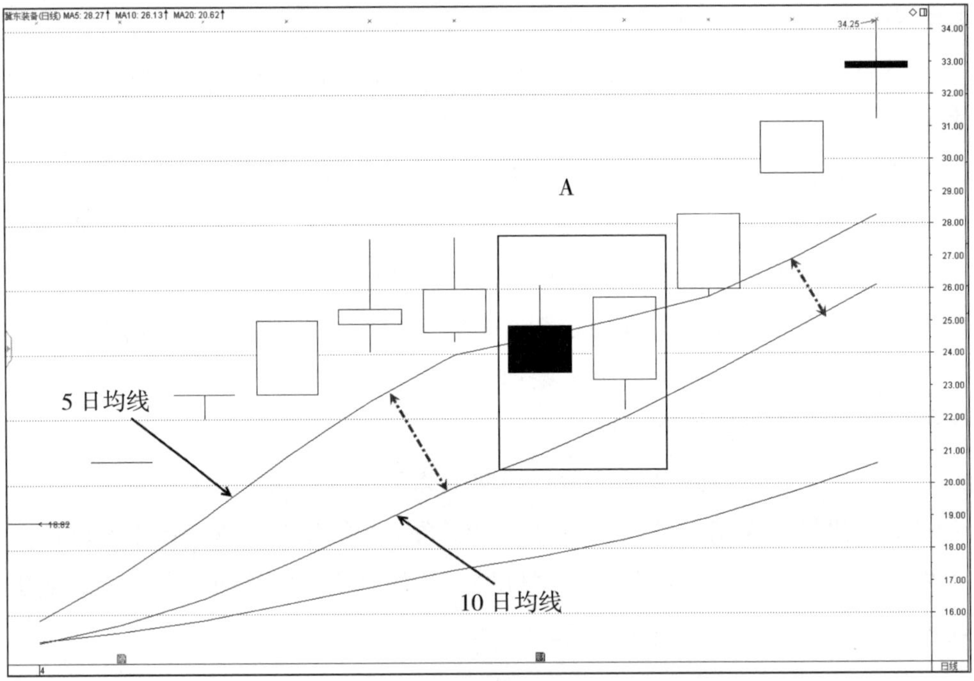

图 8-22

图中 A 点，第一根阴线当天收出跌停板，这就是强势股以空间换时间的回调方式。当然这只是方式之一，并不是所有的强势股都会采用这种方式回调。

被资金狂追的个别强势股，也会采用回调略探 5 日均线便再度起涨的方式，但连续采用这种方式调整的个股，一旦资金失去追涨的欲望，就会直接进入到大级别的下跌。常说的“断崖式下跌”，往往就发生在这种个股上。

图中 A 点处，第二根是低开高走的阳线，其低点接近 10 日线，而高点已收复 5 日均线。前面说过，厚度空间是由均线构成的，而不是股价。A 点处，5 日均线和 10 日均线仍具有相对较大的厚度空间，更为重要的是，代表价格强度的 5 日均线仍旧维持上行的态势。

这就说明，A 点第一根阴线的跌停板并未能消耗掉股价上升的强度，探底回升的阳线就是较为适宜的低吸点。

在类似案例强势股的操作中，即使股价跌破 10 日均线，只要 5 日均线未转向，厚度空间未封闭，就说明短线涨升强度并未完全消失，仍可寻机介入。

实战中，如果 5 日均线交叉 10 日均线，封闭厚度空间，则说明该股调整的空间和时间都会相应延长甚至是扭转。具体情况可根据技术细节具体分析。

二、最忌逆势孤军深入

上涨趋势中，有时会突然遭遇大幅度的暴跌行情，价格短期内连续突破中长期均线系统，如 60 日均线、120 日均线、250 日均线等；下跌趋势中也有类似的情况，突如其来的暴涨连续突破中长期均线。

逆势出现的暴涨、暴跌行情，多数不可持久，即使这种暴涨、暴跌行情最终改变了运行趋势，也存在一个较长的修复过程。但在其急速运行阶段，普通交易者如果没在最初阶段介入，后面很难捕捉到适宜的介入点。

如图 8-23 所示，A 点处股价以 60 度区急速上涨，一度穿越下行态势中的 60 日、120 日、250 日均线，但是这种孤军深入的逆势急升却很难持久。如图中所示，股价很快便回归下跌。在 A 点涨势中追高的人，很难从中赚取稳定的收益。

图 8-23

当中长期均线呈空头排列向下运行时，股价短期暴涨，如同过度冒进、孤军深入的部队，短期的强势难掩之后大概率的颓然败退。

对于股价短时间内突起的逆向行情，如果技术环境上并不具备趋势改变的基本条件，那么多数都会在急速运行阶段结束后，略经盘整或直接回归原有趋势。

如图 8-24 所示，A 点股价突然大幅下跌，连续跌破中长期均线，但不久股价便迅速回升并创出新高。追随股价短期波动，会使心态越来越脆弱，难以承受股价来回的折返，更难以看清本来并不复杂的趋势。

三、起飞跑道

上涨趋势初期阶段，或者是涨势中级别较大的调整之后，部分个股股价恢复上涨的过程是以较小的倾角来运行的，通常较少有大阳、大阴线，而是以中小 K 线居多。总体来说，这种走势的个股一段时间内的升幅很有限，所以不少持仓者耐不住股价磨磨蹭蹭的上涨，盘中选择卖出换股。

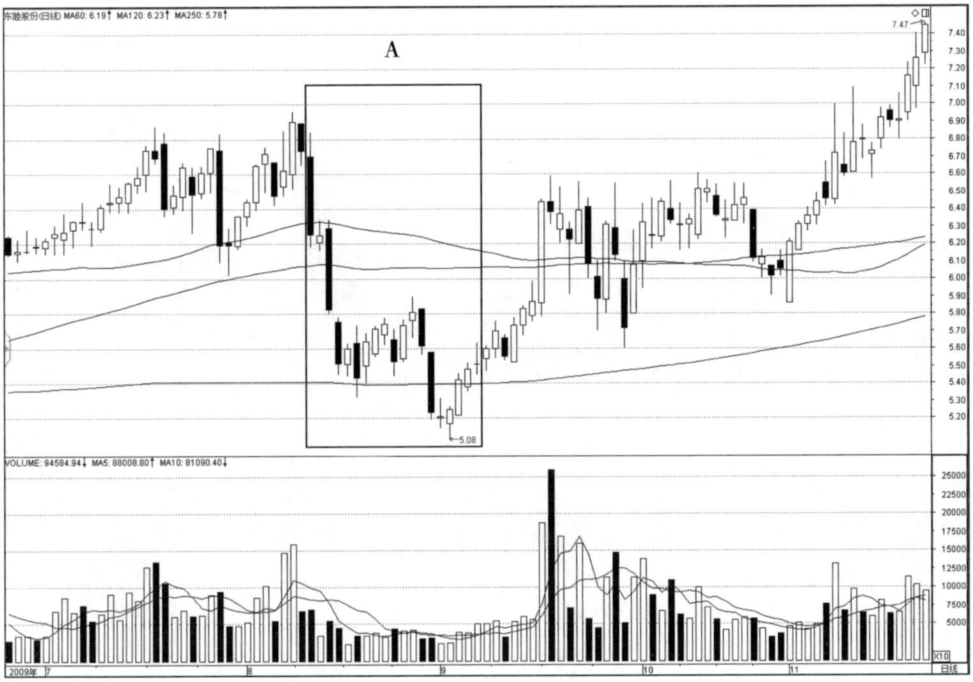

图 8-24

其实仔细分析这类个股的走势，会发现具有这样几个技术特点。

（1）短中期均线多头排列，稳定向上运行。

（2）量能逐步增加，接近滑行、起飞阶段时形成聚量攻击。

（3）股价极少会回落至中期均线之下，即使偶有发生，也会以下影线等方式快速回收。

具备这几个特点的个股形态，一般将其比喻成正在修建起飞跑道的潜力股。

如图 8-25 所示，该股于升势中出现调整后，A 点短中期均线逐渐完成修复，进入到多头排列中。之后股价多数时间在短期均线上运行，虽然 K 线实体以小阴小阳线为主，偶有回落发生，但都很快回升，显示出下方均线系统具有强大的支撑。

随着均线间的厚度慢慢拉开，“跑道”支撑强度也逐渐变大，股价“起飞”也就为时不远了。

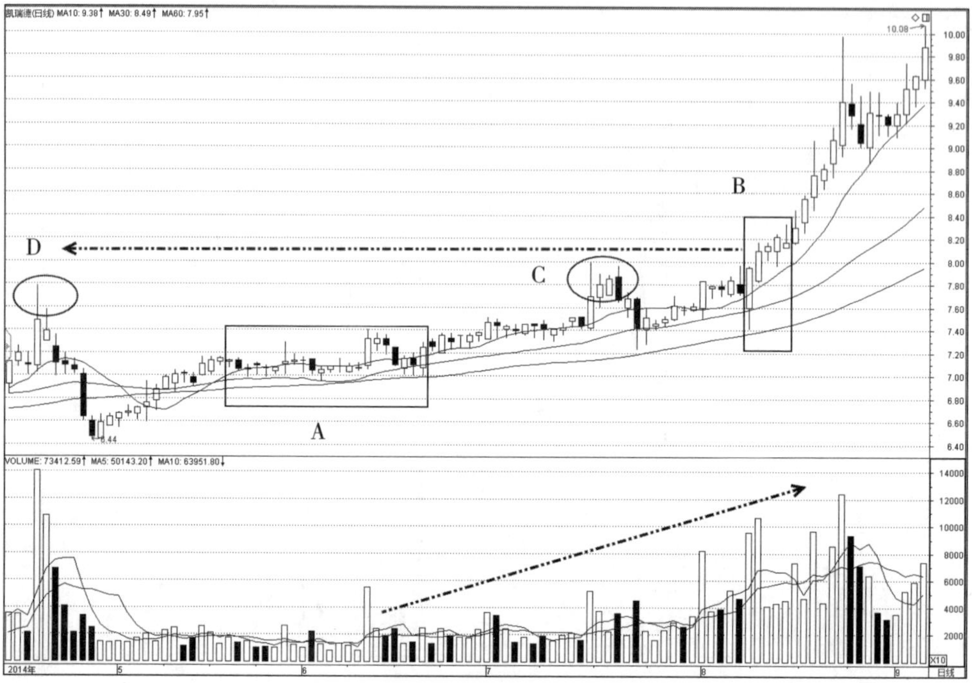

图 8-25

“修建起飞跑道”的个股，进入滑行、起飞阶段的标志，通常都是对于最近密集成交区的突破。如图中 B 点，突破了 C 点以及 D 点的密集成交区。

其实案例中的 C 点，股价曾尝试突破 D 点的密集成交区，但这里的量能情况显示，主导资金并未倾力而为。C 点的量能对比 D 点的量能明显不在一个等级上，所以 C 点极有可能只是主力资金试盘和洗盘的一个点。

进入滑行和起飞之前，吓走不稳定的持仓者，引出 D 点的部分套牢盘割肉。这样做既可以减轻之后上涨的压力，也可以尽可能地减少获利盘，为股价快速上涨铺平道路。

图中 B 点及之后，股价脱离均线进入滑行、起飞阶段。

四、升势休整

上涨趋势中，30 日均线回落触及或向下交叉 60 日均线，随后又向上交叉 60 日均线；之前回落过程中无量运行的股价开始加大换手率，K 线低点逐步抬高，此后均线系统形成多头排列，即为升势休整形态，后市大多会有一轮强劲的上攻行情。

如图 8–26 中 A 点所示，30 日均线向下交叉 60 日均线，在这个过程中，虽然股价不断振荡，但低点不断抬升。B 点时 30 日均线上穿 60 日均线，同时股价明显受到下方均线的支撑，逐步回到均线系统上方。

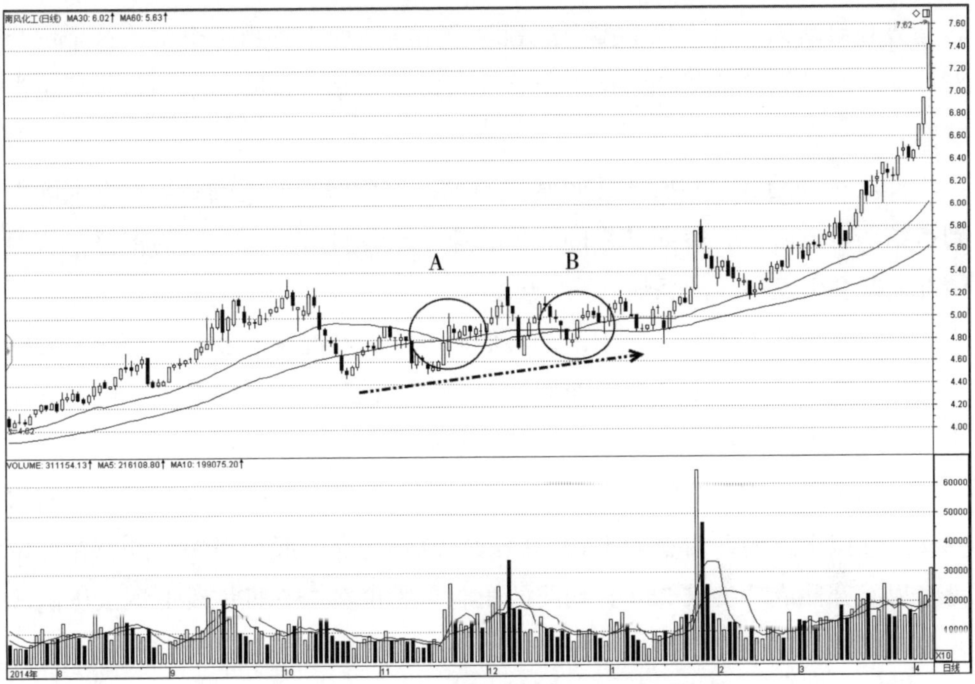

图 8–26

升势休整其实也是均线修复的过程。当股价与均线上涨趋势运行一段时间后，会累积一定数量的不稳定因素，如随着股价越升越高，获利盘也会迅速增加，其兑现的欲望越来越强烈。

出现一段时间的回落修复期，既可以清理获利盘，也可借机提升市场的平均持仓成本。这个清理过程的长短，一般以 30 日均线向下交叉 60 日均线，随后又向上交叉 60 日均线为主要观测基准。之后当股价再度回归升势时，则意味着清理过程结束。

出现升势休整形态，可以让日益躁动的市场心理平复下来，毕竟过早地让价格进入疯狂状态，对于主力来说并不一定是好事。

五、兜底坑

所谓兜底坑，是指经过大幅下跌后，有中长期均线加入的聚拢或黏合形态下，价格突然向下快速跌落，但随后便开始回升，突破中长期均线，扭转趋势并启动第一波上涨。整个过程就像是在路面上挖出一个坑，这个坑会对后面跟来的人造成影响，但对价格前行的道路来说，崎岖不平是一种正常状态。

兜底坑是趋势扭转阶段比较常见的现象。在均线聚拢或黏合形态渐渐得到市场认可的时候，突如其来的股价急速下跌并打破所有均线的支撑，这种情况无疑会引发很大的恐慌。

在上涨趋势并不明了，下跌趋势僵而不死的情况下，兜底坑会让多数持仓者失去信心，抛售筹码；在兜底坑右侧“填坑”的价格回升过程中，已经卖出的人很少会再买回来，而主导资金想要的就是这个效果。

如图 8-27 中 A 点所示，股价从黏合状态中突然下跌，打破了所有的均线支撑，似乎正要开启新的大跌。但出乎意料的是，股价很快止跌，在低位盘整后回升并成功突破 250 日均线的压制。股价在 250 日均线上测试压制转化为支撑后，随即开启新一轮升势。

图中B点的“坑”和A点的“兜底坑”很相像，但B点并不符合兜底坑的标准。B 点的“坑”缺少长期均线加入到聚拢或黏合形态中的前提条件，前期只有短中期均线的一个常规盘整，更像是跌势末期为吸纳带血筹码而挖的坑。

从技术上来说，B 点“挖坑”的起涨和盘绕 250 日长期均线运行的过程，对于这条长期均线最终扭转向上起到一定的牵引作用。这也是很多个股在构筑底部过程中，为使长期均线尽快修复并完成扭转所常见的情况。

实战中，兜底坑形成过程中的“挖坑”阶段，并不都像图 8-27 中那样幅度相对较小，也有部分个股在“挖坑”阶段表现得穷凶极恶，以致于让持仓者开始怀疑人生。

图 8-27

如图 8-28 中 A 点所示，股价以 60 度的角度下跌，下跌过程既快且急，股价从 16 元多一直跌至 10 元上方。下跌幅度之大，下杀过程之凶悍，可以看出该股主力无疑是个“狠”角色。

当然，兜底坑“挖坑”的深与浅，也与个股之前跌势中的整体下跌幅度有关系。

经过长期大幅下跌的个股，即使想深“挖坑”恐怕也很难做到，因为没有那么多的套牢筹码愿意在此时割肉，多数被套牢的人早已看破红尘，不看盘了。

跌势中相对跌幅不大或刚经过一波次级反弹的个股，如果出现兜底坑，多数“挖坑”的深度很可观。

有时候兜底坑挖得深，也并不是全无好处，主力之所以“狠”，是因为意在长远，想把底部锤炼得更结实，为之后的“远大钱景”打好基础。

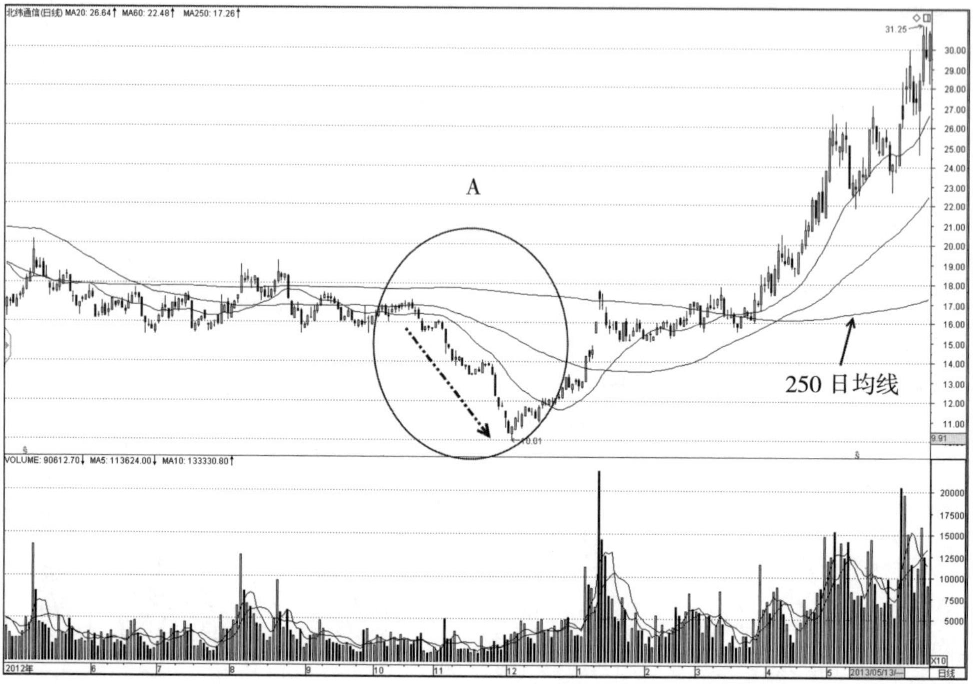

图 8-28

六、长逆短顺

长逆短顺是下跌趋势中逆水行舟的形态，这种形态并不一定都能达到次级反弹的级别，也包括价格的短期反弹。

长期均线保持下行的态势，对于股价的反弹具有强大的压制作用，多数反弹都会终止于均线压制之下。即使某些个股后市发生趋势扭转，第一次反弹到下行的长期均线附近时，也会出现回落。

如图 8-29 所示，股价在连续下跌后企稳反弹，A 点股价上攻至下行态势的 120 日长期均线时遇阻回落。如果是短期反弹，这个回落基本就宣告反弹结束。图中个股在回落至 20 日均线附近得到支撑，在量能的支持下再度上涨。

B 点处，再度上涨的股价不能得到 250 日长期均线的支撑，反而在压制下迅速回落。可以看到 B 点股价回落时，20 日均线的支撑非常微弱，股价停留 3 个交易日后继续下跌至 120 日均线。在这个过程中，量能已经呈现出消散的态势。

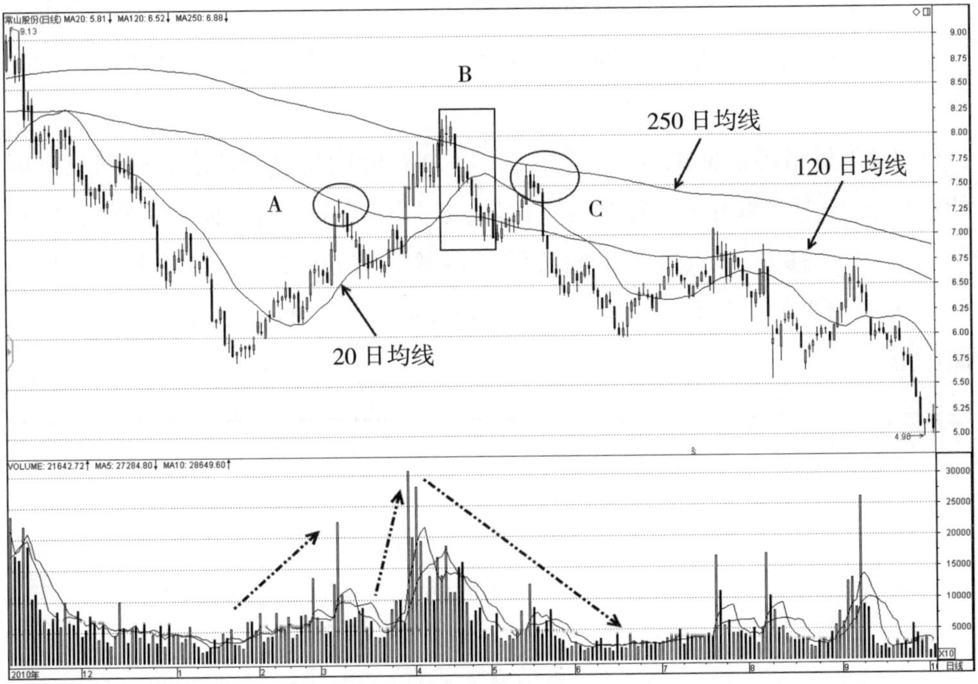

图 8-29

下行态势中的均线，能够提供的支撑微乎其微，甚至更多表现为市场心理上存在的支撑。图中 B 点，股价在 120 日均线上止跌反弹，对于交易者来说，不用等到 C 点出现，也能大略测算出反弹的终点在哪里。

实战中，一些个股虽然突破长期均线，却不能牵引其发生扭转，同时出现放量滞涨或量能呈消散的态势时，则意味着涨升强度正在快速减弱，股价回归跌势就是大概率的走势。

长逆短顺形态下，对于个股涨幅以及上涨持续时间不要抱有太大的希望。

七、回线不回价

回线不回价，是指在上涨趋势中出现一波回落调整后，价格从 60 日均线上得到支撑启动上涨，价格的下一次重要调整低点可能就在60日均线附近。

回线不回价是一种良性调整，能够为交易者提供一次较理想的短线介入机会，但需要注意两点。

（1）再次回到60日均线时的价格，不能接近于启动时的价格，否则说明价格整体处于盘整阶段，并不一定是适合的介入点。这也是回线不回价的含义所在。

（2）价格再次回到60日均线后，不能长时间呈盘线状态，否则很有可能会牵引60日均线走平，甚至向下扭转，从而使后市运行方向变得复杂难辨。

如图8-30中A点所示，股价结束调整，从60日均线启动上涨，其后只在级别较大的一波调整中回到60日均线处，之后结束回落再次转升。见图中B点。

图8-30

八、蛟龙出海

蛟龙出海是指经过长期大幅下跌之后，均线系统呈现聚拢或黏合状态，价格突然打破底部沉闷的局面，就像一条冲出海面的蛟龙。如图 8-31 中 A 点所示。

蛟龙出海是上涨趋势或趋向启动的最初阶段，意味着价格将脱离底部构筑阶段。但这种形态出现后，并不是所有个股都会立即进入到图 8-31 中趋势明确的大涨中。

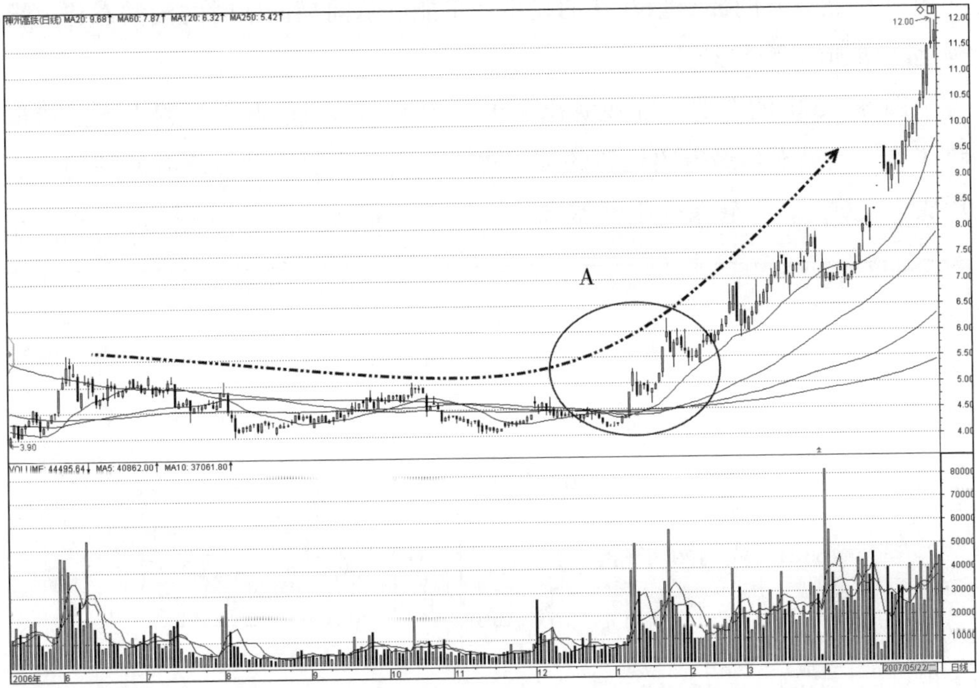

图 8-31

实战中，某些个股还会向下运行，形成一个“龙取水”的形态，其技术含义在于确认趋势扭转后能否得到支撑。

如图 8-32 所示，A 点形成蛟龙出海，随后快速回落，B 点在跌破 20 日均线后出现回升，如果是级别较低的回落，那么这里的见底回升就不会再度跌破 20 日均线。

但图中 C 点显示，股价不但跌破 20 日均线，甚至破掉 60 日均线，说明本次回落应是一个次级调整。其实从 B 点股价回升但 20 日均线下行中，也可以判断出此次回落的强度较高。

之后股价继续回落，虽然一度破掉120日均线，但是最终未触及250日均线，还是在120日均线上得到支撑，止跌企稳并开始回升，见图中D点。

从B点到D点，即为“龙取水”的过程，其实也是趋势扭转、启动升势之前的确认过程。“龙取水”是否完成，主要是看价格回升中的量能表现，如图中D点下方的成交量柱状图显示，量能已从前期回落时的消散态势，转为逐渐增加的聚量形态。

图8-32中的个股，在蛟龙出海形态出现后的回落调整过程中，虽然走势凶悍，但仍不是最穷凶极恶的那一种。还有些个股会跌破所有的长期均线形成兜底坑后，再转头向上开始升势。

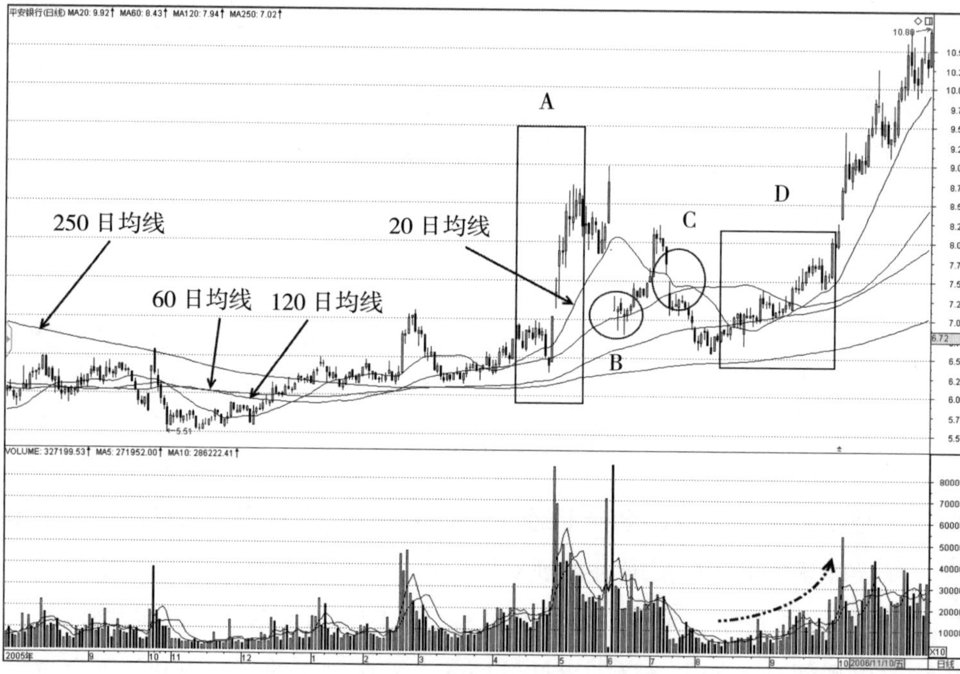

图8-32

蛟龙出海应当具备一定的技术条件，才能予以进一步认定。通常来说，蛟龙出海形态的技术环境，应是下跌趋势末期、均线系统呈聚拢或黏合状态之时。

技术环境不匹配，即使出现类似的形态，也不可轻易参与交易。

如图 8-33 所示，该股经过大幅下跌之后，形成一个类似均线聚拢黏合的形态，而且长期均线也加入其中。

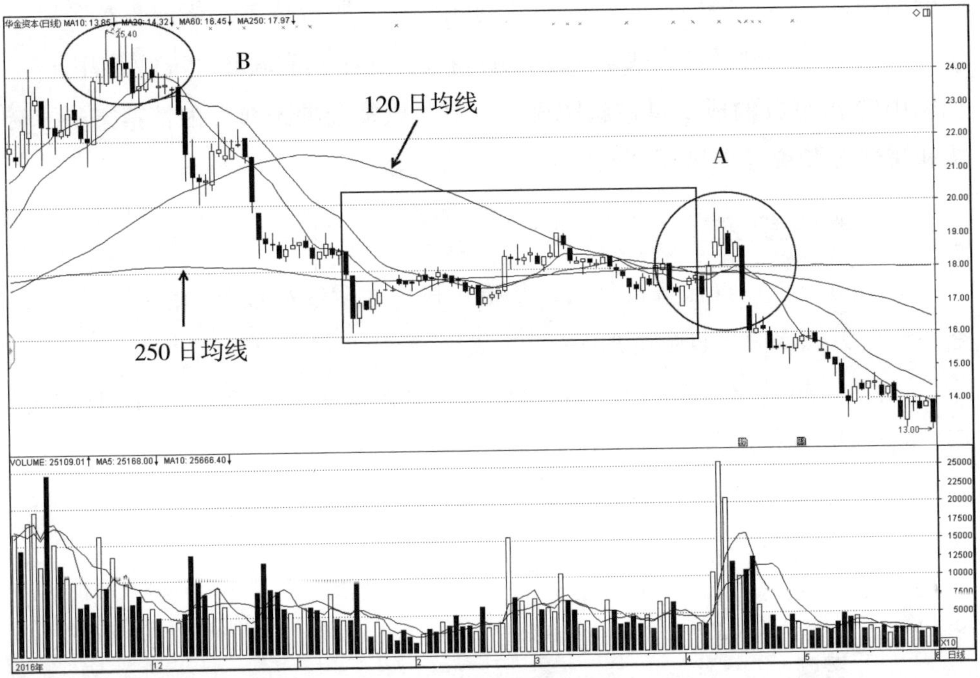

图 8-33

A 点股价突然上攻，必然会让部分人认为是蛟龙出海形态正在形成，如果匆忙追高，那么图中可见，股价虚晃一枪却向下跌落。

案例中个股有哪些技术上的缺陷，可以让交易者提前判别出即使股价上涨，也不可能是蛟龙出海？

其一，从技术环境上分析，该股趋势上处于下跌趋势的大幅振荡阶段，图中 B 点为一波次级反弹的高点。图中类似均线聚拢、黏合的形态，更合理的解释应当是在回归下跌趋势途中短期均线的修复过程。

其二，图中类似均线聚拢、黏合的形态中，120 日长期均线从上而下加入，而 250 日均线一直保持横向运行。从均线时间周期上来说，时间较长的均线，其修复过程应晚于短期均线，而图中所表现的情况正相反。

这就说明形态上该股仍处于紊乱期，多个周期的均线离进入修复过程的聚拢、黏合状态还有很长的距离和时间。

仅上述两点，至少可以得出以下结论：趋势上，均线系统不具备聚拢、黏合的条件，图中类似形态仅是短期均线修复、股价休整的横向盘整阶段。长期均线加入，也仅是均线系统紊乱的表现，并不具有真正的支撑作用。

图中 A 点股价只是以一次佯攻来吸引跟风资金的骗线行为，其突放的变量和滞涨的股价也提供了证明。

九、断头铡刀

断头铡刀是一种比喻性称谓，是指一根中大阴线将数条均线同时跌破，是一种空头提示信号较强的形态。

如图 8-34 中 A 点所示，一根大阴线一举跌破 60 日、30 日、10 日均线，形成断头铡刀形态，发出强烈的做空提示信号。

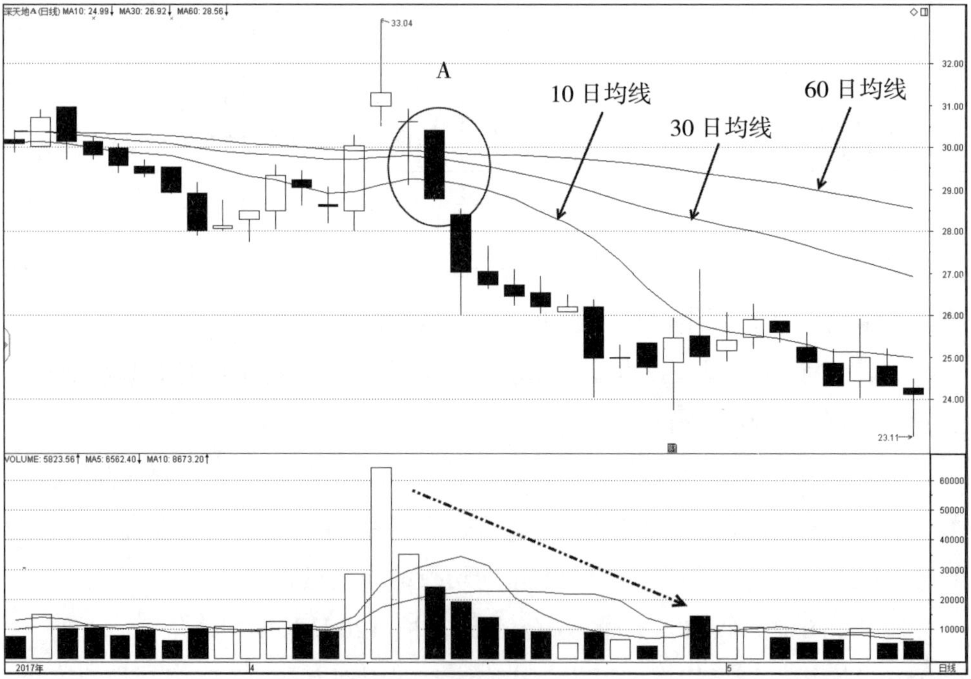

图 8-34

案例中，个股的技术环境处于下跌趋势运行过程中，所以三条均线呈空头排列。跌势途中反弹结束时以及趋势扭转向下时，出现“断头铡刀”形态，都是高度危险的形态，继续跌势是大概率事件。

在升势初期或中期阶段出现“断头铡刀”形态时，可能是短期或次级调整的信号，短线交易者需要根据盘面的具体变化，注意控制操作节奏。

判断断头铡刀这种形态时，在均线系统的配置上，应以采用短中期均线混合的方式。案例中选用的是 10 日、30 日、60 日均线，均线周期偏重于稳定性，能够相对准确地提示形态的真实性。

如果均线系统的配置上都选用短期均线，则容易被价格的短期波动所误导。如图 8-35 中的均线系统，由三条短期均线构成，A 点一根大阴线跌破三条短期均线，形成断头铡刀形态，但股价并未继续跌势，而是低点略加盘整后再次上涨。

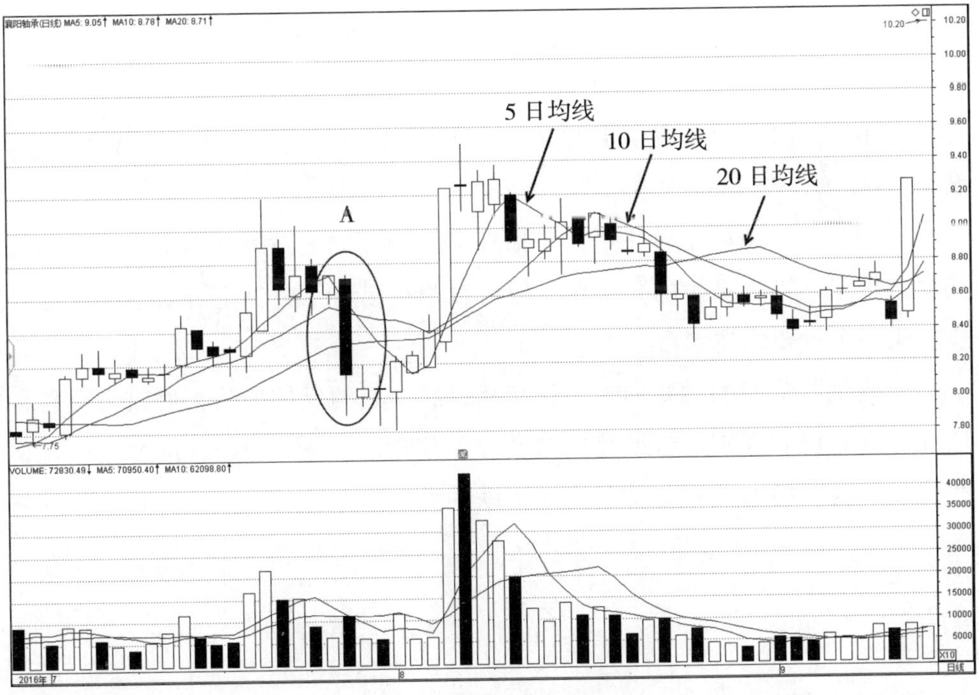

图 8-35

之所以出现这种情况，一方面是因为案例中的断头铡刀形态是由大阴线跌破三条短期均线形成的。短期均线受限于时间周期，对价格反应灵敏，但缺乏稳定性上的优势。另一方面，该股运行于上涨趋势中，断头铡刀形态的空头提示信号强度要远低于跌势中。

十、回家与吻别

股价和均线之间具有相互牵引的关系。当股价过快、过分地远离均线之后，如果是上涨阶段，获利丰厚的人就会抛出，随即导致股价回归平均成本区。如果是下跌阶段，过于凶悍的跌势也必然会吸引抄底资金入场，所以股价会发生反弹，这就是“回家”形态的技术原理。

根据“回家”形态的时长法则，在下跌趋势中，股价回到 20 日均线的极限时长为 50 个交易日左右，平均时长是 30 个交易日左右，跌速较快的个股有的在 20 个交易日就会出现反弹。

也就是说，在大多数情况下，股价连续下跌多会在 30 个交易日左右见到阶段性低点区域，并向 20 日均线的目标位展开反弹。

如图 8-36 所示，A 点股价反抽 20 日均线确认压制后，开始下跌过程，至 B 点时为 30 个交易日左右。图中可见，B 点就在本次下跌的低点区域。

“回家”形态的主要作用在于估算下跌持续的大致时间和范围。当然，其低点也未必都是理想的介入点，但可以为交易者从整体上分析某一目标个股提供一个重要的技术参考。

“吻别”形态的主要形式，其实就是破位后的反抽确认，可以为交易者捕捉做空时机和判别趋势或趋向扭转提供依据。如图 8-36 中的 A 点，就是股价“吻别”20 日均线、确认启动下跌的提示信号。

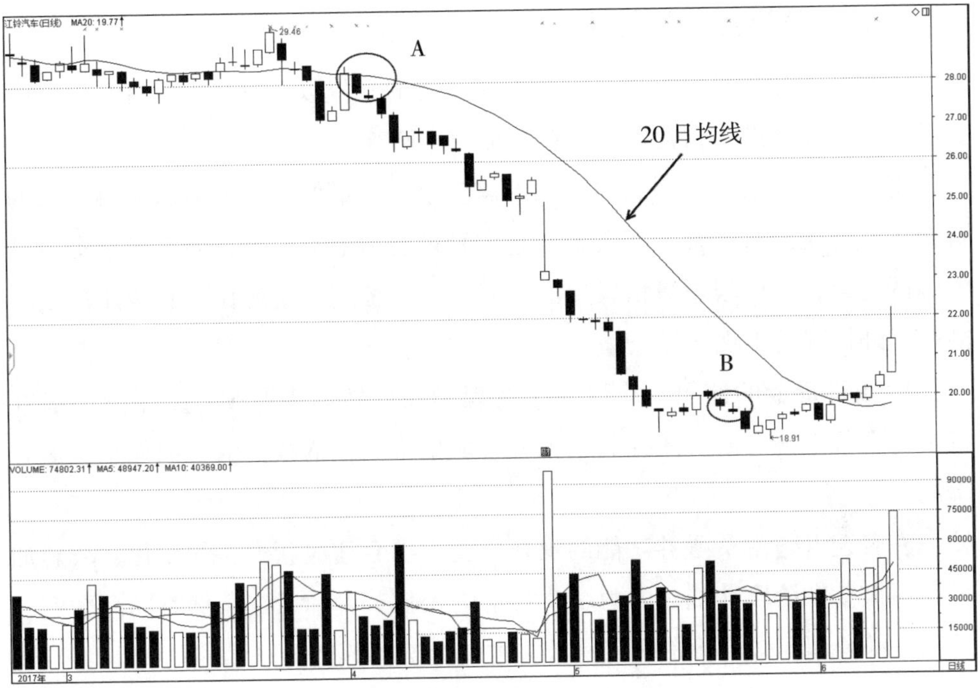

图 8-36

第五节　资金与仓位管理

资金与仓位管理是交易者在实际操作中必须要有的风险控制手段。建立自己的风险控制体系，无论是对交易心理还是对交易本身，都是一件有百益无一害的事。

资金和仓位管理，不同风格的交易者对此有不尽相同的选择。实战中可以根据自己的操作特点，选择适合自己的资金和仓位控制规则。比如稳健型交易者，对次级趋势的反弹行情，就应以小仓位参与；激进型的交易者则可大仓位参与，但应设置止损位保护。

资金和仓位管理，具体来说包含两个方面：仓位资金的比例控制和交易风险控制。

一、仓位资金比例控制

仓位资金比例控制，是指交易者所持有的仓位以及每笔交易资金占总资金的比例，以及借款和融资额占总资金的比例等。

对于多数交易者来说，在自己的总资金中，最好不要有借款或融资来的资金，即使是经验丰富且有资金与仓位管理能力的交易者，借款或融资占总资金的比重，也应根据行情发展的不同阶段，控制一定的比例和使用尺度，防范意外情况的出现而导致爆仓。

对融资资金的使用，应以易于变现和高周转率为原则。如果交易者在资金与仓位上缺乏必要的控制，很有可能牛市还在继续上涨，而你早已爆仓出局。

在普遍开通融资融券功能的现在，主力也会适应新形势的变化，故意加大盘中振荡和阶段性洗盘的力度，行情的变化节奏和以往截然不同。融资，尤其是满仓超配融资，是很容易被主力资金洗掉的。

以前主力洗盘，用各种花样百出的骗线、骗量来洗，折腾散户出局，但是在“两融”时代，主力已经改变策略，让你明明知道是洗盘的情况下，也会强行洗掉你，因为你等不到主力拉升的那一天就爆仓了。就算不是超配融资、满仓融资的话，也经不住主力波段性的洗盘，除非有更多的后续资金去追加保证金。

交易者在每一笔交易中投入的资金比例，应根据市场情况、行情阶段和交易品种的不同而有所变化。一个成熟的交易者，应该习惯限制自己每次的交易金额，毕竟股票交易的风险就在于无法百分之百准确地预知结果，所以为了未来还能继续交易，任何时候都不能以全部身家去赌。

以风险投资著称于世的大鳄索罗斯曾说，“承担风险无可指责，但同时记住千万不能孤注一掷”。

1. 牛市初期

这时候个股的表现并不一致，有的已经走出明显的上涨趋势，有的仍旧延续下跌态势，还有的处于反复折返盘整的状态中。

牛市初期，虽然股票有价格上的优势，但股价的振荡极为频繁，暴跌时有发生。心态不好的交易者，追涨杀跌反而容易出现亏损。

有一定技术基础的交易者，此时会回避短线交易，专做波段交易或中长线。选取基本面上质地优良、营收稳定，技术面上经历过大跌、目前还在低价位的个股。买入应选在股价回落过程中，如无必要，切记不要追涨。

首次建仓可投入总资金的50%（如资金量较大，也可投入20%～30%），这样仓位和资金处于平衡状态，即使股价继续深跌，心态也不会受到太大影响。

如果股价继续下跌，每跌10%则投入部分剩余资金补仓，直至仓位达到八成。正常情况下，股价都会在这个阶段开始转势上行。

倘若真遇到极端情况，保留两成的资金，守住仓位，直至股价转势上行，突破重要阻力位时，才考虑投入剩余资金满仓持股。也有很多交易者一直保留两成资金，主要用于短线交易，避免因手痒而妄动大仓，或者用于防止其他意外情况。

2. 牛市中期

在这个阶段，上涨趋势已经非常明确，在买入时机的把握上，还是应选在股价回落或者振荡的过程中。

仓位上，首次买入以30%～50%为宜，尽量不要一次满仓。

虽说在牛市行情背景下，满仓从技术上来说并无太大问题，但交易者很难保证心态不出现问题。一旦遭遇股价回调，忍耐不住恐惧的人，可能会在股价大跌中减仓。而牛市行情中的短期回调，多数都会在集中杀跌后转势向上，恢复上涨行情。

因此，在这个阶段买入股票后，一旦被套，不必过于恐慌，要把被套看成赢利的一个过程。

仓位上，可以借机在低位补仓，达到六至八成甚或是满仓，然后静观其变。有技术能力的，可以寻求做盘中的T+0交易。

不太容易控制住手痒的交易者，也可留下两成资金，尝试做短线交易。

对于大仓位，则尽量保持稳定，这至少能保证一轮牛市结束时，获取不低于平均水准的收益。

3. 牛市后期

行情来到牛市后期,市场已经极端火爆,股票人气爆棚,似乎人人都是“股神”。这个阶段,别说是新手,就是浸淫股市多年的老手,也很难做到全身而退。

牛市后期，需要警惕和害怕的不是股价下跌，而是怎样留住好不容易获取的利润，也就是常说的止盈。在牛市中赚到的钱，只是“纸上富贵”，只有懂得收获，才不会化为乌有。

当身边的人几乎都在炒股，都赚取了不菲的利润时，如果涨势开始明显处于横向盘整时，不妨先减掉五成仓位。这个决定非常难下，一旦作出决定，这部分已经兑换的资金，就绝不要再次投入股市。

随着行情的发展，大盘或个股趋势会慢慢显示出颓势。当大盘跌破一些重要的技术关口而无力收复时，则再次减仓或清仓观望。

4. 熊市初期，即牛市与熊市行情的反转阶段

到了这个阶段，市场上时常会出现跳水的个股或连续暴跌的板块，但大部分人仍心怀幻想，不愿意相信牛市已经结束。

通常来说，感觉敏锐的交易者可以体会到牛熊转换已经到来，而对于仍旧持仓的人来说，最需要做的就是抛弃幻想，大幅降低仓位或者清仓。

5. 熊市中期

熊市中期阶段时，大盘已经出现过较大幅度的下跌，之前不愿相信牛市结束的交易者，也已经不得不承认熊市已至。

这个阶段，大盘或者超跌的个股较容易出现强劲的反弹。

熊市初中期的反弹，涨势快捷，但跌势更加猛烈，非常难以把握。持仓者最佳的选择，就是利用反弹减仓、清仓甚至是割肉出局，切记不可再度增大仓位。

其实这一点说起来容易，做到很难！

即使是有经验的交易者，甚至是之前躲过了牛熊转折的大顶部，但在这时却会参与到反弹当中去，最后反而是重仓被套。

熊市中期最重要的事——能够拒绝强反弹的诱惑。

6. 熊市后期

如果这个阶段还有仓位，那么很可能已经深度套牢。交易者只能利用做T+0或被动等待等解套方法。

对于经历过牛市、熊市大部分阶段的新手来说，此时已经逐步成熟，对于风险的理解已经很深刻，告别了新手阶段，步入到成熟交易者的阶段。

成熟交易者身上最明显的标志，就是懂得在熊市中后期保持空仓或轻仓。

空仓是一种智慧，空仓也是交易的一种方式，是交易者必须学会的一种调适手段。

很多交易者不愿意空仓，理由就是怕踏空行情，总是“手里没股心里就慌”，极端害怕行情突如其来，把他一个人抛下。

如果说在牛市行情里害怕踏空行情还有一定的道理，那么在熊市下跌行情中，一些投资者为什么也存在害怕踏空的心理障碍呢？

只因这些交易者具有浓厚的牛市情结，即使经过熊市下跌的无情蹂躏，心中挥之不去的却仍旧是“行情会在某时突然出现上涨”的幻想，其对踏空的恐惧远远大于对套牢的恐惧。他们最不能忍受的就是自己刚刚出局，上升行情便呼啸而来。交易者缺乏理性的分析和判断能力，是造成这种错误投资心理的关键因素。

对于中小交易者来说，其实根本不存在所谓的踏空行情。如果面对的是趋势性的上升行情，其中肯定会有足够多的回档机会留给交易者介入，而大多数中小交易者几分钟内就可以做到满仓。如果只是一波反弹行情，不参与就是稳健型交易者的最佳选择。

二、交易风险控制

有些交易者每个交易日都会买或卖，哪怕手中持有的股票正在上涨，仍然不能抑制将其卖出后再换股买入的冲动，这样的交易者在熊市行情中资金很快就会被消灭。在熊市中，仍旧耐不住手痒而频繁操作，那么唯有巨亏的惨痛教训才会让他止住手。

也许有人会拿出量化交易等高频交易模式来反驳，且不说国内A股实行T+1交易制度，并不适合一般的中小交易者做高频交易，即使是国外一些专业做高频交易的团队，一旦遭遇突变行情，也必须承受重大损失，高频交易并不是一桩稳赚不输的好生意。

谁都有财富快速增值的愿望，正是这个愿望促使很多人进入股市后，便一心只想着做短线，赚快钱!

但“欲速则不达”的至理名言，对于大多数人都有效。即使有人偶尔打破这个真理，神奇地让财富快速增值，也很难让这种神奇再现。善于归纳总结的人会发现，财富快速增值的神奇表现，往往只是运气在起主要作用，所以很难持续保持或复制再现。

某些股票突然出现连续暴涨，如果你想参与其中分一杯羹，那么必须明白一件事：高换手率下的股价暴涨，多是由大资金主导，这必然是一场击鼓传花的游戏。如果你参与其中，就必须接受股价随时都可能向下崩塌的现实。

如图8–37所示，在十余个交易日里，该股股价上涨近70%，成交换手率达到336%。图中A点之后，股价突然迅速下跌，套住了追高买入的人。其实，参与这类个股的交易者都知道自己在赌，但都认为自己不会接最后一棒。

举这个案例，不是让交易者回避所有快速上涨的个股，而是想告诉交易者，不要以赌博的心态参与到炒作中去。至少在自己尚不具备相应的技术能力之前，不要跟风追高。

股市上有句俗语：神仙打架，凡人回避。这句话的意思是，在大资金相互博弈的过程中，没有技术和资金实力的小股民，应尽量采取回避和观望的态度。

交易风险控制主要有以下几方面内容：止损、止盈、补仓或加仓。

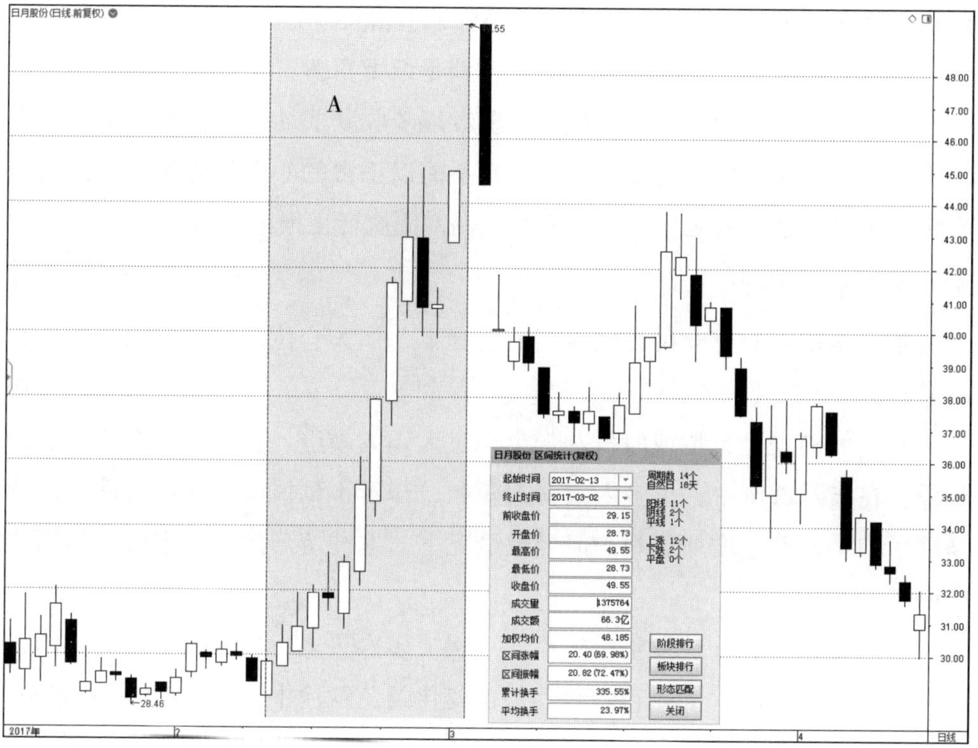

图 8-37

1. 止损

交易谚语云：不怕错，最怕拖。股票交易一旦出现错误，应当及时处理，不能犹豫、拖延，否则风险会进一步扩大，导致无法收拾的后果。

投资界有一个“鳄鱼原则”，是以鳄鱼吞噬猎物的方式作比喻：猎物越挣扎，鳄鱼的收获就越多。如果鳄鱼咬住你的脚，你唯一的选择就是断掉一只脚以求逃命。当在股票交易中出现趋势性的判断错误，较理性的做法就是马上止损，无论你亏了多少。在趋势性转折带来的下跌行情中，止损是唯一的选择。这时候应该明白，赔钱和赚钱都是交易的组成部分。

2. 止盈

止盈是一种懂得收获的智慧。

当行情连续暴涨时，交易者应该考虑的不是如何赚得更多，而是如何保证收获到真金白银，不让到手的利润变成纸上富贵。这就是止盈。

很多人都在牛市中赚过钱，但往往都是纸上富贵，还未来得及收获，便随着行情的下跌化为乌有。止盈是交易者逐步收获成功、保住胜利果实的有效手段。贪婪和恐惧都会使人发疯，而不能以正常的心态和心智应对出现的变化。做到止盈，从交易心理的角度来说，比执行止损困难得多。

3. 加仓与补仓

加仓是指在原有仓位已经赢利的前提下，加大仓位配置，以期获取更大的赢利。

加仓的前提是行情或股价并未出现过大幅的暴涨，仍旧处于上涨的初始阶段。在实际操作中，很多人只看到赢利，却看不到风险，往往习惯在连续暴涨后加仓，希望增加赢利，但多数情况下，这种情形的加仓很难得到期望中的结果。

补仓是指原有仓位发生亏损后，一次或多次买入，以求降低持仓成本，弥补亏损，获取赢利。如果行情是趋势性变化的急跌途中，补仓就会越套越深。当然，不能完全否定补仓的作用，在急跌多日之后补仓，反弹减仓，逐步摊低成本，也是一个不错的解套方法。当然，必须区分急速是技术性的，还是基本面出现质变。技术性急跌，才是符合补仓要求的品种。

补仓或加仓还有一种形式，就是盘中 T+0 交易。交易者持有某只股票，当这只股票盘中冲高时卖出、回落时买回；或者盘中急跌时买入、反弹时卖出。当日完成买入或卖出的交易，即为 T+0 交易。

T+0 交易需要交易者具有敏锐的盘感和快速的分析判断能力，否则的话，不但无法获取超短线差价，还有可能导致越亏越多，或者仓位越套越重。

资金与仓位管理是交易者取得成功的关键因素之一。股市搏杀中，既会有得到，也会有失去，其中的关键点在于：得到时，懂得及时收获；失去时，及时认输出局。

第六节　诡道十二法

孙子曰：兵者，诡道也。故能而示之不能，用而示之不用，近而示之远，远而示之近。利而诱之，乱而取之，实而备之，强而避之，怒而挠之，卑而骄之，佚而劳之，亲而离之，攻其无备，出其不意。此兵家之胜，不可先传也。

这就是《孙子兵法》中著名的诡道十二法。《孙子兵法》又称《孙武兵法》，为春秋时期吴国将军孙武所著，是中国现存最早的兵书，也是世界上最早的军事著作，被誉为“兵学圣典”。

将兵法精髓引入市场交易与操作，可谓“功夫在诗外”，也是交易者开阔思维，升级与进阶交易水准的康庄大道。

交易之道，博弈为先。散户势穷力薄，却要与各方虎狼之师共分一杯羹，不将这些凶悍对手的行为特点好好琢磨一番，很难有胜算。就像孙子所说：多算胜，少算不胜，而况于无算乎！

诡道十二法是孙武先生总结出来的，大家不妨举一反三，毕竟变化是没有尽头的。“兵者，诡道也”其实是说，用兵之法，在于变化。诡道十二法，可以视为主力的行为特点，也可以作为散户审视价格变化的标尺。

一、能而示之不能

明明可以做到的事，却伪装成做不到。这句也可以延伸理解为：根本就做不到的事，却偏偏装作能做到。

这种情况在实战中非常容易见到。比如，经过技术环境分析，认为某股向上突破30日均线应当是很轻松的，但股价却在均线下方踯躅不前，经过反复盘整后才最终向上突破。

原因在于主导资金借用30日均线故布疑阵，制造有强大压制的假象以洗掉浮筹，达到目的后才向上发力。这就是“能而示之不能”。

根本就做不到的事或不想做的事，却偏偏装作能做到。

例如，大盘转向，某股主力减仓并不顺利，跌势途中必然会想尽一切办法来完成这个任务。常用的有向上突破一些重要技术关口，吸引市场资金的注意，并竭力扭转市场资金看淡该股后市的思路。

如图 8-38 所示，适逢大势暴跌，该股主力未能全身而退，所以至 A 点时，借助 250 日均线的支撑展开反弹，量价配合良好，一度似有再起升势的迹象。即使再度下跌后，还于 B 点做出一副收复 250 日均线的假动作，给市场资金“该股有支撑，会再次上涨”的想象空间，但主力资金利用反弹却减去不小的仓位。

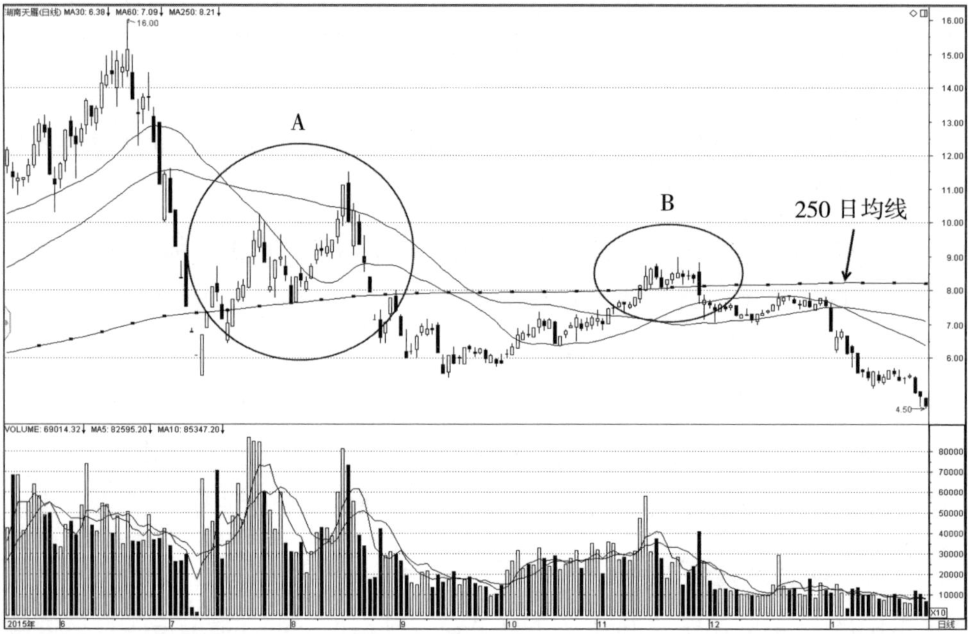

图 8-38

整个市场处于风雨飘摇之中，个股的耀眼表现只为了吸引眼球。从技术环境分析上，得不到任何扭转趋势的依据，而个股却做出扭转趋势的动作，那么主导资金就是在做“根本就做不到或不想做的事，却偏偏装作能做到”。

如果你相信主导资金让你相信的事，那么过程很迷人，结局很惨淡。

二、用而示之不用

某股有主力进驻，但在建仓初期绝不想被人侦知，所以会尽其所能地远离市场资金的视线。总之就是隐藏实力，迷惑对手，韬光养晦，以待时机。

一旦发觉有资金进场抢筹，则会用尽一切手段制造恐慌，例如连续打压股价，发布股东减持公告，业绩亏损等。当市场弃之如敝履时，却正是该股将要崭露头角之日。

本条还可以延伸理解为：不用而示之为用。

主力布局出货时，个股无论是基本面还是技术面都是一派欣欣向荣，甚至某些股评还会大胆预测股价将会大涨至难以想象的高位。

如图 8-39 所示，该股从 6 元多起步，一直涨至 60 多元。在 A 点的高位区域横盘时，就有市场吹鼓手宣称该股能够涨到 100 元。

图 8-39

其实，很多时候你若能坚持做一个理智、冷静的技术分析者，不被市场喧闹的声音所迷惑，那么很多骗局对你根本不会起作用。

三、近而示之远，远而示之近

战术其实就是诱骗对手犯错的手段，让对手在目标、方向上产生错误判断。

主力在进入到拉升阶段或脱离底部之前，有时会故意打压股价下跌，让市场资金以为大跌正在进行，其实大涨就在不远处，比如前面讲过的兜底坑等。眼前的恐惧下跌，相比之后将要迎来的大涨，不过是“一览众山小”。这就是“近而示之远”。

“远而示之近”的案例也是比比皆是。例如上涨趋势中的次级回落调整，有些回落的幅度极其惊人，过程“吓煞人”，让持仓者以为趋势已经转向。你若抛出清仓，不敢再度买回的话，那么真正的大涨就在眼前。

如图 8-40 所示，A 点出现的回落调整不但幅度大，还一度跌破下方的 250 日长期均线，不可谓不凶猛。但藏在这个“凶猛”背后的，却是之后“更凶猛的”60 度区大角度拉升。

图 8-40

四、利而诱之

陷阱上放上几粒米，就能捕捉到贪吃的鸟儿。主导资金最善于利用散户心中的欲望，然后投其所好，故布迷阵。

对于“手中无股心里就慌”的人来说，只要出现1～2个点幅度的小波动，就会认为自己已经失去了整个世界；如果空仓时碰巧大盘拉出一根大阳线，那么“三观”就会因此而改变！

波动，致命的波动！

对很多人来说，价格明确的涨和跌并不可怕，却最怕波动。因为波动代表着难以预料，甚至是失去！

失去不但包括曾经拥有的，也包括不曾拥有过的，比如机会。

所有的诱骗方式，都不如“机会”高明。“机会”是主力“利而诱之”的杀手锏。

如图8-41所示，该股股价在高位出现连续的折返走势，每一次下跌都会迎来反弹，然后下跌、反弹……

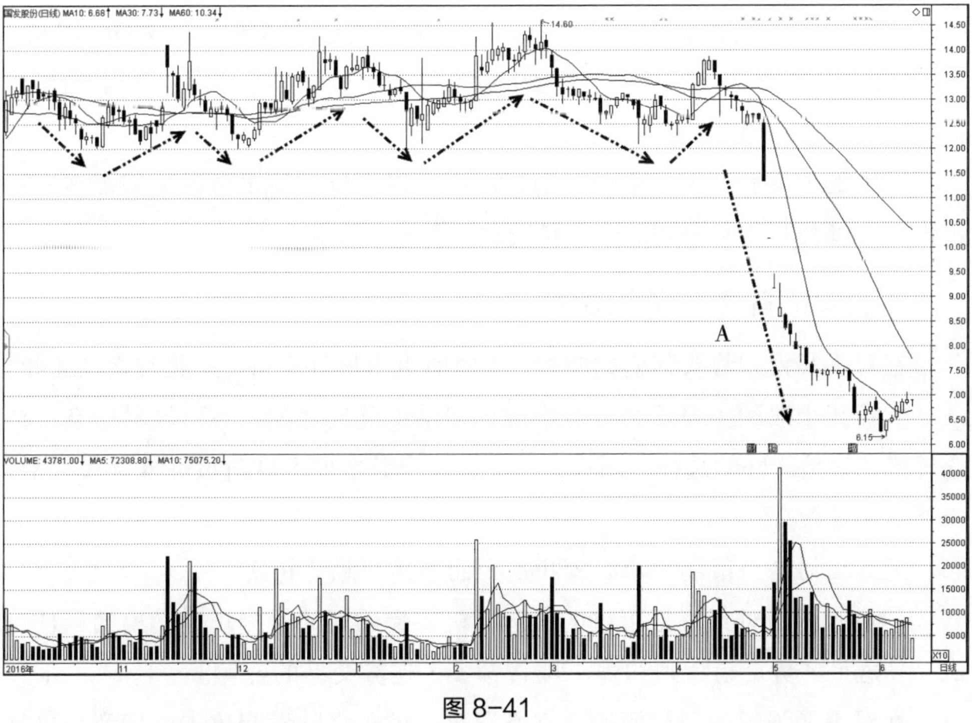

图8-41

“机会”就是这样在诱惑着你，让你尽快抓住它、拥有它，然后……就到A点了。

五、乱而取之

尽管主导资金财大气粗，不可一世，但也并非无懈可击。建仓期、拉升期、次级回落调整期，都是其不得不为、省略不掉的环节，也是有技术准备的交易者“乱而取之”的时机。

拉升期比较适合短线交易者参与，而次级回落调整期则是波段交易者较佳的介入良机。

长线交易者可在建仓期埋伏进来，然后像冬眠的龟一样，悄无声息地潜伏下来，是为“龟息战法”。龟息战法的精髓，就是要做到甩不掉、吓不跑、耐得住、守得牢。

做到这些并不容易，所以说建仓期介入比较适合中长线交易者。如图8-42所示，A点为该股大致的建仓区域，整个建仓洗盘过程持续的时间在3年左右。图中可以看到，建仓过程中股价波动幅度并不小，甚至直至趋势扭转前夕，股价还创下了新低。

其中的煎熬和悲苦，未曾经历过的人难以想象，很多时候绝望都会淹没了你。所以若非有坚定的信念，长线交易者并不容易做。

六、实而备之，强而避之

在对手实力和势头强盛的时候，要时时刻刻做好准备，避免与之硬碰硬。

大盘或个股的主升段并没有出现任何结束迹象之前，不可轻易做空，持仓等待，就是最好的选择。同样，在大盘或个股主要下跌阶段并未结束之前，应严禁入场做多。

逆势交易是与市场大众心理相逆，而不是与趋势相逆。

“最悲观的时刻正是买进的最佳时机，最乐观的时刻正是卖出的最佳时机。”这是逆势交易大师约翰·邓普顿关于逆势交易的金句。

在对手最强悍的时候回避，在其懈怠、虚弱之际发起攻击。毕竟，这世界上除了变形金刚，无论多么强大的敌人，也总有疲劳、需要休息的时候。

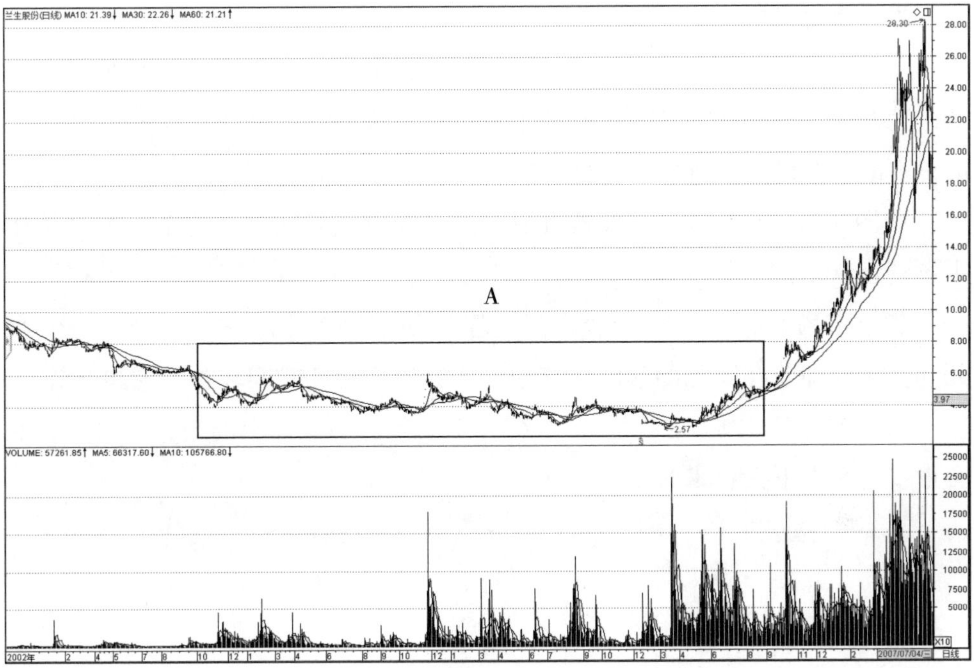

图 8-42

七、怒而挠之

主力会时时刻刻不停地用各种招数来刺激市场资金犯错，作为市场资金中最为弱势的散户，也避免不了犯错。

上当受骗并不可怕，关键要及时认识到这一点，避免在情绪和心理上被主力牵着鼻子走。

有些人在犯错被套后，总是说："不卖了，看它能跌哪儿去！"主力最喜欢有这种思维方式的人，因为无数的事实都证明，最开始心存"不卖了"想法的人，往往都会在最残酷的最后暴跌阶段改变初衷，洒泪割肉。

别被主力激怒，不要和市场较劲，错了及时纠正。留得青山在，总会有柴烧。

八、卑而骄之

当市场资金开始变得小心翼翼，如履薄冰，谨小慎微时，主力常用的招数就是"养"。养出市场资金的信心，养出娇纵之气，养出忘乎所以，毕竟"养肥”了才有更多的肉吃。

例如，一波大跌过后，多数人不敢交易或仅低仓位交易。慢慢地看着行情平稳起来，就尝试着交易。成功几次之后，胆量就会倍增，甚至认为自己就是百战百胜的“股神”。浑然不知，主力正在背后冷笑不已。

如图 8–43 所示，一波大跌过后，A 点股价慢慢回升，这个上升也是让市场资金恢复信心的过程。

如果市场上的“羊群”都躲在圈里避风头，那么市场上的“狼”岂不要“饿死”。所以即使在罕见的暴跌市道中，也会出现持续时间较长的反弹走势。

散户要做技术派，不要做“羊群”中的羊。一哄而上的地方，只是看上去很安全，看下去就未必了。

图 8–43

九、佚而劳之，亲而离之

其实对于技术派散户，主力还是有些头疼的，尤其是那些用《孙子兵法》

和“十六字诀”开拓思维的，常常是“打得赢就打，打不赢就跑”。还有那些采取龟息战法的，主力要想一网打尽，也是做不到的。

主力多是土豪，来几个“蹭饭”的散户，对他们来说算不上什么，只要资金体量未对主力构成威胁，主力也就忍了。

再者说，冒出个成功的技术派散户，对于主力也算是好事，一个成功者会引出无数的向往者和追随者，梦想过度放大，就会成为泡沫。而众多的梦想家只会激发“羊群效应”，这也是主力做梦都会笑醒的结局。这是对“亲而离之”的延伸理解。

当然，对付技术派散户，图形是可以作手脚的。但即使是主力亲手画的图形，还是会留下蛛丝马迹，所以主力想玩死技术派散户，只能靠心理战。

“佚而劳之”的意思，是指让有准备、有计划、有技术分析依据的散户失去这一切。那么怎样才可以做到呢？

把技术派散户的心态搞乱，使其心理崩溃，心态失衡，那么技术就是云烟！

对诡道十二法的总结，孙武先生用了八个字概括：“攻其不备，出其不意！”

交易就是战场，资金就是兵卒，而交易者就是运筹帷幄的将帅。一将无能，会累死千军。如果连续遭遇主导资金的沉重打击，那么用不了多久，你就会成为孤家寡人。

对手是虎狼之师的主导资金，硬碰硬的阵地战绝非散户的最佳选择，埋伏战、游击战、龟息战，才是散户的上上之选。

何为埋伏战？

缜密分析后，确认主力处于建仓或休整阶段，不必理会股价短期的波动，寻找价格振荡中的相对低点，埋伏下你手中的半数兵力。此后，如果价格继续下跌则加仓，回升后滞涨，则抛掉加仓部分，一直保持半仓的状态。价格振荡中，保持这种节奏。

当价格突破盘局时，加仓（加仓比例为仓位的10%），连涨连加。遇第一次滞涨，出掉所有加仓部分。保持这种节奏，直至波段结束。此即为埋伏战。

何为游击战？

精选不同板块的龙头优质股建成股票池追踪观察，看哪个板块的个股先调整到位，就出击哪个板块。待其走弱后，再选择股票池中调整到位的其他个股进入。如果有一天，你发现股票池中所有的个股都不符合介入标准，或者模棱两可难以判断时，则放弃交易，因为市场极有可能正在酝酿一场下跌风暴。下跌风暴中，大部分个股都难逃暴跌的噩梦。

对于中长线交易者来说，选择在长期下跌趋势运行至“三没”时埋伏进去，并坚定执行“龟息战”，直至上涨趋势如火如荼、众生癫狂阶段，然后再挥一挥手，不带走一片云彩，只带着获得的财富。

“三没”是指没成交量、没人谈股、没有向好的希望。“龟息战”是指买入后不看、不听、不问，以不交易为交易之法。十六字诀是指“敌进我退，敌驻我扰，敌疲我打，敌退我追”。